Prix : 60 centimes

## AUTEURS CÉLÈBRES

Louis NOIR

# L'AUBERGE MAUDITE

PARIS

RPON ET E. FLAMMARION

ÉDITEURS

26, RUE RACINE, PRÈS L'ODÉON

# L'AUBERGE
# MAUDITE

CORBEIL. — IMPRIMERIE CRÉTÉ-DE L'ARBRE

LOUIS NOIR

# L'AUBERGE
# MAUDITE

PARIS

G MARPON ET E. FLAMMARION, ÉDITEURS

RUE RACINE, 26, PRÈS L'ODÉON

Tous droits réservés

# L'AUBERGE MAUDITE

## PROLOGUE

### I

#### L'ATTAQUE A MAIN ARMÉE.

C'était dans les dernières années de l'Empire.
L'automne touchait à sa fin et les feuilles mortes jonchaient le sol en tourbillonnant sous les grands souffles de bise qui descendaient du Nord.
Sous la gelée blanche, chaque matin, les immenses plaines de la Champagne prenaient les aspects dénudés des terres qui commençaient à se glacer ; avec le jour tardif, ce manteau de givre se dissolvait en brumes épaisses que le soleil pâle perçait à peine vers midi de quelques trouées sans chaleur.
Il courait dans l'air de longs frissons précurseurs des rudes hivers, et la nature, chaque nuit, semblait essayer le linceul sous lequel elle allait dormir pour longtemps.
Dans cette saison, les soirées sont particulièrement désolantes ; le jour disparait brusquement chassé par les brouillards intenses, et l'on passe, sans transition, des derniers sourires de la lumière aux premières tristesses de l'obscurité.
Il était huit heures du soir.

Un cabriolet, couvert d'un surtout de cuir, était lancé au trot sur une route de grande vicinalité conduisant par la traverse à Troyes, distante de quelques lieues.

Une jeune femme conduisait.

Seule, les yeux fixés sur le chemin et tâchant de percer les brumes qui rasaient la terre, la voyageuse semblait impatiente de rencontrer enfin, ou quelqu'un ou quelque chose au milieu de ces solitudes.

— Deux heures ! murmura-t-elle avec un accent étranger, deux heures de course sans voir ni un homme ni une maison.

« C'est inouï. On se croirait dans nos steppes... »

La voiture roulait toujours et les grincements de l'essieu, mêlé aux plaintes des ressorts, était le seul bruit qu'on entendit.

Pendant vingt minutes, la jeune femme continua à désespérer de trouver figure humaine, lorsqu'une lumière rougeâtre lui annonça une habitation à grande distance.

— Enfin ! fit-elle.

Et d'un coup de fouet qui enveloppa savamment le cheval, elle le lança au grand trot.

Cette voyageuse, éclairée par les lanternes de la voiture, avait cette élégance de costume qui annonce une femme distinguée ; on s'étonnait de la voir en cet équipage sur une route perdue.

Le profil aquilin de cette jeune femme, son œil assuré, quelque chose de ferme et de décidé dans son allure, affirmaient une énergie virile.

Au moment où elle enlevait le cheval en le cinglant, deux hommes de mine plus que suspecte se dressèrent tout à coup d'un fossé et barrèrent la route.

La jeune femme les jugea d'un coup d'œil ; sous les rayons des lanternes, ils étaient en pleine lumière ; il n'y avait pas à douter de leurs intentions hostiles.

L'étrangère prit dans un sac à sa portée un revolver et l'arma : sans donner à ces individus le temps de faire la moindre sommation, elle leur cria en montrant son arme :

— Rangez-vous !

Elle se passa résolument les guides aux dents, et, de sa main libre, elle fouetta le cheval de deux coups secs et nerveux qui le firent bondir de douleur et le lancèrent au galop.

Les deux hommes se jetèrent de côté, intimidés par l'aspect du revolver, dont le canon d'acier brillait au feu des lanternes : le cabriolet passa.

A six cents pas de là, l'étrangère ralentit l'allure de son cheval et le remit au trot modéré.

Elle était calme, absolument indifférente à l'incident qui venait de se passer.

Elle continua sa route, interrogeant toujours du regard la lumière qu'elle avait aperçue au loin et qui se rapprochait peu à peu.

## II

### LES MORTS INEXPLICABLES

Une demi-heure plus tard la jeune femme arrivait à un carrefour où six routes aboutissaient en face d'une église et d'une auberge isolées toutes deux et comme perdues dans les plaines crayeuses qu'elles dominaient.

L'église était misérable.

Un clocher délabré, une porte à ce point vermoulue que les fentes en étaient bouchées avec des planchettes pourries provenant de vieux cercueils lors des exhumations, un cimetière sans une croix de pierre, enfin, derrière la sacristie, tout un pan de mur écroulé, relevé sans mortier et tenant par miracle, tout annonçait l'église de quelque paroisse éloignée de là et d'une pauvreté qui faisait naître de pénibles pensées.

La voyageuse vit cela en partie et d'une façon assez fantastique ; car, par la porte ouverte de l'auberge, le foyer projetait des lueurs rougeâtres sur l'église et sur le champ des morts, leur prêtant des reflets et des vacillements étranges.

L'auberge était sinistre.

Qu'on s'imagine quatre murs noircis par l'incendie sur lesquels, à la place de la toiture de tuiles effondrée, on avait placé un chaume en laissant subsister tout ce qui avait été épargné par le feu; contraste qui avait quelque chose d'irritant.

Les fenêtres étaient en partie démantelées et telles que les flammes les avaient laissées après avoir léché leurs bois usés.

Le fumier d'une chèvre lavait de son purin un trottoir de boue putride mal contenue par une bordure de planches, soutenues de pieux branlants.

Enfin, l'enseigne en fer blanc, pendue au bout d'une barre de fer, avait été calcinée et tordue par le feu, elle restait ainsi, à demi décrochée, n'indiquant plus rien et grinçant quand le vent l'agitait.

L'écurie ouverte à tous vents laissait voir ses râteliers, couchés comme de grands squelettes le long du sol et des mangeoires qui avaient mieux résisté à l'incendie : une chèvre maigre d'aspect fatidique dansait sur des débris carbonisés; sa silhouette, dans ses bonds pour arracher sa corde, se dessinait parfois dans des poses extraordinaires.

Tout sentait le vide, l'abandon, l'incurie dans cette auberge; on y flairait le drame de quelque fatalité pesant sur ce toit maudit.

A coup sûr un homme, même résolu eût éprouvé un serrement de cœur à la vue de ce gîte, qui sentait le coupe-gorge; l'étrangère n'hésita pas un instant.

— Holà! cria-t-elle d'une voix claire et joyeuse. Holà! quelqu'un.

Des murs du cimetière voisin, une forme humaine rabougrie dégringola; c'était une sorte de nain qui paraissait livide même sous la clarté pourpre du feu de sarment dont les vitres tamisaient les rayons jusque sur sa face blafarde.

Il tint la bride du cheval, ferma les yeux et refusa obstinément de parler.

L'étrangère crut remarquer une écume sanglante aux coins des lèvres de cette bizarre créature qu'elle jugea idiote.

La jeune femme descendit de voiture, laissant la bête aux soins du nain.

En ce moment, parut, dans l'encadrement de la porte, une femme à l'aspect triste et résigné.

C'était une paysanne champenoise, longue, sèche, osseuse, plate avec une de ces têtes inintelligentes de brebis, respirant tantôt la quiétude niaise, tantôt l'effarement stupide, toujours l'entêtement immuable et une répulsion insurmontable pour le travail de la pensée.

Cette femme était là, plantée sur ses jambes, imbécile d'étonnement, regardant de ses yeux caves cette voiture, cette étrangère, cet inattendu enfin qui lui survenait.

Décharnée par les privations et le chagrin, les lèvres blanches plissées sur les gencives et rentrées, le menton pointu allongé démesurément vers le sol, le front étroit et les oreilles tombantes, cette malheureuse n'avait rien de vivant dans la face, pas même le regard éteint d'une prunelle dont le bleu s'effaçait comme celui de certains coutils usés par les lessives.

Elle portait le deuil, un de ces deuils minables, prolongé outre mesure parce que l'on ne peut le remplacer par d'autres vêtements, un deuil dont les pièces semblent cousues de blanc parce que les fils des coutures ont déteint sous l'usure.

Outre une maladie chronique, née de la faim et des longs désespoirs de l'étiolement, cette femme devait avoir un chagrin constant, à cause aiguë et persistante, qui la tuait au jour le jour et il fallait toute la force d'inertie de cette créature champenoise pour y avoir résisté si longtemps.

L'étrangère fut frappée par cette apparition.

De la femme au nain, elle porta son regard pour établir, par supposition, les rapports existant entre ces deux êtres; elle ne trouva pas un seul point de contact par lequel ces deux natures pussent se tenir; leur réunion resta pour elle une énigme; mais elle saisit, dirigé sur elle, un coup d'œil du nain sous lequel elle tressaillit; si rapide qu'eût été la sensation éprouvée, elle n'en fut pas moins vive.

L'œil de cette étrange créature avait d'indéfinissables lueurs qui s'échappaient en étincelles magnétiques et que l'on sentait pénétrer en soi par jets acérés.

Ce fut un éclair instantané, mais qui illumina d'une manière bizarre la figure inexplicable et mystérieuse de cet avorton, figure qui semblait morte quand les paupières se tenaient closes.

L'étrangère ne s'arrêta pas longtemps à cette impression; familiarisée avec les incidents de voyage, elle avait l'allure vive et dégagée des gens qui ont dû souvent, dans les embarras de la route, se suffire à eux-mêmes, se contenter de peu et faire flèche de tout bois.

Elle entra dans la maison et sans s'arrêter à de longues questions, elle dit à l'aubergiste.

— Ma brave femme, faites-moi dîner, je vous prie. Je meurs de faim et de soif.

La Champenoise rumina longuement sa réponse et finit par dire d'un ton traînant et nasillard.

— Madame, ce n'est pas ici une auberge pour du monde comme vous; nous sommes si pauvres que nous n'avons rien.

L'étrangère sourit.

— Est-ce que vous ne mangez pas, ma bonne femme ? fit-elle.

— Si fait, madame, dit la paysanne au comble de l'étonnement.

— Eh bien, je mangerai comme vous.

— Ah! pauvre dame! nous n'avons que de la *potée* et peut-être bien une omelette parce que j'ai des œufs pour les rouliers qui cassent une croûte par hasard.

— Mais, ma bonne femme, c'est un régal que vous m'offrez : une omelette est l'idéal d'un voyageur affamé. Qu'est-ce que la potée?

— Une soupe au lard avec des légumes.

— Cela peut être délicieux. Servez-moi le plus tôt possible.

— Ainsi, dit la Champenoise, vous souperez ici?

La paysanne n'en revenait pas...

L'étrangère, étonnée de cette insistance à refuser le client, se souvint de l'apparition des deux individus qu'elle avait rencontrés sur son chemin; elle conçut quelques soupçons.

Elle jugea que cette face de brebis ne pouvait cacher la ruse, et elle se sentit de force à fouiller les replis les plus secrets de cette conscience.

— Ah çà, demanda-t-elle brusquement, êtes-vous seule ici !

Elle toisa l'aubergiste de façon à la faire plier sous son regard.

La paysanne parut intimidée, mais non troublée par la question.

— Madame, dit-elle, je n'ai avec moi que cet idiot.

— Et personne d'autre?

— Non, madame.

— J'ai été attaquée par deux hommes ! dit vivement l'étrangère.

— Bien sûr, fit la paysanne, c'étaient ces deux mauvais gueux qui ont passé par ici il y a tantôt trois heures; ils avaient des têtes qui ne me revenaient pas et quand ils m'ont demandé à boire, je leur ai dit qu'il n'y avait rien dans la maison; ces gens-là ne m'auraient pas payé.

La satisfaction qui se manifesta chez la paysanne était trop sincère et empreinte d'une réalité trop franche pour admettre qu'elle la simulât.

Après avoir pensé à elle d'abord et à la perte qu'elle avait évitée, elle songea aux dangers courus par la voyageuse :

— Et ils vous ont arrêtée, ces scélérats-là ! fit-elle. Aussi c'est bien imprudent à vous d'aller seule comme ça.

La jeune femme venait d'acquérir la certitude que l'aubergiste n'avait pas joué la comédie ; elle ne poussa pas plus loin l'interrogatoire et dit d'un ton sarcastique :

— J'ai, ma bonne, deux compagnons de route qui ne badinent pas.

Puis sans s'expliquer davantage :

— Allons, ma brave femme, à l'ouvrage, je me sens une faim canine.

— Mais, madame, ces mauvais gars...

— Laissons-les pour ce qu'ils valent ; pensez-vous qu'ils viennent ici pour recommencer le coup qu'ils ont manqué?

— Oh! madame, je ne crois pas ça, car ce n'est pas l'habitude de ces rôdeurs-là de revenir sur leurs pas ; c'est trop *feignant* et pas assez hardi pour attaquer les gens sur leurs gardes.

« Ils ont dû se sauver, de peur qu'ayant déclaré la chose aux gendarmes, vous n'ayez mis les grands chapeaux à leurs trousses. Ce n'est pas du monde du pays et ça ne connaît pas les chemins, puisqu'ils m'ont demandé où il fallait prendre pour aller vers Circy-le-Château.

— Bon! bon! fit l'étrangère. Servez-moi mon dîner, ma bonne.

La Champenoise s'était habituée à l'idée que la voyageuse dînerait, et comme il arrive toujours, après avoir cru à l'impossibilité d'improviser un repas, elle trouva des ressources auxquelles elle n'avait point pensé.

— Madame, dit-elle, j'ai de la saucisse de mon porc; en voulez-vous des tranches grillées avec du vinaigre et de l'échalotte?

— Oui, certes, dit la jeune femme.

— J'ai aussi des pommes et je pourrais faire des beignets au saindoux; comme dessert je vous donnerais de la crème et du fromage blanc au sucre.

— Mais, ma bonne, c'est un dîner dont Sardanapale serait jaloux, que vous allez me préparer. Seulement hâtez-vous. A propos, avez-vous du vin?

— Oui, madame, mais pas très bon : seulement, il y a des personnes qui l'aiment, parce qu'il pétille et pique la langue.

— Un champagne rouge alors?

— Oui, madame.

— On verra cela.

La voyageuse se chauffa devant l'âtre pendant que la Champenoise faisait ses préparatifs avec une désolante lenteur.

L'étrangère s'isola du milieu où elle se trouvait en s'abîmant dans des réflexions profondes.

Le foyer l'éclairait et faisait ressortir sa prestigieuse beauté.

La taille élevée, souple et gracieuse, les mains très fines et les pieds petits, étroits, cambrés signaient en quelque sorte l'origine aristocratique de cette jeune femme.

Le col, un peu long, avait une grâce ondulante; les épaules un peu grêles, mais d'un dessin exquis, portaient une tête dominatrice qui rappelait le profil de l'aigle et sa royale majesté : le front puissant fuyait sous les cheveux blonds, mordorés, d'un grand éclat; l'œil était vert et profond comme l'Océan dont il avait la nuance et les transparents reflets; il restait en quelque sorte insondable et il gardait sous l'investigation du regard le plus scrutateur une redoutable sérénité.

Le nez mince, et d'une courbe très noble, avait des narines roses d'une mobilité extrême, indice d'un courage prompt à l'exaltation.

La bouche était petite avec des lèvres frémissantes et dédaigneuses; elles s'accusaient aux commissures en un pli qui s'accentuait facilement et se prolongeait sur la joue, dénotant alors une puissance de haine qui devait aller jusqu'à la cruauté.

Les dents blanches, petites, séparées et affilées, accusaient encore ce penchant aux colères sanglantes, et le menton quoique terminant bien l'ovale parfait de cette figure régulière laissait pressentir les instincts de ruse et de perfidie particuliers aux races félines.

Tout cet ensemble était adouci, voilé en quelque sorte par la séduction des manières et du sourire : mais parfois cette physionomie se transformait et devenait terrible d'aspect.

Animés par la fureur, ses traits se contractaient, et il se produisait alors un phénomène de dilatabilité que l'on pourrait comparer, pour la puissance, avec celui qui étonne dans la vipère.

Celle-ci, au repos, avec sa petite tête fine, semble incapable, en apparence, d'une morsure sérieuse.

A la moindre irritation le cou se gonfle, ses mâchoires distendues ouvrent une gueule démesurée, armée de crochets menaçants : l'œil, effrayant, semble s'agrandir démesurément de tout le cercle de son rayonnement; nul être au monde n'apparaît plus féroce.

Un bouleversement aussi complet altérait par instants la figure impatiente de cette patricienne et il s'accusa deux fois pendant qu'elle semblait perdue au milieu de ses méditations.

Avec l'incroyable force de volonté, d'énergie et d'audace qui était en elle, avec sa beauté splendide, cette jeune femme devait exercer autour d'elle une domination irrésistible et soulever des passions furieuses sur ses pas.

Sa vie du reste avait certainement été accidentée : quelle qu'elle soit, une femme ne se déshabitue pas d'un seul coup et aussi complètement des timidités de son sexe.

Pourtant rien de choquant dans ses hardiesses empreintes de charme et de distinction : mais rien de tendre, de naïf, de féminin en elle.

De son carnet de voyage, elle tira une lettre très longue, de douze pages au moins, d'une fine écriture.

Elle en lut certains passages entr'autres celui-ci :

« C'est donc une affaire de cent millions, sûre, dont la réussite ne demande que la moitié, le quart peut-être des capitaux dont tu disposes.

» L'héritage est authentique, et, seul je connais nos cohéritiers qui ignorent tous l'immense fortune qui dort en les attendant.

» Sans doute il y a une hécatombe humaine à faire. »

Elle jeta tout à coup la lettre au feu en songeant qu'elle avait trop tardé à l'anéantir, puis elle se remit à rêver.

Elle était en ce moment en pleine lumière.

Le nain la contemplait avec une fixité et une intensité de projection magnétique qui annonçait une faculté de fascination éclatante.

L'œil a des influences mal définies, mal observées et cependant indiscutables ; ceux qui nient ce pouvoir du regard sont des sceptiques étourdis qui n'ont jamais réfléchi que, mille fois en leur vie, ils ont baissé les paupières sous l'éclat de certaines prunelles.

Il n'est personne qui n'ait rencontré de ces individus exceptionnels que l'on ne peut pas plus regarder en face que le soleil.

L'œil est une lumière, et, toute lumière éblouit ; lorsque le foyer a un grand éclat, on ne peut en supporter l'irradiation. Mais en dehors de ces preuves que chacun peut vérifier, il en est que la science fournit et qui sont irrécusables.

Le serpent a ce don, cent fois constaté, de fasciner sa proie et le fait, longtemps traité de fable, d'oiseaux attirés par la seule force de l'œil, est aujourd'hui une vérité d'histoire naturelle que l'on ne discute plus.

Les dompteurs, malgré d'autres moyens, ont toujours comme arme suprême, comme ressource qui reste quand tout manque, le regard qui domine le fauve.

Nous insistons sur ce point, car quiconque eût observé ce qui se passait, aurait deviné à la splendeur fulgurante de la prunelle du nain qu'une convoitise ardente, un délire de possession insatiable s'était emparé de lui : il était effrayant à voir.

La tête trop grosse pour le corps chétif, avait un front déprimé qui fuyait sous les cheveux avec des courbures, des sinuosités, des saillies, annonçant le développement incroyable de certaines facultés : au-dessus des oreilles notamment, les bosses de la destruction et de la cruauté semblaient des loupes monstrueuses.

Les sourcils clairs, (mais très largement serrés), la barbe rare, répandue çà et là, rendaient cette face glabre, velue comme celle d'un animal, mais pelée par places.

Alors la peau apparaissait terne, molle, ayant une lividité flasque.

La bouche était fendue en museau de rat : le nez pointu venait se courber sur la lèvre ; les mâchoires semblaient mûes par des muscles d'une force considérable, et les dents acérées, blanches, incisives, se découvraient tout à coup sous un rictus des lèvres frémissantes, minces et marquant une ligne d'un rouge sanglant sur ce visage blafard.

Les oreilles, plantées haut, arrivaient au sommet du crâne : elles étaient assez velues pour être terminées par un petit bouquet de poils apparents : ce qui donnait à cette tête un accompagnement singulier.

Le cou très enfoncé était décharné ; quant aux épaules, minces, elles avaient comme celles des bossus cette particularité, qu'elles rentraient sur la poitrine et faisaient saillie en hauteur, de façon telle que la tête s'enfouissait dans un creux.

La blouse d'étoupe avait pris des teintes d'amadou très foncé, et elle descendait en formant deux grands replis depuis les pointes des épaules jusqu'à l'extrémité des bras démesurés.

Le nain était accroupi ; les mains grêles à poings fermés, reposaient sur le sol battu ; le pouce seul, apparaissait long, puissant, crochu, armé d'un ongle formidable, si bien qu'arrivant ainsi au bout du pli de blouse tombant en forme d'aile, on eut dit cette griffe à crochet qui termine l'aile des chauves-souris dont cet être présentait en ce moment l'aspect grandi et fantastiquement humain.

Il se leva pour obéir à un signe de sa maîtresse. A la façon dont il développa la blouse et les bras, on eût dit qu'il allait prendre son vol vers la nuit, quand il se tourna du côté de la porte.

— Qu'est-ce donc que ce garçon qui s'en va ? demanda la jeune femme.

— Madame, fit la paysanne avec un soupir, c'est un idiot que feu mon mari avait recueilli.

« Le malheureux est un enfant perdu d'une pauvre fille folle ; sa mère était folle aussi — et aussi les grand'mères. Comme ça d'aussi loin que les plus vieux de nos pays peuvent se souvenir

« Ça vivait comme des êtres sauvages sans connaître rien de rien, cherchant sa vie comme les bêtes.

« On les appelait de mères en filles les Souliottes.

« Elles mangeaient de tout, cuit ou cru ; des choses dont les chiens n'auraient pas voulu.

« Ça s'habillait de nippes qu'on leur donnait pour qu'elles n'aillent pas toutes nues.

— Et ces Souliottes trouvaient des maris ?

— Faites excuse, madame. Des fois ces malheureuses rencontraient dans les bois des échappés de Clairvaux, la prison centrale qui n'est pas loin Ces hommes-là ne regardent à rien.

« Quant au Baskir, qu'on appelle comme ça à cause de son père, il est venu au monde pendant l'invasion. Mon homme m'a raconté que la Souliotte était devenue amoureuse d'un de ces Russes que l'on appelait Baskirs et qui avaient des peaux de bêtes et des yeux relevés comme les Chinois ; il paraît que c'était un monstre fini.

— Et vous avez élevé l'enfant ?

— Oui, madame.

« La Souliotte, sa mère, avait rendu un grand service à mon mari : cent fois elle avait empêché la maison d'être brûlée par les cosaques qui ont mis les villages à feu et à sang.

« Pour lors, mon mari a toujours été reconnaissant et m'a recommandé de ne jamais abandonner l'idiot.

« Il n'est pas, du reste, tout à fait sans connaissance, ce pauvre gars.

» Il se rend utile à soigner les chevaux avec qui il s'entend très bien ; même que les rouliers qui en ont de très rétifs à ferrer l'emmènent à une lieue d'ici où il y a un maréchal-ferrant, mon Baskir n'a qu'à regarder la bête pour la faire rester tranquille sans qu'on la lie au *travail*. (1)

« On lui donne la pièce pour ça et il me rapporte tous ses pourboires.

« Il est aussi fossoyeur ; et ça lui vaut quatre francs six sous chaque fois qu'il meurt une personne ; mais les hameaux sont si petits qu'il n'y a pas souvent d'enterrements.

— C'est donc une paroisse ici ?

— Madame, c'est une église pour une dizaine de fermes et de hameaux.

— Et le curé ?

— Il ne pourrait pas vivre ici, à trois lieues du village le plus rapproché ; il ne trouverait pas d'approvisionnements. Tous les dimanches on l'amène ici en voiture pour dire la messe.

— Et vous restez seule avec cet avorton ?

— Oui, chère dame, bien seule.

Elle poussa un gros soupir et reprit :

— Heureusement qu'il passe des rouliers et que, hiver comme été, ces hommes-là ont soif, ça boit du vin quand il fait chaud et de la goutte dans la froidure ; si je n'avais plus ça, il faudrait mendier.

— Vous avez été incendiée ?

---

(1) Appareil destiné à paralyser la résistance des chevaux rétifs.

— Oui, madame, mais je n'ai pas eu que ce malheur-là.

Elle eut un regard désolé et sembla prête à raconter ses infortunes ; il y avait peut-être en elle une arrière-pensée d'espoir dans cette jeune et jolie femme qui paraissait riche.

Mais l'étrangère ne parut pas désireuse de continuer l'entretien et se montra entièrement indifférente ; soit que des pérégrinations nombreuses et semées d'incidents eussent blasé cette jeune femme, soit dureté de cœur naturelle, elle n'eut pas un mot de pitié ou d'encouragement.

Le dîner était prêt.

La paysanne avait étendu sur la table un torchon blanchi aux cendres, dans la lessive sans savon, et par conséquent jaunâtre ; il sentait légèrement l'humidité comme d'ordinaire le linge des gens de campagne.

La serviette était semblable au napperon.

Le verre était boiteux et couleur de bouteille ; mais les assiettes étaient de vieille faïence lorraine et avaient quelque valeur, ce dont la paysanne ne se doutait pas.

L'étrangère demanda négligemment à l'aubergiste.

— Avez-vous beaucoup d'assiettes comme celle-ci, brave femme.

— Sept, madame. Ç'a été sauvé par miracle de l'incendie.

— Y tenez-vous ?

— Non, madame.

— Vous les emballerez avec la soupière et le saladier que j'aperçois là-bas ; vous les placerez dans ma voiture. Je vous donne un louis du tout. »

Et comme la Champenoise ébaubie demeurait bouche béante, croyant que c'était une façon délicate de faire l'aumône, la jeune femme jeta une pièce d'or sur la table.

En ce moment le nain rentrait.

Il entendit sonner la pièce et la vit reluire à la clarté de la chandelle ; il poussa tout à coup un cri strident qui tenait plus du sifflement que du rugissement, mais dans lequel se confondaient ces deux modes d'émission du son.

La figure de la jeune femme se crispa et elle dit avec colère !

— Faites donc taire cette brute !

La paysanne menaça le nain qui courut se cacher derrière la huche.

— Voyez-vous, madame, dit la Champenoise, ce malheureux-là ne peut voir de l'or sans pousser des appels de vipère.

« C'est singulier que l'argent ne lui fasse pas le même effet.

— Est-ce qu'il sait ce que vaut un louis par rapport aux pièces de vingt sous.

— Je ne pourrais pas vous dire. Il n'a jamais eu d'or en main.

La jeune femme tira une seconde pièce de sa bourse et appela le nain.

Celui-ci vint, par une marche oblique, se placer derrière la chaise de la voyageuse qui tendait toujours le louis et cherchait du regard où pouvait être l'avorton, quand celui-ci saisit les doigts de la jeune femme et en arracha la pièce.

Ce contact fut extrêmement désagréable pour l'étrangère qui crut avoir touché la peau visqueuse d'un crapaud.

Oh ! le laid animal ! dit-elle avec dégoût. Il me fait l'effet d'un reptile.

Mais le nain maître de l'or, s'enfuit en faisant des bonds prodigieux et se sauva dehors à travers les champs.

— C'est un louis de perdu ! fit la Champenoise avec un soupir, il va probablement enterrer ça je ne sais où.

— En guettant le nain quand il ira regarder la pièce et la flairer, vous connaîtrez l'endroit où elle est, fit la voyageuse.

— Vous croyez, madame, qu'il déterrera le louis un de ces jours ?

— S'il a l'instinct d'enfouir ce à quoi il tient, c'est pour le conserver et en jouir à la dérobée ; mais vous comprenez que je ne réponds de rien, ma brave femme, fit en riant l'étrangère.

— Voulez-vous servir ?

La Champenoise mit tous les mets à la fois sur la table.

— Madame choisira, dit-elle.

L'étrangère essaya de la potée qu'elle trouva plus supportable qu'elle ne l'aurait imaginé.

Le lard n'était pas rance, par bonheur, et la saucisse était bien fumée.

Quand au vin, il avait ce pétillement gazeux qui est une nouveauté pour ceux qui ne sont pas du pays, est il parut agréable à la jeune femme.

Elle mourait de faim et de soif ; sans doute, elle venait d'assez loin, car elle semblait extrêmement fatiguée et la lassitude l'accabla plus encore après ce repas.

Elle tira d'un petit sac à main qu'elle avait apporté, un porte-cigares, l'ouvrit, et, à la grande stupéfaction de la paysanne elle se mit à fumer en allongeant ses pieds vers le feu et en s'installant aussi commodément que possible.

— Dites-moi, fit-elle, je sens que je ne puis me remettre en route, suis-je encore loin de Troyes ?

— A six lieues ! madame.

— C'est par ce temps-ci, au moins trois heures de voiture avec mon cheval éreinté et une nuit aussi noire.

« Je coucherai ici. L'on m'attend demain à deux heures à Troyes : j'aurais le temps d'y arriver, en partant dans la matinée.

Aux mots : *je coucherai ici*, la paysanne avait fait un soubresaut.

— Madame, dit-elle, vous ne pouvez pas passer la nuit dans cette maison.

— Je comprends, fit l'étrangère ; vous n'avez pas de lit à m'offrir.

— Je vous demande pardon, madame ; j'en ai bien un bon, le seul avec le mien qui ait été sauvé du feu ; mais vous ne pouvez pas rester ici cette nuit.

L'étrangère ne se déconcerta pas et ne s'étonna même pas autant qu'on aurait pu s'y attendre après cette déclaration.

Elle dévisagea en silence et froidement la paysanne.

Décidément l'étrangère était une femme de résolution et d'énergie.

Plus d'un homme à sa place eût pâli en cette circonstance.

Quand dans un bouge isolé, une femme qui le tient, vient vous conseiller de ne pas y dormir, on sait ce que cela veut dire.

L'étrangère sans l'ombre d'une émotion, questionna la Champenoise :

— Pouvez-vous me dire, fit-elle, le vrai motif de votre refus ? soyez franche ; je pars et ne vous reverrai plus jamais.

« Du reste, je n'ai aucun intérêt à trahir vos secrets ; je viens de si loin, et je suis si insoucieuse de la société que peu m'importe si vous recevez ici des voleurs.

« Ce n'est pas moi qui les dénoncerai !

— Jésus Dieu ! s'écria la paysanne en levant les mains au ciel : des voleurs !

Elle protestait avec un accent si vrai qu'il n'y avait pas à douter.

Elle reprit avec une certaine animation :

— Je suis honnête, madame ; pour mille écus je ne ferais pas une mauvaise chose.

— Mais alors ; pourquoi me refuser asile chez vous, cette nuit ?

La paysanne regarda autour d'elle, baissa les yeux et la voix, et dit avec terreur :

— La maison a un sort :

L'étrangère se mit à rire bruyamment.

— Ah ! la bonne histoire ! s'écria-t-elle, et qu'il me fait plaisir de l'entendre ; si cette folle de Ninette était seulement ici nous en aurions à rire jusqu'à demain matin.

« Je regrette de ne pas l'avoir emmenée dans mon excursion.

« Ah ! la brave femme, il y a un sort sur la maison, je veux vous la désensorceler, moi.

« Voyons ! contez-moi cette bonne histoire d'almanach.

La Champenoise se leva tremblante et dit avec une conviction craintive.

— Madame, ne riez pas comme ça pour l'amour de Dieu : c'est d'avoir ri que les sept cadavres qui sont au cimetière sont morts par l'effet du *soutrait*.

— Le soutrait! qu'entendez-vous par là? Expliquez-moi ce *soutrait*.

— Madame, sous votre respect, c'est... c'est... l'esprit malfaisant qui hante ma maison et qui tue les voyageurs.

— Allons donc!

— Sept morts pourtant, madame, sept! ce n'est pas chose à se moquer.

Et les dents de l'aubergiste claquaient.

— Le dernier, reprit-elle en se signant, ç'a été mon mari.

Deux grosses larmes coulèrent de ses joues et roulèrent le long de sa vieille robe noire usée, elle essuya ses yeux du revers de sa main calleuse et reprit :

— Tout le pays d'alentour sait ça et aussi ceux de Troyes.

« Les rouliers couchaient souvent ici dans le temps : la maison était bonne; mais maintenant, vous n'en feriez pas demeurer un à la nuit noire pour son charriot chargé d'or.

« Ils savent bien ce que ç'a a coûté à leurs camarades, les bravades.

L'étrangère ne croyait pas du tout à l'existence du *soutrait*; mais l'authenticité de morts nombreuses ayant eu lieu dans l'auberge lui paraissait chose très curieuse et elle prenait intérêt à l'histoire.

— Enfin, dit-elle, il y a eu ici une succession d'accidents.

— Madame, je vous ai dit sept morts; mon défunt fut le dernier.

— Mais je suppose que ces morts ont été expliquées et qu'il n'y a pas apparence qu'il y ait eu des assassinats?

— Sur la demande de mon mari, à la troisième affaire, la justice est venue avec un fort médecin de Troyes.

— Et le résultat?

— J'ai voulu parler du *soutrait* auquel je commençais à croire.

— On vous a ri au nez?

— Oui, madame.

— C'était fort naturel; mais qu'a déclaré le médecin?

— Que l'homme avait eu une attaque d'aploplexie dans la nuit.

— A-t-on fait l'autopsie?

— Qu'est-ce que c'est que ça, madame; je ne comprends pas.

— A-t-on ouvert le cadavre?

— Non, madame, pas celui-là; mais au cinquième, l'on a emporté le corps et ils l'ont travaillé entre médecins.

— Eh bien?

— Madame, toujours ils ont répondu la même chose, pour celui-là comme pour les autres : pas de coup, pas de blessures, pas de poison, pas d'assassinat.

« Du reste, madame, on ne volait pas l'argent et l'on nous savait honnêtes.

« Pour tous les sept, on a dit que c'étaient des morts naturelles.

— Je suppose que les docteurs donnaient les noms des maladies.

— Tantôt c'était le cœur, tantôt c'était la tête, tantôt les poumons.

— Vous voyez bien!

— Pardon, madame, il faut vous dire qu'il y avait à Troyes un étudiant venu de Paris où il était dans un grand hôpital, car c'était un jeune homme très savant.

« Pour lors, quand le sixième est mort, il a assisté à l'autopsie, comme vous dites.

Elle estropia le mot.

— Ah! ah! fit l'étrangère qui commençait à s'intéresser vivement au récit, voilà une complication qui promet.

« Qu'a fait ce jeune homme?

— Il est venu ici et il a dit à mon mari en particulier...

La Champenoise s'interrompit et sembla prendre des êtres absents à témoin, puis elle murmura tout bas :

— Ce que je vous conte, madame, c'est la pure vérité et je me souviens des paroles de cet étudiant-là qui avait une figure avenante et l'air de s'y connaître, allez !

— Voyons ! qu'a-t-il dit ?

— Il a pris mon mari à part et lui a dit :

— Ces morts là sont extraordinaires : je crois être sur la piste de quelque chose de mystérieux et de terrible.

La Champenoise regarda la voyageuse et répéta :

— Il a dit : *mystérieux et terrible !*

— Ensuite ? fit l'étrangère.

— Ensuite, madame, il nous a déclaré que les médecins de Troyes étaient bons pour soigner les maladies ordinaires, mais qu'ils ne connaissaient rien à certaines choses et qu'alors, plutôt que d'avoir l'air d'être ignorants, ils déclaraient une fluxion de poitrine ou une attaque pour nos rouliers, quand c'était un mal inconnu qui les tuait.

— Lui avez vous parlé du *soutrait ?*

— Oui, madame.

— Et il en a ri.

— Non, madame.

— Alors c'était un sot !

— Ne dites pas cela, madame, car mon mari s'est informé ; le jeune homme était un savant, un vrai savant.

— Qui vous l'a dit ?

— Les médecins de Troyes l'avouaient.

— Et il croyait au *soutrait ?*

— A preuve, madame, qu'il m'a dit d'un air qui m'a fait peur.

— S'il y a un *soutrait* ce n'est pas un esprit ; il a chair et os et je serais heureux de le tenir sous mon canif à découper les morts.

« Moi, madame, je dis *canif*, mais lui se servait d'un autre mot.

— Scalpel, probablement ?

— Madame, c'est bien ça, je m'en souviens parce ça sonnait comme chapelet.

— Il croyait donc à un assassinat ?

— Il ne s'est pas expliqué plus que ça, mais il nous a bien recommandé de lui écrire de suite, s'il arrivait encore un accident ; il devait venir aussitôt avec on professeur pour voir enfin ce que tout ça voulait dire et tirer la chose au clair.

« Les autres, là-bas, à Troyes, avaient déjà trop abîmé le cadavre pour pouvoir lui passer une visite à son idée.

— Et quand votre mari est mort, vous avez écrit sans doute à cet étudiant?

— Oui, madame; mais le jeune homme avait péri dans le choléra.

« Cependant, moi, madame, j'ai examiné le corps de mon défunt pendant les quatre jours qu'a duré l'attente pour la réponse de ma lettre au jeune homme.

— Avez-vous remarqué quelque chose de particulier?

— Oui, madame.

Mais la paysanne, en ce moment, fut suffoquée par un sanglot: elle s'arrêta et pleura silencieusement ses souvenirs.

La voyageuse s'impatientait; elle était très vivement intéressée par l'histoire.

Mais elle n'avait pas l'ombre de pitié pour la pauvre femme; elle la regardait durement et semblait se dire: aura-t-elle bientôt fini de geindre?

Comme l'or semblait ne lui rien coûter, elle tira un louis de sa bourse et le tendant à la Champenoise, lui dit:

— Remettez-vous, ma brave femme et prenez ça pour vous consoler.

— Ah! madame, fit la Champenoise, ce n'est pas mille pièces comme ça qui m'enlèveraient ce que j'ai sur le cœur.

Mais qui connaît le paysan sait que, même chez les meilleurs, l'or exerce une puissance absolue, irrésistible.

La Champenoise serra la pièce dans sa poche, garda sa main gauche dessus, cessa de pleurer et d'une voix raffermie, reprit son dramatique récit.

— Madame, dit-elle, j'en étais à vous dire que le corps avait une marque.

— Où cela?

— Ici, fit-elle.

Elle montrait sa tempe.

Elle reprit:

— C'était une piqûre d'épingle ; presque rien : à peine si ça se voyait.

— L'avez-vous montrée aux médecins?

— Pensez que oui.

— Cela ne leur a pas paru important.

— Madame il y avait un malheur que je vais vous dire. Pour lors, mon mari voyant que personne ne couchait plus à la maison et que tout s'en allait à *vau-l'au*, le pauvre cher homme se livra à l'eau-de-vie.

« Quand il en avait avalé son saoul il entrait dans des rages contre le *soutrait ;* il voulait le prendre et le tuer.

« Un soir, il était plus mauvais encore que d'habitude, il me dit qu'il allait coucher dans la chambre des morts — on l'appelait comme ça depuis les accidents ; — il criait que cette nuit-là il ferait l'affaire au *soutrait*.

« Il s'en alla par la campagne, comme c'était son habitude, et je l'entendais qui battait les champs et qui jurait.

« Je m'endormis comme je finissais toujours par faire, bien désolée, vous pensez, de la tournure de nos affaires.

« Au matin je me lève ; mon homme n'était pas là.

« A dix heures, personne.

« Alors il me vient une sueur froide parce que je pensais à la chambre des morts et je me dis que cette fois-là mon homme avait peut-être voulu y aller attendre le soutrait et se battre avec lui.

— Et cela était arrivé.

— Oui, madame. Mon homme était couché tout habillé, son gourdin à la main, il n'était pas du tout défiguré.

— Il n'y avait pas une goutte de sang sur l'oreiller?

— Pas une goutte ; mais il y avait la petite piqûre à la tempe ; par malheur les médecins ont prétendu que mon mari ayant l'habitude de l'eau-de-vie cela l'avait affaibli, et qu'il était mort glacé pour avoir trop bu.

— Et depuis...

— Madame, personne n'a plus couché là-haut, mais le soutrait s'est rejeté sur autre chose.

« Toutes les volailles que j'ai voulu élever il les a saignées au cou.

— Ma chère femme, c'est la fouine ou la belette qui vous les étrangle.

La Champenoise secoua la tête d'un air incrédule.

— Madame, dit-elle, nous sommes des gens de campagne, nous autres, et nous connaissons ces bêtes-là ; les fouines mordent d'une certaine façon, et les volailles qui sont enfermées dans des cages pour engraisser n'ont rien à craindre de ces animaux-là qui sont trop gros pour entrer à travers les barreaux. Croyez-moi, ce n'était pas la fouine.

— Et votre chèvre ? et votre porc ? et vous-même ? pourquoi le *soutrait* vous épargnerait-il ?

— J'ai pensé à ça. Le porc et la chèvre sont de grosses bêtes qui sont malignes en diable. Ça se défend.

» Pour ce qui est de moi, je pense que le *soutrait* a l'instinct que, moi morte, il n'y aurait plus personne ici et qu'il espère toujours de mon vivant que quelqu'un voudra par vantardise coucher là haut.

La jeune femme jeta au plafond noirci une bouffée de cigare et dit :

— Cette nuit nous saurons à quoi nous en tenir sur le *soutrait* ?

— Vous resterez !

— Oui, bonne femme.

Et avec un regard et un geste d'autorité sans réplique, elle ordonna :

— Allez préparer la chambre.

La paysanne n'osa pas insister, tant l'étrangère lui imposait ; elle obéit, mais avec désespoir.

— Encore un malheur, fit-elle.

Quand elle fut seule, la jeune femme sortit de son sac de voyage deux pistolets à deux coups qui étaient chargés.

Elle en visita les amorces.

— Je fais peut-être une folie ! dit-elle en riant ; celle-ci s'ajoutera à tant d'autres. Il faut que j'aie le cœur net de cette affaire et je ne me pardonnerais jamais d'avoir manqué une pareille aventure ; ma curiosité, si je ne la satisfaisais pas, me tuerait comme un remords.

Puis elle murmura :

— La conviction de cette paysanne devrait me donner à réfléchir.

Mais c'était une femme d'une audace que le danger tentait irrésistiblement et elle dit en riant :

— Je vais bien faire rire Ninette avec l'histoire du *soutrait*.

La paysanne revint portant un vieux registre, des plumes et de l'encre.

La plume était arrachée à l'aile d'une oie et taillée au couteau.

L'encre était si pâle qu'on voyait bien qu'elle était faite avec de l'eau et le fond de l'encrier délayé.

— Puisque vous ne voulez pas partir, dit l'aubergiste avec un soupir, écrivez votre nom, votre profession, le lieu d'où vous venez et celui où vous allez.

« Il faut que je sois en règle pour la descente de justice quand vous serez morte.

La jeune femme haussa les épaules et inscrivit sur le livre :

*Lora Winceska, comtesse de Burnorff, veuve, vingt-quatre ans.*

*Venant de Moscou et allant à Paris.*

Quand elle eut terminé, elle dit à l'aubergiste avec un rire plein de bravoure :

— Votre *soutrait* a pu tuer des rouliers, mais il n'osera pas s'attaquer à une reine de théâtre, doublée d'une comtesse pour de vrai.

La paysanne ouvrait de grands yeux : elle ne comprit pas bien ;

— Madame, dit-elle avec timidité, si c'était un effet de votre bonté, je vous prierais de faire sur le livre une déclaration signée.

— Quelle déclaration ?

— Que vous êtes restée ici malgré tout ce que je vous ai dit :

La jeune femme reprit la plume d'un air railleur et écrivit :

*Je déclare que c'est après avoir entendu conter l'histoire des sept morts et du soutrait que j'ai voulu coucher dans cette auberge, malgré l'avis de l'hôtesse.*

*Lora Winceska, comtesse de Burnorff.*

— Êtes-vous contente? demanda-t-elle.
— Madame, j'ai bien du chagrin; pour les louis que vous m'avez donnés, j'aimerais mieux que vous partiez, fit la Champenoise.
— Ma chère femme, demain vous m'apporterez au lit, vers huit heures, une tasse de café à la crème et vous serez bien contente en me voyant réveillée et en bonne santé.

« Vous publierez la nouvelle dans le pays et, à Troyes, j'en dirai quelques mots.

« Votre clientèle vous reviendra et même vous aurez des visites d'Anglais qui voudront voir la *chambre des morts* où Lora Winceska aura rompu le charme du *soutrait*.

« Je ferai faire à Paris quelque bruit de cette histoire dans les journaux.

« Ce sera une rentrée dans le monde.
Puis résolûment :
— Conduisez-moi.
La Champenoise ne souffla plus mot et prit le chandelier.
En ce moment le nain rentrait.
— Ah ! fit Lora, voilà le Baskir.
Elle tenait d'une main son sac et de l'autre ses revolvers.
Elle eut un éclair de prudence :
— Voyez-vous, bonne femme, dit-elle tout haut, ceci est le passe-partout du voyageur.
Elle parlait de ses armes.
— Douze coups à tirer, c'est onze de trop pour tuer son homme.
— Madame, dit gravement la paysanne, on ne tue pas les *Soutraits*.
Le nain parut prêter aux revolvers une attention que justifiait sans doute l'éclat des garnitures étincelant à la lumière.
Il se mit en poussant des gémissements joyeux à examiner attentivement les armes, la comtesse les tendit vers lui d'un air enjoué.
L'avorton les flaira avec défiance, mais il n'y toucha point.

— On dirait qu'il sait que c'est dangereux! dit la voyageuse.

— Il devine ce que c'est que la poudre et il ne touchait jamais au fusil de chasse de mon défunt, dit la Champenoise.

— Les hommes manqués, observa Lora, ont des instincts de fauve; j'ai déjà observé un idiot qui redoutait les armes à feu.

« Allons, guidez-moi et ne tremblez pas comme ça, ma bonne amie.

« Si vous entendez un coup de feu cette nuit, bénissez votre sainte; le *soutrait* aura vécu. Vous pourrez venir voir comment il est fait.

## III

### LA CHAMBRE DES MORTS.

La paysanne monta devant en murmurant des prières en latin.

On arriva dans la chambre sur le seuil de laquelle le nain resta accroupi.

— Il n'entre donc pas, votre gnôme, dit l'étrangère en faisant signe au Baskir.

Celui-ci ne bougeait pas.

La Champenoise, en faisant la couverture, répondit assez finement :

— Vous disiez que ces bouts d'hommes ont de l'instinct : le Baskir ne met jamais les pieds dans la chambre des morts. Ça devrait vous faire craindre, madame.

— Ma foi non.

Et voyant une cheminée :

— Allumez-moi un peu de feu! dit-elle, cela assainira la chambre.

La Champenoise fit au Baskir un signe en montrant le foyer, et l'avorton dégringola les escaliers ; un instant après il revenait avec une brassée de bois qu'il déposa sur le seuil sans avancer.

— Voyez-vous, fit la paysanne en allant prendre le

bois, il ne ferait pas un pas sur ce plancher quand même on le rouerait de coups.

— Drôle de bonhomme, fit Lora.

Puis, le feu flambant, elle dit en voyant la gaieté que la flamme jetait dans la chambre et en sentant la chaleur :

— Et vous croyez qu'un *soutrait* serait assez mal élevé pour venir troubler le sommeil d'une jolie femme qui tombe de fatigue et qui se sent tout heureuse d'avoir bon lit, bon feu et bon estomac ?

« Je n'en crois rien, moi. Bonne nuit, ma bonne femme.

La paysanne s'en alla et Lora ferma sa porte à clef.

Elle entendit la Champenoise marmoter des litanies en descendant.

— Invoque plutôt le diable ! murmura-t-elle ; car Dieu et moi, nous sommes terriblement brouillés depuis longtemps.

Elle se regarda dans un grand miroir :

— Pas une ride ! dit-elle. L'heure n'est pas venue de se jeter dans les bras de l'église.

Lora cependant venait sans doute d'évoquer quelque souvenir lourd à porter, car son front se contracta, elle songea au passé.

Enfin elle murmura :

— Il est mort victime bien plus d'une vengeance d'autrui que de mon fait.

Après tout, j'ai laissé faire.

Puis redevenant femme et avec toute la légèreté de ces belles filles qui pardonnent tout hors l'ennui et qui justifient tout par l'ennui :

— En définitive, dit-elle, il était insupportable et il m'assommait.

« Je serais morte dans ces neiges !

Elle se dévêtit.

Les vêtements tombaient en pleurant le long du corps et elle apparut merveilleusement belle ; son pied qu'elle avança vers le foyer, était adorable.

— J'ai deux millions dit-elle, j'ai le projet du baron en perspective et cinquante et peut-être cent millions à recueillir…

« Il faudra, paraît-il, payer de cadavres la route de la

fortune ; mais c'est le sort des hommes de mourir pour les jolies femmes.

« J'ai la jeunesse, la beauté, l'audace, le diable au corps...

Mais elle s'arrêta brusquement dans l'essor de ses pensées brillantes.

— Et dire, murmura-t-elle, que je n'ai jamais aimé personne que cette folle de Ninette.

Elle se prit à rire :

— Quand je serai grande duchesse, princesse ou reine — peut-être avec cent millions — il faudra pourtant qu'un homme trouve le moyen de se faire adorer par moi, afin que je sache ce que c'est que d'être jalouse, battue, malheureuse et trompée par un de ces imbéciles à deux pattes que j'ai tant méprisés et que je méprise plus que jamais.

« Ah ! l'heureux mortel que celui que tu aimeras, ma chère Lora ; car tu ne feras pas l'amour à demi, ma fille.

Et elle se coucha avec la grâce d'une panthère se reposant sous un palmier.

Certes la comtesse était brave.

Certes ce n'était pas un esprit faible et l'on verra plus tard que cette tête et ce cœur de femme ne connaissaient aucun préjugé ; les histoires de *soutrait* étaient pour Lora rengaines de vieille femme.

Mais il y avait dans la rapsodie de la Champenoise des faits patents, tangibles ; des faits qui s'imposaient à la réflexion et qui semblaient peu explicables.

Or, il s'était produit dans l'esprit de la jeune femme un phénomène psychologique assez fréquent, que nous allons étudier, car il explique l'insouciance, la légèreté avec laquelle elle venait d'agir.

Lorsque l'on vous narre un fait, pour peu que la chose paraisse invraisemblable, l'on étudie les points par où le récit pèche, et l'on est enchanté de les avoir découverts pour nier toute la chose ou du moins pour la tenir comme douteuse et ne méritant pas créance.

La comtesse, assez étourdiment, s'était laissé aller à cette pente.

Le *soutrait* lui avait paru ridicule et avait fait tort

aux sept morts étonnantes qui s'étaient succédé dans la chambre.

La comtesse riait du *soutrail*, le *soutrail* était une légende absurde; elle voulait braver le soutrail, elle aurait eu honte de reculer devant ce *soutrail* imaginaire.

Ah! si la paysanne avait dit tout simplement à la jeune femme:

— Madame, il y a eu sept morts mystérieuses et inexpliquées ici; je ne vous conseille pas de coucher sous mon toit; j'ignore comment le drame se passe, mais le drame est vrai, terrible et je ne me charge pas de vous en donner le mot.

Si la Champenoise eût ainsi parlé sans faire intervenir son *soutrail*, la comtesse s'en serait allée probablement.

Par malheur, la Champenoise avait montré de la superstition, et la comtesse, qui avait la coquetterie de la vaillance et qui tenait par-dessus tout à rester en face d'elle-même et des autres, l'audacieuse créature qu'elle était, la comtesse, disons-nous, était demeurée par orgueil.

Mais il advint — ce qui est fréquent — que, dans le lit, la fatigue se dissipa comme par enchantement avec le délassement du corps.

Une journée de cahotement produit une exacerbation des nerfs qui se traduit d'abord par de la lourdeur et un apparent besoin de sommeil; mais, surtout quand l'on a pris du café avant de s'étendre dans le lit, la surexcitation reprend le dessus et vous demeurez éveillé alors que vous comptiez dormir à poings fermés.

Lora s'étonna de ne point fermer les yeux; elle en prit facilement son parti.

Dans l'âtre, le feu pétillait; la chandelle éclairait honnêtement la chambre des morts qui avait l'aspect le plus rassurant.

C'était bien la chambre d'auberge d'un hameau; Vieux papier moisi représentant des oiseaux impossibles perchés sur des arbres plus impossibles encore; lourdes chaises de paille et fauteuil également de paille, aussi solides que confortables; plancher de chêne, massif, troué de gerçures là où l'aubier s'était pourri, couvert d'une vénérable poussière, car la Champenoise n'avait donné que ce coup de balai superficiel des auberges, lequel n'aboutit qu'à soulever un nuage qui retombe derrière la servante ; descente de lit en sparterie ; table de nuit à glissoire avec un vase ébréché ; lit de plume et rideaux en serge verte ; enfin estampes encadrées et représentant Lafayette en Amérique et Napoléon à Sainte-Hélène.

Rien, absolument rien, de lugubre.

Et pourtant quand Lora eut allumé un cigare, quand, faute de livre, elle eut laissé errer sa pensée, elle songea qu'elle venait de s'embarquer dans une affaire qui pourrait devenir extrêmement grave.

Elle songea à ces sept morts.

— Décidément, pensait-elle, cette histoire est pleine d'absurdités : mais il y a quelque chose : je me suis laissée entraîner par mon mépris pour le *soutrait* à nier le danger réel.

Le hasard ne fait pas périr sept personnes dans la même chambre.

« Et puis il y a le petit étudiant ; ce garçon a soupçonné quelque chose.

Lora venait très rapidement d'admettre que les morts n'étaient point naturelles.

— Il y a eu meurtres ! se dit-elle ; c'est incontestable ; je le nierais que je ferais comme les enfants qui se cachent sous le tablier de leur mère quand ils ont peur et qui croient conjurer le danger en ne le voyant plus.

Et elle répéta :

— Il y a eu meurtres !

Elle jeta sur ses pistolets un regard complaisant et se prit à sourire :

— J'ai de quoi parler à des bandits ! dit-elle. Je puis soutenir un siège.

Mais le péril ne lui paraissait pas devoir se présenter sous la forme de brigands.

— S'il y a eu assassinat, pensa-t-elle, ce ne peut être pour le mobile ordinaire : le vol !

« On n'a pas volé les morts, la femme me l'a affirmé.

Aussitôt une pensée lui vint :

— Cette femme est-elle sincère et m'a-t-elle bien tout dit :

Lora savait la vie.

Une reine de théâtre, c'est-à-dire une artiste bien douée, qui a coudoyé toutes les supériorités, toutes les rivalités, toutes les jalousies, toutes les bassesses et tous les dévoûments, une femme qui a eu vingt amants, des amis et des amies sans nombre, inévitables ennemis au bout d'un certain temps, une pareille femme sait lire sur une face humaine, interpréter un geste, juger un regard et analyser une inflexion de voix.

Examen fait, Lora porta son jugement sur l'aubergiste :

— Elle n'a pas menti d'une lettre ! se déclara-t-elle à elle-même.

L'imagination va vite.

Lora sentit que la probabilité du danger grandissait rapidement.

A sa place d'autres se seraient levées, auraient appelé et auraient dit :

— Vite, attelez ! je pars.

Lora était vaillante et tenace avec ardeur, une fois engagée.

Une faiblesse, même à l'état de suggestion sourde des cordes inférieures de l'âme, une lâcheté si petite qu'elle fût, ne se produisit jamais en elle, sans qu'elle s'en indignât. Lora ne songea pas une seconde à partir.

Seulement elle fit ce que d'autres n'auraient pas voulu faire.

Très rapidement elle souffla sa bougie et elle se trouva dans l'obscurité tandis que l'autre côté de la chambre se trouva parfaitement éclairé par le feu.

Elle murmura :

— Je verrai venir et on me verra moins.

Une poltronne eût tenu à conserver la lumière allumée.

Lora qui sentait déjà vaguement qu'une lutte aurait lieu et qu'elle aurait à combattre, pour sortir vivante de cette chambre. Lora songeait à s'assurer des avantages et calculait le jeu à jouer.

Cependant plus elle avançait dans ses réflexions, moins elle admettait qu'elle pût avoir à repousser une attaque ordinaire d'hommes armés venant pour un assassinat.

Elle pensait toujours au jeune étudiant, qui lui paraissait l'homme sérieux de l'enquête médicale ; elle méditait sur ses paroles.

— Plus je creuse le problème, songeait-elle, plus il paraît insoluble.

« Pourquoi ces meurtres ?

« Il n'y aurait qu'un monomane qui tuerait pour tuer ; mais cette monomanie se serait trahie quelque jour, et cette femme qu'ont ruinée ces morts, aurait eu assez d'indications pour trouver ce fou acharné aux assassinats inutiles.

« Cependant le jeune homme a parlé d'un *soutrait* en chair en en os.

« Cela n'annonce-t-il pas sa croyance à la personnalité d'un meurtrier.

« Mais le sang !

« Car si le meurtrier ne répand pas le sang, l'étouffement, l'empoisonnement, le foudroiement, même par l'acide prussique ou autre substance, laissent des traces et l'on aurait découvert le genre de mort.

« Ce n'est pas cela.

« Et puis ces gens qui devaient avoir de la défiance, sont tous surpris dans le sommeil, car ils ne se défendent pas.

Cette réflexion de Lora embrouillait encore le fil enchevêtré qu'elle cherchait à démêler ; plus elle retournait ce problème, plus elle le trouvait insoluble et redoutable.

Un moment elle crut avoir trouvé :

— Ah ! j'y suis ! fit-elle.

« C'est une araignée.

Mais aussitôt elle comprit l'absurdité de cette idée.

— Je divague, dit-elle. Il faudrait une araignée grosse comme un tigre pour sucer le sang d'un homme, et s'il y avait hémorrhagie, l'on aurait vu les draps rouges.

Elle était à bout de conjectures, mais à toutes ces analyses elle avait conquis une conviction, celle d'une menace de mort planant sur sa tête et d'autant plus effrayante que le mystère demeurait insondable.

Alors Lora dit tout haut :

— Il y aura bataille entre moi et ce sphynx impénétrable : prenons nos précautions.

Elle ralluma la chandelle, sauta en bas du lit, puis, le pistolet à la main, elle inspecta la chambre avec une perspicace et minutieuse attention.

Le lit, la cheminée, la plaque de l'âtre, l'armoire, les serrures, les estampes, tout enfin fut sondé et elle ne trouva rien.

La cheminée, comme toutes celles des campagnes, était très large d'abord, mais elle rétrécissait brusquement et un corps gros comme la cuisse n'y aurait pu passer.

Néanmoins Lora éteignit le feu sous les cendres et ferma de son devant la cheminée qui, de plus, fut barricadée de deux ou trois chaises empilées.

Lora savait bien que c'était là un très faible obstacle; mais les chaises en se renversant auraient fait un infernal tapage.

C'est tout ce qu'elle en attendait.

A la porte elle prit la même précaution, elle ne voulait qu'être avertie.

Sur l'appui de la fenêtre, elle posa le fauteuil dont les pieds de devant — car il était large — furent à peine posés sur deux pieds de chaise.

Lora improvisait là un trébuchet.

L'intrépide jeune femme consulta sa montre ; il était minuit un quart.

— A six heures du matin, se dit-elle, le jour ne sera pas bien loin ; je pourrai m'endormir, mais d'ici là je veillerai.

Elle jeta un coup d'œil sur le petit terrain de lutte qu'elle venait de préparer, elle plaça ses cartouches sur la table de nuit, revérifia encore ses pistolets et souffla la chandelle.

Elle était dans un état fébrile.

Pour elle, le combat commençait déjà avec son invisible ennemi : elle avait comme un pressentiment que de ce côté les hostilités étaient engagées déjà et qu'elle était épiée.

Car elle ne doutait plus de l'existence d'un être vivant, pensant et voulant, dont toutes les facultés étaient tendues vers elle ; la conviction lui venait de plus en plus forte et intense.

Elle possédait éminemment développé ce sixième sens, trop délicat pour être analysé, mais qu'on pourrait définir, *le flair de l'esprit.*

Elle sentait l'approche de son adversaire, et le devinant armé d'un pouvoir occulte, de moyens d'action inconnus. Cependant la peur n'avait sur elle aucune prise ; la passion de la curiosité, le démon de la bataille, le feu concentré des attentes où la vie est en jeu et où ce jeu vous enivre : la fièvre, enfin, faisait désirer ardemment à cette singulière créature que le monstre inconnu parût, pour qu'elle pût le briser sous ses balles.

Tout à coup, elle entendit un léger bruit, grattement imperceptible.

Elle retint son haleine, se souleva, s'accroupit sur son lit, se rasa comme une panthère prête à bondir, et, s'armant avec une légèreté de main inouïe de ses deux pistolets, elle guetta l'apparition.

Mais le bruit grandit peu à peu ; on eût dit que le silence enhardissait ceux qui produisaient ce petit grattement qu'elle reconnut être celui des souris dans le plafond et sous le plancher.

Elle posa avec dépit ses armes sur la table de nuit, en disant :

— Suis-je assez sotte. Il ne viendra personne et je suis folle avec les chimères que je me forge.

Mais le pressentiment sérieux qui s'était emparé d'elle la tenait sous une étreinte de fer ; elle ne prenait pas cette quiétude qui vous saisit après l'alarme vaine.

Au bout de quelques instants elle entendit un nouveau bruit.

Elle perçut très distinctement la sensation dont est frappée l'ouïe quand un pied nu, s'appuyant sur des marches de bois, les fait gémir sourdement.

Bientôt le pas s'arrêta et un frôlement d'étoffes contre la porte apprit à Lora que l'on écoutait ; elle s'était armée.

Pendant dix minutes la personne qui était là ne fit aucun mouvement.

Il vint à Lora l'idée d'interpeller et de provoquer ce quelqu'un ; mais elle résista à cette tentation ; elle pensa qu'il était préférable de laisser croire à son sommeil.

Qui était là ?

— Madame ! dit la voix de la Champenoise étranglée par la peur : madame, est-*il* venu ! Êtes-vous là ?

La comtesse devina que la malheureuse avait dû faire un puissant effort de volonté pour se hasarder ainsi ; mais elle ne lui en sut aucun gré.

— Éloignez-vous ! dit-elle d'une voix brève et impérative ; et ne revenez pas avant demain, je ne cours aucun risque.

La pauvre femme s'éloigna en marmottant toujours ses litanies à Notre-Dame-de-bon-Secours et son pas se perdit dans les couloirs ; tout retomba dans le silence.

Un soupçon était venu à la comtesse, mais aussitôt, repoussé.

La paysanne ne pouvait être envoyée en espionnage par l'assassin.

Lora sentait dans la vieille femme un secours et une alliée.

Il était une heure du matin...

La comtesse dont l'oreille était toujours tendue, entendit quelque chose, comme une branche sèche, craquer dehors : elle se leva et vint sur la pointe du pied regarder par la fenêtre dans le cimetière.

Une forme indéfinissable et fugitive disparaissait furtivement et se blottissait derrière une fosse formant *tumulus*.

Ce fut une révélation.

— Voilà l'ennemi ! se dit-elle.

Et elle chercha à se rendre compte de ce qu'elle avait entrevu.

Mais c'était impossible.

Cette fuite avait été si prompte que l'œil avait été à peine frappé par une masse informe bondissant et s'abattant derrière le tombeau.

Plus un mouvement.

Il restait à la comtesse cette vague impression que son adversaire était un animal et non un homme.

Il était là, sûrement il était là ; car son dos débordait

le tumulus et le prolongeait ; il n'y avait pas à s'y tromper.

Les sept tombes des morts de l'auberge avaient été placées sur la même ligne et au même endroit ; celle qui abritait le monstre s'allongeait de ce dos voûté.

— Enfin ! murmura Lora, *le voilà !*

Plus de doutes, plus d'hésitations, c'était *lui*, et c'était quelque chose de monstrueux.

Lora jugea qu'elle devait rester debout derrière les chaises et qu'elle verrait sans doute son adversaire ramper et grimper à une treille qui se trouvait appuyée au mur et qui montait du reste presque jusqu'au toit.

Mais une demi-heure se passa sans que rien ne bougeât.

— Me verrait-il ? se dit-elle.

Elle se retira aussitôt ; mais elle imagina une ruse qui dénotait chez elle les instincts d'une race de chasseurs.

Elle ôta d'abord la petite barricade qu'elle avait construite, puis elle plaça une chaise contre un vieux bahut haut d'un mètre cinquante environ et qui servait à garder le bois ; elle se hissa dessus et s'installa commodément.

Elle ne quitta plus la fenêtre des yeux et une heure se passa.

Déjà elle commençait à désespérer quand tout à coup une tête hideuse se dessina à la fenêtre, entre les barreaux des châssis.

C'était celle du Baskir !

La monstrueuse créature dirigea son regard vers le lit ; la chambre parut s'illuminer d'éclairs ; les deux prunelles du nain avaient des flamboiements d'escarboucles.

Qu'on s'imagine deux yeux de loups phosphorescents la nuit, derrière les broussailles et dardés sur une proie ; en poussant au centuple la puissance de rayonnement de ces deux charbons incandescents, de ces *braises* de la fauve, comme disent si bien les paysans, l'on aura une idée de l'éclat magnétique qui s'échappait en ondes étincelantes des orbites extraordinairement dilatées du Baskir.

La comtesse suivant les émissions de lumière qui

allaient frapper le lit, comme on peut suivre les rayons de soleil qui tamise quelque fissure de volet mal joint, elle comprit le pouvoir de fascination du nain.

Celui-ci avait-il conscience de ce pouvoir et cherchait-il à l'exercer ?

Il eût été difficile de le dire ; mais il resta ainsi accroché au rebord de la fenêtre pendant plus de dix minutes ; puis, grâce à quelque procédé ingénieux, les deux battants s'ouvrirent — les chaises avaient été retirées, nous l'avons dit — il sauta dans la chambre avec la légèreté d'un chat.

Alors, en toute sécurité, sûr de son fait, il s'avança vers le lit, les bras étendus, comme un magnétiseur accumulant le fluide sur le sujet de ses expériences.

Il marcha lentement sur la pointe du pied, jusqu'à ce qu'il fut à deux pas.

Son attention était tendue avec tant de force vers son but, toutes ses facultés étaient si énergiquement concentrées sur le point où il supposait trouver sa victime, qu'il n'entendit pas Lora descendre du bahut avec une prestesse féline et se glisser vers la fenêtre.

Elle la ferma brusquement et se tint debout, ses pistolets en main.

Le nain se retourna et bondit avec un rugissement de fauve, mais la vue des pistolets l'arrêta dans son élan.

La Champenoise l'avait dit : il avait défiance de la poudre et des armes à feu.

Il demeura un instant accroupi, prêt à l'attaque, les muscles de la face horriblement contractés et suant une sueur âcre qui, comme celle de certains animaux, répandait une insupportable odeur de rance.

Lora, impassible, le tenait toujours en joue et il ne bronchait pas.

Son œil foudroyait la comtesse ; mais celle-ci ne baissait pas la paupière dans cette lutte d'intimidation, et du choc de ces deux regards, il jaillissait des gerbes d'étincelles ; Lora déploya une volonté surhumaine, car le monstre fasciné, lassé, vaincu, finit par baisser la tête et gémit ces petits glapissements qu'elle avait déjà entendus.

Alors, bravement, elle vint à lui, le saisit d'une main virile et le jeta sur le lit comme un paquet.

Il se blottit sous l'édredon avec des gestes de singe.

Elle alluma la chandelle et comme elle avait pesé de sa main le Baskir et le jugeait peu robuste, elle mit tranquillement ses pistolets dans son sac, puis dit tout haut en riant :

— Voilà pourtant ce que c'est qu'un vampire ! dévisageons un peu celui-là.

Dans ce cœur intrépide pas de crainte niaise, pas de terreur vaine.

Elle avait vaincu le Baskir, jugé le nain, toisé le vampire, jaugé ce qu'il pouvait cuber de force ; elle le dédaignait et ne lui faisait même plus l'honneur de le croire redoutable pour elle ; d'un soufflet elle l'eût terrassé.

Que pouvait-il dès lors ?

Rien.

Certes s'il y eût jamais au monde une étrange situation, ce fut celle-là.

D'une part, une jeune femme intrépide et belle comme Diane Chasseresse ; de l'autre, un monstre comme il semble impossible que l'humanité puisse en produire.

Nous l'avons dit : la curiosité de la comtesse était développée au delà de toute expression ; un problème se posait devant elle plus irritant encore cette fois que quelques instants auparavant, alors que le champ des conjectures était plus vaste et qu'il y avait plus de marge aux suppositions les plus hasardées.

Maintenant le monstre était là et on pouvait l'interroger.

Mais c'était, comme le sphinx antique, un muet qui dévorait sans parler.

Mais un voile impénétrable couvrait la pensée du nain difforme.

Mais il gardait son redoutable secret dans les profondeurs de sa poitrine.

La comtesse ne désespéra pas cependant de deviner cette énigme.

Douée de facultés brillantes, Lora avait par-dessus tout des qualités de sagacité et de pénétration qui devaient la servir dans cette circonstance, en même temps que la bizarrerie de son caractère et la fougue de son imagination lui inspiraient subitement une idée à la fois fantasque et terrible.

Elle commença par l'examen du Baskir.

Celui-ci, blotti sous l'édredon, avait fourré sa tête sous la couverture avec l'instinct de la brute ; quand il sentit que la jeune femme écartait le duvet, il se cramponna à l'étoffe.

La comtesse le saisit, le mit debout et lui prenant hardiment le front, elle le força à lever la tête.

Le Baskir poussa des cris plaintifs, mais ne se débattit point.

Lora regarda longtemps cet être informe et elle se convainquit encore une fois que, comme force physique, cet avorton était moins que rien.

Elle le transporta du lit sur la table, sans qu'il fît la moindre opposition et elle lui enleva sa blouse pour examiner la structure de son corps, comme aurait pu le faire un médecin.

Le nain, qui d'abord frémissait, avait fini par oublier sa peur et deux ou trois fois il hasarda sur la jeune femme un regard qui fut accueilli par un sourire : sourire voulu, car la comtesse poursuivait un but et cherchait à apprivoiser le Baskir.

De temps à autre Lora murmurait :

— Cette pensée m'importune : c'est de la folie et je ne réussirai pas.

Mais l'idée à laquelle elle faisait allusion la persécutait.

Elle avait laissé sa main posé sur la table près du monstre.

Celui-ci, levant les yeux sur elle, la regarda avec une expression que l'on n'aurait pas crue possible chez lui ; on eût dit que, dompté et épargné, séduit peut-être par la rayonnante beauté de Lora, la bête fauve qui était en lui, faisait peu à peu place à l'homme qui s'éveillait pour admirer la femme et subir le joug.

La comtesse poursuivit son plan, en femme qu'aucune répulsion ne saurait arrêter. Elle rassura, caressa le Baskir. Celui-ci d'abord prit doucement la main de Lora et la mit contre ses lèvres en gémissant joyeusement ; puis bientôt roula au bas de la table et se coucha à ses pieds.

Elle eut une exclamation de surprise et de triomphe, et murmura :

— Serait-ce donc possible ! Réussirais-je dans cette tentative ?

Elle tira de son sac de voyage une sorte de pelisse — châle de cachemire arrangé pour le voyage et qui était d'une finesse et d'un éclat rares ; — elle en enveloppa le Baskir et lui fit signe de rester assis sur une chaise : il obéit.

Elle ralluma les braises du foyer, et fit flamber joyeusement le feu.

Il semblait qu'une révolution rapide se fût faite chez le nain.

Il avait pour la comtesse des regards francs, limpides, tendres, humides comme celui du chien soumis à son maître.

Il se dodelinait sur sa chaise et, s'enveloppant avec délices dans la pelisse, trépignait de plaisir quand Lora lui jetait un sourire et un mot caressant.

Chez la jeune femme aucune haine contre cet être immonde.

Maintenant qu'elle avait conçu un espoir singulier, elle ne voyait plus dans le Baskir qu'une force à maîtriser et à diriger.

— Avoir à soi cet instrument de meurtre, murmura-t-elle, et le faire fonctionner à son gré, ce serait tenir en sa main les vies les plus précieuses et en disposer au meilleur de ses intérêts.

Elle se rendait compte à cette heure des morts constatées sans que l'on pût en deviner la cause.

Le pouvoir magnétique du vampire était immense ; tous les médecins qui ont étudié les vampires si nombreux en Asie et en Servie, en Herzégovine et en Valachie, ont constaté qu'ils avaient ce pouvoir effrayant de plonger leur victime en catalepsie. Quelques races d'animaux et quelques hommes ont ce rare privilège d'échapper à la fascination.

D'autre part, la piqûre imperceptible faite à la tempe ne laisse qu'une trace insaisissable.

Nous donnons plus loin, du reste, le curieux récit fait par Mérimée, un académicien, un de nos écrivains les plus autorisés, sur une scène de vampirisme à laquelle il a assisté.

La comtesse envisagea sous toutes ces faces son terrible projet.

— Avec un *vampire* comme celui-là, tout obstacle représenté par un homme, tombe sans danger pour moi.

« Qu'ai-je à craindre?

« On découvre le crime... suis-je responsable d'un maniaque dont j'ignorais la folie et peut-on m'en rendre solidaire?

« Mais que de chances pour que jamais personne ne se doute de rien.

Elle se chauffait et tisonnait; le nain quitta sa chaise, vint s'arranger comme un chien sur le bout des bottines, et il plaça voluptueusement son museau de chauve-souris sur le bas de la robe.

Elle le flatta de la main et se dit avec une joie vive :

— Il est à moi et dès lors l'héritage est aussi à moi.

Elle disait cela à voix extrêmement basse, en langue slave, et d'un ton très ferme.

Pas l'ombre d'émotion, ni d'hésitation; la voix du sang ne parlait pas en elle.

De temps à autre le nain implorait un regard et une caresse qu'elle lui donnait, tout en creusant son idée.

— Demain, dit-elle, j'emmène mon précieux monstre avec moi.

« Je ne dirai mon secret à personne au monde, pas même à Ninette.

« Le difficile sera de garder le vampire et de l'empêcher de commettre des crimes inutiles ; mais j'ai cette idée qu'en lui donnant chaque jour à boire autant de sang qu'il en voudra, il ne tuera plus personne.

« Au besoin je puis l'enfermer dans mon hôtel au fond d'une cage de fer.

« Je verrai...

Elle songea encore pendant quelques instants, puis elle se dit :

— Tentons donc une expérience et voyons jusqu'où va mon pouvoir sur le monstre. Je vais faire semblant de dormir. Elle se coucha et fit placer le nain comme un carlin sur la descente de lit.

Pendant une heure au moins, sans un mouvement,

sans un souffle qui attestât la vie, elle attendit une tentative du Baskir.

Celui-ci ne bougea pas.

Le jour vint.

Alors la comtesse entendit un pas précipité dans l'escalier.

C'était la Champenoise.

— Madame ! dit-elle haletante. Madame êtes-vous là ? Dormez-vous?

— Ma bonne femme, dit la comtesse, vous pouvez entrer ; la porte est ouverte.

Lora, en effet, avait enlevé toutes les barricades devenues inutiles.

La paysanne pénétra dans la chambre et vit avec une surprise joyeuse la jeune femme saine et sauve dans son lit.

Seigneur Dieu ! s'écria la paysanne, voilà le charme, rompu et le *soutrait* parti.

Elle tomba à genoux et se mit à prier avec une ferveur idiote mais touchante qui fit hausser de pitié les épaules à Lora.

La paysanne se releva transformée, rayonnante ; un éclair pâle passa dans ses yeux blancs et elle embrassa avec ferveur la main de la comtesse.

— Ma chère dame, dit-elle, comment avez-vous fait? C'est un miracle.

La comtesse chercha des yeux le nain, mais il avait disparu.

— Votre *soutrait*, dit-elle, ma pauvre femme, est une fable, un conte absurde.

« Ce sont les médecins de Troyes qui ont raison et les morts ont eu des attaques : ils sont allés naturellement de vie à trépas.

— Madame, ne le croyez pas.

— Et moi je veux que vous ajoutiez une foi aveugle à ce que je vous dis ! ordonna Lora avec une autorité qui fit ployer en deux la paysanne et s'imposa à son entêtement.

Lora continua :

— Je vais dormir jusqu'à dix heures ; vous me préparerez à déjeuner. Allez ! ma brave femme, et ne craignez plus rien.

La Champenoise s'en alla.

La comtesse se leva, chercha partout le nain, ne le vit pas et conjectura qu'il s'était enfui dans la maison.

Elle ferma sa porte à clef et se recoucha en disant :

— Dormons !

Elle pensait n'avoir absolument rien à craindre du nain, tout étant clos.

Elle eut un lourd sommeil...

En s'éveillant la première chose dont elle s'aperçut ce fut de la présence du Baskir, couché inoffensif sur le pied du lit...

Elle eut un léger frisson.

Le Baskir était rentré, comment ?

Elle n'aurait pu le dire.

Mais il était heureux, pelotonné, faisant entendre un grognement de plaisir et semblant saluer le réveil de la jeune femme qui, dès lors, bannit toute crainte au sujet du vampire.

Elle se leva.

Il va sans dire que, pour elle, le nain n'était pas un homme ; un chien ne l'eût pas gênée ; lui de même.

Elle se vêtit comme s'il n'eut pas été là.

Le Baskir se mit à rôder autour d'elle et il s'amusa à jouer avec les jupes trainantes, avec les pièces du nécessaire de voyage et les longues tresses noires et soyeuses de la comtesse.

Celle-ci riait des excentricités et des folies du Baskir dompté.

— Décidément, dit-elle, c'est jouer de bonheur ; non seulement j'ai un vampire à moi, un vampire sérieux dans le genre de ceux du moyen âge ; mais de plus ce monstre est badin, drôle et amusant.

Elle examina sa toilette et descendit dans la salle du rez-de-chaussée pour déjeuner.

## IV

### MARCHÉ.

La vieille femme avait fait de prodigieux efforts pour donner à la comtesse un repas sortable ; elle y avait presque réussi.

Lora se mit à table et fit signe au Baskir de s'asseoir devant elle.

Lorsque la Champenoise vit le nain, déjà familiarisé, se placer devant la comtesse, elle leva ses pincettes.

— Laissez-le ! dit Lora. Il s'est attaché à moi et cela me fait plaisir.

— Mais, madame, ça n'a jamais mangé à table et ça va tout salir.

— N'importe ! fit Lora.

Elle servit le monstre.

Il grignota comme eût fait un singe, mais plus proprement qu'on ne l'aurait cru.

Lora avait à traiter avec la paysanne d'une affaire.

— Ma chère femme, lui dit-elle, vous êtes de ce pays ; cela se voit à l'accent ; mais votre village est-il dans les environs.

— Non, madame. Je suis de l'autre côté du département, d'un petit pays perdu et qui n'a pas vingt feux, un hameau.

— Aimeriez-vous à retourner par là ?

— Madame, je n'ai pas de ressources ; mais si le bon Dieu me faisait la grâce de m'envoyer des secours, je serai bien heureuse de quitter d'ici.

— Combien vaut cette maison ?

— Oh ! rien de rien, madame. Qu'est-ce qui achèterait une auberge maudite où personne ne veut coucher.

— Moi ! dit la comtesse.

— Sainte Vierge ! et pourquoi faire ?

— Vous n'avez pas à vous occuper de mes intentions ; vendez-moi seulement la maison.

La paysanne crut comprendre que la comtesse voulait lui faire du bien et voiler un don sous un achat.

— Voyons, dit Lora, cinq mille francs serait-ce suffisamment payé ?

— Oh ! madame, c'est dix fois trop.

— Je vous donne cinq mille francs.

— Et l'acte, madame ?

— Inutile. Il est entendu seulement que j'ai le droit d'agir absolument en propriétaire et que vous irez habiter le petit hameau où vous êtes née.

— Madame, vous ferez ce que vous voudrez, dit la Champenoise à laquelle il revint comme une bouffée de jeunesse, je vous obéirai en tout.

— Comme première condition, je pose un silence absolu sur moi.

— Je ne soufflerai mot de vous à âme qui vive, madame la comtesse.

— Ensuite j'emmène le Baskir.

La paysanne fut profondément étonnée.

— Ce nain me plaît ! fit Lora. Je lui ferai un sort heureux.

— Madame pourra le dresser à servir comme un domestique ; car pour être bête, il ne l'est pas ! dit la paysanne, ravie d'être débarrassée de cette charge.

« Imaginez-vous, madame, qu'il est très obéissant et que l'on en fait tout ce qu'on veut; mais pourtant il ne faut pas le battre.

« Je ne l'ai jamais frappé et il m'aimait bien, je vous assure, tandis qu'il détestait mon mari qui le rossait.

— Ah ! ah ! fit la comtesse, que ce détail parut intéresser vivement.

Et elle regarda le nain qui avait de la sauce jusqu'aux oreilles et qui couvrait Lora d'un regard gros de reconnaissance.

La jeune femme avait fini de déjeuner ; elle prit son café en fumant un cigare et continua à dicter ses conditions à la Champenoise qui croyait rêver.

— Je tiens essentiellement, dit Lora insistant sur ce point, à ce que l'on ne sache jamais que je suis passée par ici : vous devez être discrète.

— Depuis si longtemps que je suis seule, madame la comtesse, fit la paysanne, j'ai appris à me taire ; je vous fais serment sur la croix qu'après ce que vous faites pour moi, jamais je ne manquerai à des engagements pris avec vous.

— Et vous ferez bien ! dit d'un air sec la jeune femme; j'aurai soin de vous : mais malheur à vous à la première indiscrétion.

Puis lui indiquant le registre :

— Brûlez ceci ! dit-elle.

Ce registre pour la Champenoise était quelque chose de solennel : elle le plaçait après l'Evangile et le Code.

Le brigadier de gendarmerie l'avait consacré en y mettant son paraphe.

— Madame, vous savez, dit la Champenoise, que c'est timbré ces registres et que le commissaire de Troyes a signé dessus.

— Au feu, dit impérativement Lora.

La vieille obéit en tremblant.

— Vous avez vu, reprit la comtesse, le cheval qui est à l'écurie et la voiture aussi ?

— Oui, madame.

Bête et voiture m'ont coûté douze cents francs, cela vaut bien cinquante louis et je ne puis avoir été volée de deux cents francs, car on prétend que j'ai profité d'une bonne occasion : je vous donne bête et cabriolet.

« En les vendant vous pourrez acheter deux vaches et avec le prix de la maison, vous aurez de la terre pour les nourrir largement.

— Madame, c'est le paradis pour mes vieux jours que vous me donnez.

Puis songeant tout à coup :

— Comment faire, madame pour expliquer que je suis devenue à mon aise.

— L'on n'a jamais compté avec vous, vous n'avez pas d'explication à donner : toutefois vous pouvez dire qu'à la mort de votre mari vous aviez de l'argent de côté et que vous avez gagné quelque chose avec les rouliers, ce qui, avec de l'économie, a produit votre capital. En outre, vous n'avez pas une grande fortune, ma pauvre femme, et l'on vous croira sans peine, si vous savez geindre à propos et dire que la mort de votre homme vous a ruinée, en ce sens, que vous auriez gagné bien plus s'il avait vécu par bonheur.

La vieille admirait la facilité avec laquelle la comtesse trouvait des expédients ; les paysans, sans décision, sans imagination, sont toujours émerveillés devant un esprit *débrouilleur* et prompt.

Lora reprit :

— Vous partez avec moi.

— Tout de suite, madame ?

— A l'instant.

— Et où m'emmenez-vous ?

— A Troyes. De là vous irez chez vous sur-le-champ sans parler à âme qui vive.

— Et la maison ?

— Laissez-la telle qu'elle est ; si quelqu'un veut vous succéder, louez-la.

— Mon Dieu, madame vous me comblez.

Lora joua l'humanité, la philanthropie, et dit avec onction.

— Ma bonne femme j'ai quelque fortune et je l'emploie au bien.

« Cette nuit Dieu, par un miracle, m'a sauvée d'un grave danger : vous pensiez vrai, il y a de la sorcellerie en cette affaire.

« Où j'ai échappé un autre périrait, il ne faut pas qu'un jour ou l'autre les crimes d'autrefois se renouvellent.

« Laissez-moi faire.

— Vous êtes une sainte femme, fit la paysanne en joignant les mains.

Puis l'intérêt reprit immédiatement le dessus et elle demanda :

— Comment ferais-je pour mes hardes et pour mes meubles ?

— Le cabriolet est grand ; les hardes, les matelas, les couvertures tiendront derrière ; quant aux meubles, avec cinq cents francs vous en aurez de plus beaux et j'ajoute la somme à ce que j'ai promis.

A ces arguments pas de réplique.

La Champenoise était en extase.

— Allons, fit la comtesse, envoyez le nain atteler la voiture et chargez avec lui ce que vous avez de meilleur ; mais pas de meubles !

Sans mot dire la paysanne emmena le Baskir qui,

avant d'obéir, regarda la comtesse comme pour la consulter.

— Oh! oh! murmura Lora, voilà qui est on ne peut mieux ; mon nain sent déjà qu'il est devenu ma propriété.

« Décidément j'ai gagné cette nuit un *quine* à la loterie du hasard.

La comtesse acheva tranquillement son cigare et caressa ses projets immenses et criminels jusqu'à ce que la Champenoise vint, tremblante d'émotion, lui dire :

— Madame, c'est prêt.
— Eh bien, dit Lora, partons.

Et poussant la vieille dehors :
— Venez! dit-elle.

Déjà le Baskir était juché sur les matelas, derrière la voiture.

— Il a peur de ne pas partir! dit la Champenoise ; il s'est pris d'une belle amitié pour vous.

— Tant mieux! fit la comtesse.

Elle fit monter la paysanne, prit les rênes et fouetta son cheval.

. . . . . . . . . . . . . . . . . . . . . .

La comtesse parvint à Troyes et conduisit la Champenoise hors la ville dans la direction que la vieille femme devait suivre pour gagner son village natal.

— Faites au moins six lieues, dit-elle : couchez dans un petit village et silence.

La vieille baisa la main de Lora en souriant, ayant réalisé le rêve de toute sa vie : revoir son hameau, y attendre la mort dans une petite maison à elle avec deux vaches à l'écurie !

Le crime prend parfois toutes les apparences de la Providence.

Tout à coup la paysanne revint sur ses pas :
— Ah mon Dieu! fit-elle.
— Qu'est-ce donc ? fit Lora.
— Et le louis ?
— Quel louis ?
— Celui que le Baskir a enterré !
— C'est trop fort, s'écria la jeune femme, vous gagnez en un jour plus de huit mille francs, l'aisance, le bonheur, et vous regrettez un louis qui n'est pas à vous !

— Madame, il sera perdu ! fit la paysanne avec un désespoir comique. »

Lora s'emporta :

— Partez, dit-elle, et que jamais vous ne reparaissiez dans les environs de l'auberge pour chercher ce louis ; sinon malheur à vous. Et sur votre vie, taisez-vous. »

La comtesse s'en alla d'un pas rapide.

La paysanne remonta tristement en voiture et elle eut plus de regret du louis perdu que du bien gagné si vite.

Oh ! paysans !.....

Quant à la comtesse, avec le Baskir, elle rentra dans Troyes et se dirigea vers l'hôtel des Trois-Couronnes.

# PREMIÈRE PARTIE

# L'HÉRITAGE MORTEL

## I

### LA REINE DES BOHÉMIENS

Quelques mois plus tard, une scène étrange et pittoresque se déroulait dans un des sites les plus sombres de la forêt de Fontainebleau.

Un peu avant la nuit tombante, par toutes les routes et les chemins, des bandes de bohémiens s'engageaient sous bois, venant de tous côtés, abordant par cent voies diverses l'immense forêt qui a trente lieues de tour. Les familles de ces gitanos n'attirèrent point l'attention des gardes, éparpillées qu'elles étaient sur un vaste périmètre ; mais toutes convergeaient sur un seul point et s'y réunissaient.

A minuit, le vaste cirque naturel formé par les gorges de Franchart était occupé par un bivouac où s'alignaient plus de deux mille voitures, rangées méthodiquement par groupes de famille et occupant le fond de l'amphithéâtre.

Ce camp était gardé au loin par des postes armés, dont la mission était d'arrêter qui que ce fût ; un peloton de la gendarmerie d'élite, chargé de la police spéciale des résidences impériales fut, dit-on, démonté cette nuit-là, fait prisonnier et gardé jusqu'au matin.

Les gitanos qui arrêtèrent ainsi les gendarmes avec

une rare adresse, étaient déguisés en paysans : on les
prit pour des braconniers, et les villages des alentours
furent fouillés à fond pendant plus de huit jours sans
amener de découvertes.

D'autre part, les *garderies* étaient surveillées par d'habiles jeunes gens des tribus qui voyant sortir un garde
pour sa ronde de nuit, s'arrangeaient de façon à l'attirer loin de Franchart par des bruits insolites.

Bref, la grande armée des bohémiens était bien
défendue et nul ne pouvait pénétrer jusqu'à elle.

Sous la lune, on la voyait grouiller autour de ses feux
allumés malgré les défenses formelles de l'autorité ; la
gorge s'éclairait de rouges lumières des bûchers rôtissant des moutons entiers ; c'était fête solennelle pour
les tribus, il s'agissait de donner un chef à la nation on
devait nommer un roi ou une reine.

Pendant que les femmes préparaient le repas, les
hommes allaient d'un foyer à un autre, se visitant, se
consultant, se renseignant, engageant des affaires, mariant leurs filles et leurs fils, faisant des alliances et
des échanges, concertant des plans d'attaque contre la
société.

C'était à la fois une foire et un congrès; c'est là
qu'un observateur aurait pu se rendre compte des
immenses ressources de ces tribus mendiantes.

A voir passer ces hordes, on se demande de quoi elles
vivent.

Peu ou point de travail, partant peu ou point de
salaire, quelques aumônes, une maigre recette par la
vente des paniers d'osiers, moins de rapines qu'on ne
l'imagine, il n'y a pas là de quoi faire subsister ces
familles errantes.

En réalité, elles ont toutes quelque mystérieuse
affaire à traiter et qui rapporte de grosses sommes.

Tantôt c'est un enfant gênant à enlever, tantôt c'est
un vol considérable à accomplir ; d'autres fois il s'agit
d'incendier un château, et souvent même ces bandes
sont chargées d'espionner une région, comme il est
arrivé pour la France en 1868 et 1869.

Toutes ces affaires se traitent dans la grande assemblée qui se tient tous les deux ans, soit dans un lieu,
soit dans un autre.

Lorsque le chef meurt, c'est dans cette réunion qu'il est procédé à l'élection de son successeur.

Plusieurs fois, en ce siècle, Franchart a été le théâtre de ce *Champ de Mai* nocturne des gitanos de France.

Le cadre du reste en est admirable.

Qu'on se représente une chaîne de rochers sauvages, abrupts, entassés dans les poses les plus hardies et décrivant une vaste enceinte. On dirait des arènes bâties par des Titans ; les gradins gigantesques s'étagent jusqu'aux cimes et vont par lignes brisées, rompues, inachevées, mais suffisamment indiquées, aboutir à une voûte naturelle surplombant une sorte de loge assez vaste pour contenir une centaine de personnes : les blocs de granit qui la couvrent forment des masses effrayantes dont les équilibres risqués donnent le frisson ; on tremble d'être, en passant dessous, écrasé sous ces formidables monolithes dont un seul, débité en moellons, suffirait à construire un monument.

Il était près de deux heures du matin ; la lune éclairait le camp pittoresque des Bohémiens.

Les chefs de famille avaient terminé leurs visites, donné leurs mots d'ordre, conclu les traités, terminé leurs affaires ; on les vit alors se diriger lentement un à un vers la grotte des Druides.

Tous s'assirent sur les bancs de pierre ; ils étaient cent vingt-trois environ ; parmi eux, quelques femmes.

Des torches flambèrent bientôt sous la voûte et l'illuminèrent. Étranges étaient tous ces visages ! Les uns encadrés de cheveux blancs et jeunes encore d'expression sous les barbes argentées, rappelaient les types orientaux des patriarches que Delaroche a crayonnés dans sa Bible. D'autres, dans la force de l'âge, hardis, intelligents, semblaient frottés de civilisation ; mais ce n'était là qu'un vernis.

Deux heures étant marquées par les étoiles, tous se levèrent et se tournèrent vers l'Orient ; au même moment les tribus rangées par ordre imitaient ce mouvement dans la plaine, et tout ce peuple salua par trois génuflexions les trois étoiles dans lesquelles ils prétendent reconnaître les trois guides qui leur ont été donnés lors de leur dispersion dans l'Inde ; comme tous les peuples chassés par l'invasion et errants, ils attendent un Messie, un libérateur qui leur redonnera la terre des ancêtres.

Cette triple prosternation accomplie, les chefs, dans la grotte, formèrent le cercle autour du trône vide ; la foule, dans la plaine, s'assit avec le plus profond silence sur les pierres dont le sol était jonché.

La nation attendait son roi qu'un vote solennel allait proclamer.

Parmi les chefs assemblés sous cette voûte qui avait vu les étranges mystères du culte sanglant des Druides, le plus ancien prit la parole et dit :

— Frères, dans la dernière assemblée, quelqu'un de nous commandait. Où est-il ?

Un jeune homme s'avança, tenant un anneau à la main ; il le montra à toute l'assemblée dans les rangs de laquelle courut un long frémissement, car cet anneau était l'emblème du souverain pouvoir et nul roi au monde n'a plus d'autorité que celui des gitanos.

Quoi qu'il commande, il est obéi.

L'anneau est le symbole de cette royauté absolue et cet anneau brillait aux lueurs des torches ; ce jeune homme qui le portait dit simplement :

— Mon père, qui nous commandait tous, mon père, choisi par vous, mon père qui a bien régné, est mort de mort naturelle, je le jure sur les trois étoiles qui guident la nation.

Le jeune Bohémien déposa l'anneau sur le trône et dit :

— Qu'il soit à celui que vous désignerez.

Il s'éloigna : il se fit un silence profond.

Dans la vallée, la foule muette attendait la décision des anciens ; dans la grotte, ceux qui aspiraient au pouvoir suprême, étaient sous l'étreinte des violentes émotions qui secouent l'ambitieux en ces heures de crises. Au loin les hiboux lançaient dans l'espace leurs houhoulements lamentables auxquels répondaient les cris des orfraies ; du fond des mares s'élevaient les notes de cristal des crapauds ; un cerf chassé des taillis par les sentinelles, errait en bramant sous la feuillée, ralliant sous ses appels la harde de ses biches effarées ; la brise courbant les cimes frémissantes des hautes futaies en tirait de longues plaintes ; l'ensemble de tous ces bruits formait une harmonie puissante qui jetait dans l'âme cette terreur sacrée dont on est saisi au fond des grands bois, couverts par l'ombre de la nuit.

Et tout un peuple était là, tenant des assises solennelles, foule immobile et sans voix, bizarrement éclairée par les feux mourants.

C'était un spectacle saisissant qui faisait songer aux mystérieuses assemblées qu'aux premiers âges les nations gauloises formaient dans cette gorge mystérieuse.

— Un homme, sous la voûte, rompit enfin le silence; c'était un candidat.

L'usage était d'accorder la royauté à celui qui offrirait à son peuple la plus belle perspective d'avenir, le plus d'or à recueillir.

— Frères, dit-il, je sais où l'on pourra certain jour trouver deux millions, trois peut-être, dans l'incendie d'une maison de banque.

Il se tut, cédant la place à un autre.

— Moi, dit celui-ci, je suis certain de pouvoir enlever les diamants d'un prince régnant; c'est une affaire de cinq millions. Mes frères jugeront si je suis digne de commander.

Un troisième se faisait fort de voler dix millions en deux ans; il s'agissait d'une spoliation merveilleusement combinée, basée sur une guerre civile prévue en Espagne. Ce dernier candidat avait exposé un plan qui séduisait l'assemblée, lorsque tout à coup le galop d'un cheval retentit. Dans la gorge, la foule s'agitait sur le passage d'une jeune femme montée sur un cheval arabe qui dévorait l'espace, le peuple murmurait le nom de l'amazone avec admiration.

Le conseil des chefs suspendit la séance; on avait reconnu l'amazone.

— C'est Elora qui vient disputer l'anneau! avait dit l'un d'eux.

Et les tribus tressaillant de joie, toutes répétaient avec sympathie ce mot :

— C'est Elora! — Ceux de sa famille la nommaient Lora par abréviation et lui lançaient la bienvenue. Tous l'acclamaient.

Elle passa rapide! Le coursier bondissait, franchissant les rocs escarpés, il s'arrêta blanc d'écume à l'entrée de la grotte ; la jeune femme y pénétra calme et souriante.

C'était cette étrangère qui avait si étrangement dompté le vampire dans l'auberge maudite... A cette heure, au milieu de tous ces profils énergiques, elle apparaissait comme le génie de cette race dont la beauté rayonnait en elle.

Le prestige d'Elora était depuis longtemps établi sur ses frères ; elle était l'orgueil des gitanos! D'un pas ferme, elle se dirigea vers le rocher sur lequel devait s'asseoir l'élu ; d'une main sûre elle s'empara de l'anneau et le mit à son doigt, puis elle s'assit malgré les murmures que soulevait son audace.

— Frères, dit-elle, je suis reine et nul ne le contestera, car nul n'apportera une dîme à prélever sur cent millions!

Un long frisson d'étonnement agita l'assemblée. Cent millions... Jamais zingari n'avait rêvé d'accomplir un vol aussi considérable.

— Frères, dit la jeune femme, à cette heure je suis authentiquement comtesse et mon frère est devenu baron de Jallisch ; nous sommes héritiers légitimes du duc de Trieste ; entre nous et cette succession il y a une lignée à faire disparaître ; elle périra. Le duc n'a fait aucun testament, nous en avons la certitude absolue.

Elle donnait tous ces détails avec une précision incisive ; on l'écoutait avec une émotion extrême et une profonde déférence. Elle reprit :

— A cette heure, le baron de Jallisch, mon frère, fait disparaître le duc dont le décès ne sera constaté que quand il en sera temps. Voilà mon but, voici mes titres — elle montra des parchemins — je puis, si vous doutez de moi, vous donner des preuves concluantes ; mais dès aujourd'hui j'apporte aux chefs pour être expédiés aux gardiens du trésor la dîme d'une affaire de trois millions que Jallisch et moi nous avons menée à bien.

Puis, tendant un portefeuille au plus âgé des chefs, elle reprit :

— Quel est celui de vous qui a mieux fait que Jallisch et moi?

Personne ne releva le défi.

— Le passé, reprit-elle, répond de l'avenir! Avant deux ans, je vous donne, chefs, rendez-vous dans mon palais pour vous remettre la dîme prélevée sur les cent millions que je saurai conquérir...

Bientôt, comme un tourbillon, le cortège de Lora descendit de la grotte; la reine, sur son coursier, était escortée par tous les chefs auxquels on avait amené leurs chevaux; elle passa la revue des siens de l'Occident à l'Orient au milieu des acclamations frénétiques de la multitude. Puis chaque chef reprit son rang, en tête d'une famille.

La tribu de la reine prit alors place autour d'elle, et, à un geste de la souveraine, le défilé de toutes ces voitures commença au trot, emportant cette armée de mendiants qui se trouvait à cette heure dans les mains les plus habiles et les plus terribles qui eussent jamais dirigé cette association de malfaiteurs redoutables, prêts à tout, prompts au vol, servis par des instincts sanguinaires, doués d'une merveilleuse organisation, de facultés inouïes de ruse, d'adresse, et surtout forts de leur dédain pour les lois, de leur courage en face de la mort et de leur mépris de la vie.

Toute cette nation en guenilles, mais fière de sa force et de la liberté, passa devant la reine, lui jetant son salut et son adieu, se mettant aux quatre coins de la France au service de la souveraine, prête à exécuter ses ordres, et à porter des messages aux tribus des pays étrangers, tenues par les usages de prêter assistance dévouée à cette reine, alliée de leur roi.

Le défilé fut long et superbe d'enthousiasme et d'entrain.

Deux heures de nuit seulement restaient à s'écouler encore, quand la dernière voiture eut disparu sous les avenues de la forêt; au loin, l'on entendait les roulements sourds des chars lancés au trot; les feux s'éteignaient et l'ombre redescendait sur le théâtre où s'était accompli cet événement. Lora n'avait plus autour d'elle que sa tribu.

Elle était entourée des gens de cinq voitures, fous d'orgueil et de joie. C'était pour eux un bonheur d'avoir donné une reine à la nation; ils entouraient

Lora et la félicitaient. Celle-ci les groupa d'un geste autour d'elle.

— Frères, dit-elle, il faut pour un temps renoncer à la vie errante, à la liberté, aux longs voyages ; j'ai besoin de vous. Mettez en sûreté vos voitures, vos enfants, votre or ; que les vieillards et les vieilles femmes restent à la garde de ce que vous laisserez derrière vous, que tous les autres revêtent le costume hongrois et se rendent à mon hôtel, à Paris. Frères et sœurs, je vous attends bientôt ; que les étoiles de l'Orient vous guident !

Elle tendit ses mains aux siens qui les couvrirent de baisers, et, lançant son coursier, elle partit seule, à fond de train, disparaissant bientôt dans la direction de Fontainebleau. Derrière elle sa tribu suivait d'une allure moins vertigineuse, mais si rapide encore, qu'au jour les gardes à cheval cherchèrent en vain de la rejoindre, en suivant sa piste.

Cette fois encore la police de la forêt ne put rien savoir de ces mystères qui se déroulaient de loin en loin pendant certaines nuits dans les gorges de Franchart.

## II

### LE BARON JALLISCH

Nous sommes à Paris, aux Champs-Elysées, dans un des hôtels splendides qui se sont élevés sous l'administration du baron Haussmann ; la comtesse Burnorff, dans son boudoir est aux mains de son coiffeur, il est deux heures après midi. En ce moment on gratte à la porte, une femme de chambre entre et dit à la comtesse :

— Monsieur le baron demande si madame peut le recevoir.

— Dans un instant je suis à lui, répond la jeune femme.

Et elle fait signe au coiffeur de se hâter, celui-ci s'empresse.

Dans le salon voisin, se promène un homme de quarante ans environ, grand mince, sec, nerveux, portant les moustaches et l'impériale, serré dans une redingote noire, ayant l'air d'un officier ou plutôt s'en donnant l'air. Le profil du visage se découpe mince et aquilin ; l'œil est jaune, brillant, métallique comme celui du faucon ; le teint est basané ; le cou maigre se gonfle d'une pomme d'Adam qui monte et redescend d'une façon dédaigneuse à chaque mouvement ; les lèvres minces sont serrées comme si jamais elles ne devaient s'ouvrir au sourire ; le front fuit sous les cheveux noirs ; l'aspect général est celui d'un homme de proie, de rapines et de violence : le baron doit appartenir à l'espèce des rapaces. Mais sans être élégant, il est bien mis ; sans être distingué, il est hautain ; une rosette d'officier d'un ordre étranger orne sa boutonnière ; il est commissionné major en Autriche ; on l'accepte dans tous les cercles ; il est connu à Paris depuis dix ans, sa réputation est suffisamment bonne pour qu'il passe la tête partout.

Lorsque la comtesse entra, le major se retourna et l'observateur attentif qui eût comparé ces deux visages si différents d'expression, leur eût cependant trouvé des airs de famille. La jeune femme revoyait sans doute le baron après une longue absence, car elle éprouvait une vive émotion ; elle serra cordialement la main du baron, et ouvrant la porte d'un petit salon communiquant avec le grand, elle s'y enferma avec lui.

— Ici, Jallisch, lui dit-elle, tu peux parler.

— En es-tu sûre ! demanda-t-il avec défiance.

— J'ai trop souvent à causer de choses graves pour ne pas avoir pris mes précautions ! répondit la jeune femme.

— La police de Paris est autrement fine et défiante que celle de Saint-Pétersbourg ou de Vienne. Toute étrangère est surveillée ! observa le baron.

— Je le sais et je me tiens en garde ; mais quand je l'affirme que tu peux parler, tu dois m'en croire.

Le baron regarda autour de lui et demanda :

— A gauche, ici, qu'y a-t-il ?

— Un cabinet de toilette, dit la comtesse, avec une seule issue sur la pièce que nous occupons.

— Et ici, à droite? demanda le baron toujours soupçonneux.

— Un mur donnant sur la rue. Devant nous cette fenêtre et l'avenue; derrière nous le grand salon.

— Alors... causons.

Et le baron se mit à l'aise.

La comtesse attendait avec une anxiété dissimulée des révélations; elle était impassible, mais fort pâle.

— As-tu... réussi? demanda-t-elle.

Sa voix tremblait légèrement.

— Oui, dit-il. Le duc est mort à cette heure!

— Mort..? murmura-t-elle. Enfin!...

— Mort, reprit le baron, dans toutes les conditions du programme. Il fallait qu'il pérît, mais que son corps ne fût retrouvé qu'après un certain temps, alors que nous aurions exterminé toute cette bande d'héritiers qui partageraient avec nous cette fortune. Nous avons devant nous autant de temps, plus même qu'il n'en faut, pour réaliser notre plan.

— Tu en es sûr?

Le baron secoua la tête et dit avec une conviction joyeuse :

— Comme je l'avais prévu, ce voyage du duc en Égypte devait lui être fatal, moi aidant. A cette heure, lui, son secrétaire et son valet de chambre dorment du dernier sommeil sous les pierres amoncelées par une explosion dans l'intérieur d'une pyramide.

La comtesse buvait toutes les paroles de son frère.

— Donne-moi tous les détails, Jallisch; je veux être certaine... bien certaine... qu'il est mort! fit-elle.

— Ma chère, dit le baron, tu sais que le duc s'était mis en tête, en original qu'il était, de découvrir le secret des Pyramides.

— Elles ont donc des mystères?

— Sans doute. Personne jusqu'ici n'a pu dire avec certitude pourquoi elles ont été construites. Le duc pensa que son immense fortune aidant, il pourrait, en étudiant le problème, trouver une solution. Il partit pour l'Égypte avec son secrétaire et son valet de chambre, il loua les services d'une troupe d'Arabes et il établit un camp dans la région des Pyramides, y poursuivant ses recherches.

— Et tu le surveillais?

— A son insu. Il ne me connaissait point; j'étais déguisé en Arabe; ceux qu'il prenait pour des Bédouins, guides à sa solde, étaient une troupe de nos Tsiganes et de notre tribu. Il me fut facile d'exécuter mon projet. Ce n'étaient point les grandes pyramides, connues et décrites, que visitait le duc; mais les petites, celles que négligent les touristes. Un jour le duc et les siens furent ensevelis par la chute d'une énorme masse de pierre, qu'amoncela l'explosion d'une mine préparée par moi; nous sommes restés ensuite dix-sept jours campés autour de la pyramide qui servait de tombe au duc; il n'y a pas d'homme au monde capable de vivre si longtemps sans boire ni manger. Le duc est donc mort, bien mort.

— Nos cohéritiers vont bientôt se remuer, car on parlera de la disparition mystérieuse du duc, observa la comtesse.

— On en a parlé déjà. La *Patrie*, d'après les journaux égyptiens a publié un entrefilet, et, l'un de nos cousins a convoqué chez lui tous les héritiers connus ou inconnus du duc pour aviser à faire constater sa mort.

— Iras-tu à cette réunion?

— Oui, certes, et toi aussi.

— Moi! Pourquoi faire?

— Pour affirmer nos droits, connaître tout ce monde plus à fond et voir s'il ne surgira pas des parents qui nous seraient encore inconnus.

— Soit! j'irai. A quelle adresse, Jalisch?

— Voici l'entrefilet de la *Patrie*, dit le baron; il contient l'adresse.

— Bien! dit la comtesse.

Puis souriant:

— A mon tour, maintenant, dit-elle.

— Tu as trouvé quelque chose?

— Oui, dit-elle. Nous avons une bataille à livrer, plus de cent personnes à faire disparaître, nous ne pouvons employer le poison qui laisse des traces, le poignard qui révèle souvent la main du meurtrier, le pistolet qui est une arme trop bruyante... Tout ce monde doit mourir par accident.

— Et nous avons un immense choix, dit le baron. Les

uns se noieront, les autres seront brûlés dans un incendie, d'autres seront tués en duel, d'autres...

La comtesse arrêta d'un geste l'énumération effrayante que faisait son frère avec un calme cynique.

— Cher, dit-elle, il faut prévoir le cas où quelques-uns survivraient; il y a des gens qui ont une chance inouïe, et la vie très dure. Or, j'ai trouvé une arme terrible dont tu seras toi-même épouvanté.

— Oh! oh! fit le baron d'un air de doute.

— Nous allons voir, dit la comtesse. Viens.

Et elle conduisit son frère au troisième étage de l'hôtel qui lui appartenait tout entier.

## III

### L'ONCLE DE MADAME

Le baron suivait curieusement sa sœur qui, arrivée au troisième étage, frappa d'une certaine façon à la porte d'un appartement qu'ouvrit un valet de chambre.

Celui-ci salua le baron avec une joyeuse surprise et s'inclina devant la comtesse quand elle passa dans le salon.

— Comment va mon oncle? demanda celle-ci.

— Très bien, madame la baronne, dit le valet de chambre.

— Voyez donc si je puis lui présenter mon frère.

Le valet de chambre sourit et s'éloigna.

— Peut-on vous questionner? demanda le baron à voix basse.

— Oh, cher, parle haut, tutoie-moi, ne te gêne pas! dit la comtesse. Nous sommes ici chez nous. Pas un serviteur qui ne soit des nôtres; si je ne me montre pas plus familière c'est pour les dresser au service et les y accoutumer.

— Mais... cet oncle...

— Un monstre idiot!...

— Un monstre!

— Tout ce que tu peux imaginer de plus monstrueux

— Et idiot... dis-tu?

— Oui. Il ne sait pas dire un mot, un seul ; figure-toi un sourd et muet. Il n'entend rien. Je le dresse à jouer un certain rôle, voulant l'emmener quelquefois dans certaines soirées intimes et le produire au théâtre dans une loge. Je lui apprends à se tenir, à manger, à saluer, à entrer, à sortir, à s'asseoir. Bref je veux le rendre possible, supportable et... m'en servir.

— A quoi ?

— A tuer les plus récalcitrants de nos adversaires.

— Cet idiot... tuer ?

— Oui, certes. Tu en jugeras bientôt du reste.

En ce moment le valet de chambre rentra et dit :

— Madame la comtesse et monsieur le baron peuvent entrer.

La jeune femme guida son frère vers une chambre à coucher où ils virent, assis sur une chaise, un vieillard, enveloppé d'une robe de chambre ; c'était le vampire de l'Auberge maudite, mais le vampire transformé. Il avait les cheveux blancs, bien peignés, tombant sur son col, le visage rasé et saupoudré de poudre de riz, les mains lavées et les ongles faits, sa tête avait perdu cette expression étrange que lui donnait l'âpre convoitise dans cette auberge, où les longs jeûnes avaient avivé les appétits sanguinaires du monstre ; il s'était engraissé, il était dodu, pansu, l'œil ne brillait plus que par intervalle ; l'embonpoint avaient caché les lignes cruelles du visage ; les angles s'étaient arrondis ; on ne se défie pas des hommes gras.

Ce bonhomme net, brossé, lavé, qui secouait la tête de certaine façon, se dodelinait, exprimait quelques vagues pensées par un geste sobre, ce vieillard qui n'avait rien de repoussant, grâce à des soins excessifs, qui se tenait très décemment dans un salon ou à table, parce qu'on avait fait son éducation comme celle d'un enfant, ce petit vieux qui clignait de l'œil aux dames, ce qui les amusait fort et ne dépassait jamais les limites des convenances, cet idiot enfin, était très supportable, très volontiers supporté.

Personne ne soupçonnait qu'il fût un terrible instrument de mort.

Jamais, du reste, il ne sortait sans être accompagné d'un domestique qui veillait sur lui constamment.

Lorsqu'il aperçut Lora il se leva brusquement et manifesta sa joie par une pantomime expressive; il tourna autour d'elle en dansant, se jeta sur les mains que lui tendit la jeune femme et y mit vingt baisers.

— Votre oncle vous adore, comtesse, dit Jallisch, cessant de tutoyer sa sœur et agissant avec elle comme s'il eût été un de ses amis.

Mais elle de rire.

— Cher, il ne comprend pas un mot; parle comme s'il n'était pas là, fit-elle.

Et montrant le bonhomme.

— Il est à moi, reprit-elle; je l'ai dompté.

— Est-il donc à craindre? demanda Jallisch surpris.

— C'est un effroyable monstre! Tu vas en juger.

— Un monstre de quelle espèce?

— Te souviens-tu d'avoir entendu conter par ma mère qu'il existait réellement des vampires, ayant toujours soif de sang, de sang humain surtout?

— Oui, dit Jallisch en fouillant ses souvenirs. Je me rappelle même que notre mère a failli mourir victime d'un de ces êtres singuliers.

— En voici un, fit la comtesse. Et des plus réussis.

— On ne le dirait pas. Il te regarde avec des yeux attendris.

— Il est amoureux de moi.

— Si vieux?

— Pas autant que tu te l'imagines; pour lui faire jouer son rôle, je fais teindre ses cheveux.

Puis se tournant vers le valet de chambre :

— Va, lui dit-elle, chercher un poulet pour mon oncle.

Le valet, accoutumé à toutes les horreurs de cette situation, sortit et revint bientôt tenant un poulet vivant.

La comtesse avait fait remarquer à Jallisch que, devant elle, le vampire restait plongé dans une sorte d'extase.

— Cher, dit-elle, tu n'imagines pas à quel point je le domine; je l'ai vaincu une fois pour toutes.

— Tu as donc lutté?

— Oui, et j'ai failli mourir.

— Que ne lui cassais-tu la tête d'un coup de pistolet?

— Il ne s'agissait pas d'un combat violent; cet homme a un pouvoir de fascination magnétique inouï.

En ce moment le valet de chambre ou plutôt le cousin de Lora qui jouait ce rôle, lâchait le poulet dans la chambre.

— Tu vas voir si mon monstre est bien dressé, dit la jeune femme.

A l'aspect de la proie qui s'offrait à lui, le vampire s'était levé tout à coup; il était devenu terriblement pâle, ses yeux avaient étincelé d'un éclat extraordinaire; les veines de son cou s'étaient gonflées, ses muscles s'étaient tendus.

Le baron fut effrayé de l'intensité des rayons lumineux que projetait les prunelles du vampire; mais d'un geste, la comtesse calma cette tempête d'appétits désordonnés que venait de déchaîner l'aspect d'une victime; sur un simple appel, sur un signe de la main, le monstre vint humblement se coucher aux pieds de la jeune femme.

Il se pelotonna sur le tapis, se roula sur les bottines de Lora et imita les jeux du chat cherchant les caresses du maître; de temps à autre, il jetait des regards obliques sur sa proie qui, chaque fois, semblait atteinte comme d'un choc électrique et tombait convulsionnée.

— Le pouvoir de cet homme est foudroyant! murmura Jallish.

Relevant le vampire, il le mit en face de lui, voulant fixer un regard sur cette prunelle qui lançait la foudre et tenter une épreuve; mais le monstre tint constamment ses paupières baissées.

— Attends! dit Lora. Il a peur de moi; et tu vas juger de sa force.

Et elle se prit à le caresser, comme elle eût fait d'un enfant; puis, l'attirant à quelques pas de Jallisch, elle le lui désigna avec un geste de menace.

— Tiens-toi bien, dit-elle en souriant à son frère. Résiste si tu peux...

Sur l'excitation de la comtesse, le vampire poussa un rauque rugissement et revint à ses fauves instincts; comme une bête féroce, il s'accroupit et, s'apprêtant à bondir, il accumula dans son regard la puissance incroyable de fascination qu'il possédait et darda des flammes sur le baron qui essaya, mais en vain, de résister. Peu à peu il frissonna, blêmit, chancela et s'assit sur un fauteuil, en proie à une torpeur qui ressemblait à une paralysie.

— Assez! dit alors la comtesse au vampire en le flattant de la main.

Le monstre se pelotonna de nouveau aux pieds de la jeune femme; Jallisch cependant revenait à lui, furieux et humilié.

— Par le vent et les tempêtes! s'écria-t-il employant le juron familier à sa race, je vais écraser cet immonde animal à coup de bottes!

Il écumait de colère et de honte.

— Frère, tu es fou! dit Lora. Tuerais-tu donc un bon chien de garde?

Le baron se calma; mais il jetait au monstre des regards haineux.

— Lora, dit-il, le jour où tout sera fini, fais sauter au fond d'un bois le crâne à cette créature dangereuse: je pressens qu'elle te serait fatale.

— Erreur, dit la comtesse. Rien à redouter de mon monstre pour ceux qui prennent soin de lui, ajouta la comtesse. Je l'ai trouvé dans une auberge où il avait fait périr un grand nombre de personnes; mais il respectait la femme qui lui donnait le pain de chaque jour.

— Ça mange donc comme un homme, ces êtres-là? fit le baron.

Lançant son monstre sur sa proie, la comtesse dit:

— Regarde!

Jallisch observa le monstre; celui-ci se mit de nouveau à darder ses regards sur sa victime qui se débattit palpitante sur le tapis et finit par s'endormir peu à peu. Le vampire étendit alors ses deux bras longs et terminés par ces mains osseuses aux doigts crochus que nous avons décrites; il s'avança sur la pointe des pieds, marchant si légèrement qu'on lui eût cru des ailes; il parut au baron que le monstre arrivé au paroxysme de sa passion sanguinaire était entouré d'une auréole d'étincelles électriques; il en fit la remarque à voix basse.

— Tu ne te trompes pas, cher, dit la comtesse. La nuit mon vampire semble enveloppé de rayons lumineux. Rien d'étonnant à ceci du reste ; j'ai consulté tous les livres écrits à ce sujet par des médecins et des savants. Je suis devenue très forte sur la question des vampires.

— Parles-tu sérieusement? demanda le baron, qui suivait la marche lente mais aérienne du monstre.

Celui-ci s'arrêtait sur la pointe des pieds, contemplait sa proie et semblait en quelque sorte planer sur elle.

La comtesse reprit :

— J'ai compulsé surtout les ouvrages du docteur Basileuski, un Grec, établi dans les Principautés Danubiennes ; tu sais que l'on y trouve encore des vampires ; tu sais que les bandits y boivent souvent le sang de leurs victimes. Or, Basileuski affirme avoir vu, de ses yeux, un vampire sucer le sang d'un condamné à mort que le pacha de Bassora lui avait cédé pour faire ses expériences. Le docteur constata que le corps rayonnait.

En ce moment le vampire touchait à l'animal engourdi.

— Regarde! Regarde donc! dit la comtesse. Pas de soleil en ce moment, rien qui explique les resplendissements de lumière dont cette chambre est inondée ; rien, sinon la projection électrique qui s'échappe de ce vampire.

— Dans la nuit, murmura Jallisch, j'ai vu des étincelles courir sur la crinière hérissée d'un lion.

Il se tut.

Le monstre avait saisi sa victime ; d'un coup de doigt il arracha quelques plumes sur la tempe droite ; sa dent canine aiguë comme une pointe d'aiguille ouvrit une veine et ses lèvres avides aspirèrent le sang ; on voyait, pendant l'horrible opération, son dos onduler et tous ses muscles frémir ; il éprouvait les suprêmes voluptés que donne la satisfaction des vices hors nature ; il était plongé dans une sorte d'extase.

Lorsqu'il eut fini son repas sanglant, il jeta tout à coup la victime exsangue sur le parquet, poussa un léger cri et d'un bond se lança sur son lit dans les couvertures duquel il se roula en miaulant.

— C'est fait, dit la comtesse. Il va cuver le sang.

Et montrant le poulet si proprement saigné que l'affreuse opération ne laissait aucune trace, elle dit à son frère :

— N'avais-je pas raison ? Ne voilà-t-il point un admirable instrument de meurtre ?

— Ce sera notre dernière réserve, dit le baron. Quand tout sera désespéré, tu lanceras ton oncle... comme la vieille garde.

Et regagnant le petit salon où ils avaient causé à l'aise, ils devisèrent longtemps, préparant le plan de meurtre qu'ils devaient exécuter...

## IV

### LA PROVOCATION.

Le même soir un incident dramatique devait mettre Jallisch en présence de ses cohéritiers.

Au café de Suède — qui fut à Paris, sous l'Empire, le rendez-vous des gens de lettres et des acteurs, deux jeunes gens sont assis en face de deux consommations; c'est l'heure de l'absinthe.

L'un des deux jeunes gens est un rapin qui a donné quelques promesses de talent; il est petit, laid, spirituel, remuant, malicieux, grimacier; c'est un singe habillé, voire même mal habillé : feutre mou à la tyrolienne, paletot de velours de coton coupe Rubens, beaucoup trop long et donné sans doute par un ami; pantalon trop large, gilet trop court; linge plus que douteux à en juger par les manches de chemise mal cachées.

Ce garçon doit souffrir de sa pauvreté, de sa laideur, de sa faiblesse physique; il est vaniteux, envieux, médisant.

Il y a pourtant du bon en lui, puisqu'il sait aimer quelqu'un; ce quelqu'un, c'est son camarade et son cousin Armand.

Celui-là forme un contraste parfait avec lui : Armand Gauthier est un magnifique garçon de dix-huit ans, un homme et un enfant; homme par la splendeur du développement, l'assurance du regard, l'aplomb sincère de la pose, le calme puissant de l'attitude; un enfant par la rondeur des formes, la limpidité de la prunelle, la pureté du front, la fraîcheur des lèvres et la franchise du sourire.

C'est une belle tête gauloise, non régulière, exprimant l'audace, la générosité et l'amour.

Ce qui caractérisait ce jeune homme, c'était une merveilleuse insouciance de tout et de lui-même; il vivait dans Paris comme vivent les jeunes guerriers peaux-rouges dans la Prairie, sans autre préoccupation que de trouver le boire et le manger. Quant aux lois sociales, aux convenances, aux préjugés, il s'en inquiétait fort peu, suivant du reste la pente d'un naturel excellent, mais sans souci des obstacles, des entraves et des conventions qui en gênaient le développement; il passait au travers des usages, coutumes, bienséances et règlements de police comme un gros bourdon à travers une toile d'araignée; on l'avait vu emporter deux sergents de ville, un sous chaque bras, pendant l'émeute du cimetière Montmartre; il les avait déposés sur la tombe de Cavaignac.

L'originalité de ses façons lui avait attiré trois duels, non qu'il fût querelleur, mais parce qu'il était sans gêne. Il s'était battu avec une indifférence parfaite; tout Paris s'était occupé de la nonchalante désinvolture avec laquelle il avait reçu les coups d'épée de ses adversaires; il ne savait pas tirer et ne voulait prendre aucune leçon parce que, disait-il, *ça n'en valait pas la peine.*

Il s'intitulait journaliste; en réalité, il était *reporter.*

Sans domicile, couchant ici ou là, tantôt dans un atelier de peinture, tantôt sur les sacs du magasin de départ d'un journal, au besoin sous un pont et souvent ne dormant pas, il errait dans Paris, son nez subtil au vent, flairant les nouvelles et devinant les accidents; il rapportait aux journaux des faits-divers émaillés de fautes d'orthographe, mais très originalement contés.

Il avait des hauts et des bas, mais jamais de préoccupations d'argent; avec dix sous il se trouvait riche, un billet de cent francs n'excitait pas son enthousiasme et il s'était senti pauvre avec dix louis; quand il avait soif, il fallait qu'il bût: quand il avait faim, il fallait qu'il mangeàt; il déployait alors une audace tranquille et stupéfiante.

Les femmes l'adoraient malgré le débraillé de sa mise; il se laissait aimer; mais il n'avait jamais montré qu'il tînt à celle-ci plus qu'à celle-là, ce qui en avait fait damner plus d'une de jalousie.

En ce moment, il étalait sans vergogne ses bottes éculées, son pantalon frangé, son mac-farlane tellement étriqué pour lui qu'on eût dit d'une pèlerine: il regardait son verre vide et cette contemplation ne lui paraissait pas agréable.

— Est-ce que tu n'offres pas une autre absinthe, Léon? demanda-t-il à son camarade.

— J'ai juste de quoi nous payer l'omnibus jusqu'à Saint-Mandé! répondit Léon.

— C'est idiot de ne pas avoir le sou un jour où l'on va dans le monde, dit Armand. Je crève de soif, moi. Si je battais un cocher sur le boulevard? Ça ferait plaisir à beaucoup de jobards; on déteste les cochers! Je raconterais la rixe pour le *Figaro*, nous irions porter la copie et je toucherais au moins trois francs.

Léon savait son ami capable d'exé... on idée, car outre qu'il professait une haine bien ... e contre les cochers de fiacre, il était capable des plus folles excentricités; le voyant se lever, le rapin lui dit en regardant la pendule:

— Trop tard! les caisses sont fermées.

— Est-ce bête les caisses qui ferment! dit Armand.

En ce moment il remarqua un consommateur qui était seul en face de deux verres, l'un sec, l'autre demi-plein.

Évidemment ce monsieur attendait quelqu'un; le verre le prouvait; ce consommateur parut déplaire singulièrement à Armand.

— En voilà un sale type! dit-il, je n'ai jamais vu ça ici; il a une tête d'agent.

Et il fronça le sourcil, car il détestait les mouchards plus encore que les cochers.

— Tu te trompes, dit Léon. Ce monsieur a une binette désagréable, mais ce n'est pas un agent déguisé en bourgeois.

— Alors qu'est-ce que c'est?

— Je n'en sais rien. Il a un profil d'épervier, la moustache et la barbiche brune ; j'affirmerais que c'est un officier s'il avait l'air franc ; mais cet homme n'a jamais porté un uniforme. On dirait qu'il se teint les cheveux tant ils sont noirs ; le teint est olivâtre, la lèvre mince, le nez busqué, le front fuyant ; je parierais que c'est un aventurier espagnol qui vient exploiter Paris.

— Nous le saurons bien.

— Comment ?

— Je le prierai de me donner sa carte en le bousculant.

— Encore une folie ?

— Il faut bien savoir à qui l'on a affaire. Tiens, une idée. Si j'empruntais un louis au patron du café sur notre héritage ?

— Es-tu bête ! Tu y crois, toi, à cette blague-là ? fit le rapin en haussant les épaules d'un air qu'il s'efforçait de rendre dédaigneux ; mais un certain tremblement de lèvres démentait cette indifférence affectée.

— Cent millions, reprit-il ; le duc assassiné peut-être, disparu tout au moins ; une bande d'Arabes qui l'enlève... Nous autres petits cousins partageant cette succession !... Ça me paraît du roman.

— A moi aussi ! fit Armand ; mais j'y crois pourtant.

— Alors, s'écria Léon, tu n'es qu'un imbécile !

L'épithète parut froisser Armand.

— Non, je ne suis pas un imbécile, protesta-t-il. Je crois à cet héritage parce que j'ai besoin d'y croire, pour emprunter... Si je n'ai pas la foi, comment veux-tu que je la donne aux autres ? Ce n'est pas d'un crétin ce que je dis là ! Et si tu m'appelles encore imbécile, je te prends avec ta chaise et je vous envoie tous les deux à travers la devanture sur le boulevard.

— Qu'est-ce que ça te fait que je t'appelle imbécile ? Ça n'a pas de conséquences entre camarades ! dit Léon.

— C'est tout le contraire, protesta Armand avec véhémence. Je ne tiens qu'à l'opinion de mes amis ; le reste du monde m'est indifférent.

Et montrant du doigt le consommateur dont le type lui avait tant déplu, il s'écria tout haut, si bien que beaucoup de personnes levèrent la tête :

— Tiens, regarde ce monsieur que je n'ai jamais vu et qui lit son journal. Il me traiterait d'idiot que cela me serait parfaitement indifférent! Il a une sale tête et je le méprise sans le connaître. Mais toi, je t'aime... sans t'estimer... Je ne veux pas que tu me froisses... Tiens!... il paraît que le monsieur a entendu ce que j'ai dit de lui; il est vexé et il me regarde de travers.

Armand disait cela du ton le plus calme.

— Tais-toi donc, murmura Léon.

— Pourquoi ça? Ce monsieur va venir me demander raison; je n'ai rien à rétracter, nous nous battrons, tu seras mon témoin et... ça fait pour demain un déjeuner sur la planche; nous prendrons pour second ce couard de Théodore qui aime à figurer dans les duels... des autres... Ah! le monsieur se rasseoit! Encore un tâteur de plus et... un repas de moins! Tout n'est qu'illusion dans la vie.

— Il se décide, fit Léon, il revient.

Le monsieur avait toisé les jeunes gens; leur mise ne lui avait pas paru assez sérieuse pour qu'il se commît avec eux; mais les dernières paroles d'Armand avaient fouetté sa colère.

Il vint, furieux, se planter devant Armand, tenant son stick à la main.

— Mon garçon, dit-il en menaçant le jeune homme de la pointe de sa canne, vous êtes gros, grand... et sale; je ne veux pas vous souffleter, parce qu'il faudrait me ganter et vous ne valez pas que je me donne cette peine; mais si vous ne me faites pas des excuses, je vous casse la figure avec mon jonc.

— Est-il plombé votre jonc? demanda Armand d'un ton flegmatique.

— Assez pour vous faire repentir de votre impertinence.

D'un mouvement brusque Armand saisit le stick d'une main, de l'autre il contint son adversaire et, faisant sonner la pomme sur le marbre de la table, il dit à Léon qui riait:

— Il est bien réellement plombé! Cet homme est une vile canaille; mais je l'ai provoqué sans autre motif que la coupe déplaisante de son profil. Je lui dois réparation.

En ce moment, tout le café s'était groupé autour des deux antagonistes.

Armand reprit en s'adressant à son antagoniste qu'il maintenait toujours et qui écumait de rage impuissante :

— Vous avez à choisir, monsieur ! Je vais vous rendre votre stick avec lequel vous pouvez me casser la tête ; je vous le donne en un coup. Si vous m'assommez, comme je suis l'agresseur, il ne vous en arrivera pas grand'chose. Si vous me laissez un souffle d'existence, après un coup mal porté, je vous casse en deux sur mon genou. Je vous fais la partie belle. D'autre part, si vous préférez vous battre à l'épée ou au pistolet, demain, je suis à votre disposition.

Et lâchant son homme il lui tendit froidement le stick, se leva, se croisa les bras et attendit impassible.

Un tel sang-froid démonta quelque peu son adversaire.

La galerie qui connaissait Armand et qui était habituée à toutes ses excentricités, se tenait muette, personne ne cherchait à intervenir ; Armand aurait jeté sur le billard celui qui se serait mêlé de son affaire.

L'adversaire d'Armand tordit pendant dix secondes son jonc dans ses mains crispées ; puis, domptant sa fureur, il fouilla dans sa redingote, prit son carnet, en tira une carte et la jeta sur une table devant Armand en disant : A demain ! Mais comme il pirouettait sur ses talons pour regagner sa place, le jeune homme le retint et lui dit :

— Un instant, Monsieur.

A son tour il tira de sa poche un très joli portefeuille, y choisit une de ses cartes, y mit une adresse en saluant avec beaucoup de courtoisie :

— Monsieur, dit-il, si vous choisissez le duel, voici mon nom ; je vous serais obligé à votre tour de me donner le vôtre.

— Je vous ai remis ma carte, dit l'étranger en la montrant sur la table.

— Vous faites erreur, Monsieur : vous avez placé là un carré de papier avec le geste d'un distributeur de prospectus ; ce n'est pas là donner sa carte, c'est la déposer ; ceci, Monsieur, serait humiliant pour vous, on ne dépose une carte que quand on est solliciteur.

Mettons cela sur le compte de la colère et réparez, je vous prie, cette petite bévue.

La galerie se mit à rire, l'étranger fronça le sourcil; mais comment sortir de l'impase où il se trouvait?

— Voyons, fit-il avec impatience, vous battrez-vous sérieusement au moins?

— Qu'entendez-vous par sérieusement? fit Armand imperturbable. Voulez-vous dire que je devrai venir sur le terrain en cravate blanche et en habit comme un notaire? Ma foi, non. Je viendrai, vous me verrez, vous me blesserez! Et vous pourrez écrire à votre famille, comme César écrivait au Sénat : Veni, vidi, vici : Je suis venu, j'ai vu, j'ai vaincu. Voilà, le programme, Monsieur! C'est invariable avec moi ; ça se passe toujours comme ça, mon quatrième duel ressemblera aux trois autres.

L'étranger était stupéfait; jamais il n'avait ouï parler d'un adversaire de cette sorte; il semblait interroger la galerie du regard et l'attitude de celle-ci lui prouvait qu'Armand disait vrai.

Il lui tendit sa carte; Armand regarda et lut; tout à coup il fronça le sourcil.

— Ah! fit-il, vous êtes le baron de Jallisch. Savez-vous que ça change tout?

Le baron sourit; il crut que sa réputation de duelliste effrayait le jeune homme et il dit en ricanant :

— Mon cher Monsieur, on a tort de s'attaquer au premier venu.

— Tiens fit Armand, voilà le baron qui croit que je recule parce qu'il a assassiné deux pauvres diables de jeunes gens assez francs pour lui avoir dit ses vérités, Eh bien, c'est vrai, et je le répète : Vous êtes un traître, un vendu, un misérable! Vous avez livré Kossuth ! Je vous hais et je ferai demain tout mon possible pour vous tuer.

Puis se tournant vers la galerie il dit avec une confiance superbe.

— Vous verrez que je lui trouerai joliment la peau.

Jallisch pâle, frémissant, voulut s'élancer pour souffleter son adversaire : mais Armand le prit, une main au col, l'autre aux reins et le porta dehors jusqu'à la station de fiacres qui stationne près du café ; il le déposa dans une voiture découverte et dit au cocher :

— Emmenez, Monsieur...

— Où cela ? demanda le cocher abasourdi.

— Au diable ! dit Armand.

Et il revint au café.

Jallisch meurtri se releva pour crier d'un air menaçant :

— A demain !

Armard se retourna et il dit :

— Demain vous serez au lit à cette heure-ci !

Il rentra au café pendant que Jallisch impuissant devant la force colossale de son adversaire, se décidait à quitter le terrain ; il donna des ordres au cocher qui fouetta ses rosses ; Armand, rentré au café, reçut une ovation.

— Théodore, dit-il à un grand jeune homme pâle, bouffi et mou d'aspect, Théodore, tu es mon témoin pour demain, commande l'absinthe.

Théodore enchanté fit bien les choses comme toujours ; il paya les frais du triomphe d'Armand que tout le café voulait fêter. Le bruit de ce duel se répandit en un instant sur le boulevard et du boulevard dans tout Paris. Armand fut le lion de la soirée. Il était connu, aimé, adopté par la jeunesse ; sa haute taille, sa beauté superbe et rayonnante, ses excentricités, ses précédents duels, son insouscience inouïe lui donnaient une sorte de royauté sur la jeunesse bohème. C'était un des types originaux du quartier latin ; une de ces physionomies que Paris connaît et auxquelles il s'intéresse. Le baron, de son côté, touchait au monde de la diplomatie, du turf et de la Bourse ; on s'enquit de son affaire, on s'informa de son adversaire ; la chose fit un bruit énorme.

Armand, après avoir savouré au compte de Théodore autant de consommations qu'il voulut, emprunta un louis à son témoin et il prit fièrement, avec son ami et cousin un fiacre pour aller à Saint-Mandé où on les attendait... Déjà le scandale du café de Suède y était connu.

## V

### LES HÉRITIERS

Pendant que leur voiture roulait vers Saint-Mandé, Armand, sans plus se préoccuper de son duel questionnait son cousin au sujet de ce parent qui convoquait tous les héritiers du duc.

— Qu'est-ce que ce monsieur Lenoël chez qui nous allons? demanda-t-il. Tu le connais? Y dînera-t-on proprement au moins !

— Dîner bourgeois, tenant du banquet électoral; dit Léon. Du poisson pour sûr, le maître de la maison est un pêcheur à la ligne enragé et heureux.

— Un imbécile alors.

— Oui et non, en tous cas un original.

— Si nous sommes une cinquantaine de personnes, ça va lui coûter cher. On dit la famille nombreuse.

— L'homme est à l'aise; il s'est marié à une veuve coquette, prétentieuse et décatie qui jouit d'une dixaine de mille livres de rentes, laissées par le premier mari, un vieux. Lenoël, de son côté, a une rente de quatre mille francs comme retraité du ministère de l'intérieur. La femme a un amant.

— Qu'est-ce que c'est que cet amant-là.

— Un parent de Lenoël; c'est un monsieur qui se prétend littérateur parce qu'il a écrit dans les journaux de modes des articles de nouveautés. Il se dit poète, parce qu'il a fait des chansons sans sel et mal rimées qui l'ont fait admettre au *Caveau*. Il dîne et déjeune même presque tous les jours chez Lenoël, c'est quasi un ménage à trois.

— Cette vieille bête ne s'aperçoit donc de rien?

— Il est aveugle. Du reste, il n'a qu'une passion : la pêche! Madame Lenoël et son amant Hippolyte Leblanc, qui signe vicomte de Nérac dans les journaux, exploitent tous deux le goût désordonné de Lenoël pour la friture. Ils l'ont convaincu qu'il y avait plus de poissons à Neuilly, dans les parages de l'île de la Jatte, que dans la Marne, vers Charenton. Le bonhomme Lenoël, pendant toute la belle saison, loue une chambre meublée à Neuilly et passe sa vie sur l'eau. Il prend énormément de poissons; il le vend à un restaurateur du bord de l'eau et paye sa pension et son logement en carpes, brochets et barbillons. Il ne revient chez lui que le dimanche, parce que ce jour-là les canotiers font tant de bruit qu'il est impossible de pêcher.

— En voilà un type.

— C'est un brave homme, plus intelligent qu'on le croirait à le voir et à l'entendre. Il a des idées originales, témoin celle de nous convoquer tous ce soir; il est vindicatif plus qu'on ne se l'imaginerait et il tient longtemps rancune d'un mauvais procédé; j'imagine que s'il se savait cocu, sa femme et Hippolyte Leblanc, dit vicomte de Nérac, passeraient un mauvais quart d'heure.

— Tu crois qu'il jouerait du revolver!

— Cette vieille bête a pour cela assez d'énergie; il vient quelquefois au café de Suède et on le blague; entre amis, ça lui est égal. Mais un jour il a donné un soufflet à un cabotin qui l'avait traité de crétin; c'est le cabotin qui n'a pas voulu se battre.

— Il me va, ton Lenoël!

— Il te connaît, mais tu ne le connais pas; il t'a vu quelques fois au Suède.

— Pourquoi ne m'a-t-il pas parlé?

— Tu l'effraies avec tes manières!

— Il s'y fera! mais j'engage ce Polyte à ne pas me marcher sur le pied; je vengerais ce pauvre homme qui est bafoué par sa femme et ce rufflan.

Léon avait sans doute à se plaindre du pseudo-vicomte de Nérac, car il conseilla :

— Pour embêter le Polyte en question, mets-toi bien avec la maîtresse de la maison.

— C'est une idée. Mais qui verrons-nous encore ? Tu dois connaître un peu la famille, puisque tu vas quelquefois chez les Lenoël.

— Je pense que ce soir nous verrons les Trousset et les Lamberquier.

— Qu'est-ce que ces gens-là?

— Des bourgeois ! Les pères sont bêtes, les mères sont ennuyeuses, les fils sont hypocrites et sournois, les filles... ma foi... tu verras. Il y en a qui sont jolies, mais c'est farci de morale et de préjugés.

— A part l'algarade que je prépare à l'ami Polyte, dit Armand, je ne vois pas trop d'éléments de distraction dans la soirée.

— Il faut compter sur l'inconnu, sur les parents que je n'ai jamais vus ! dit Léon. Et puis, peut-être mademoiselle Fernande y sera-t-elle avec le docteur?

— Le docteur?

— Oui, le tuteur de mademoiselle Fernande; c'est un nom célèbre ; il soigne les artistes, les gens de lettres, les diplomates, la haute finance, tout le Paris d'élite. Tu ne connais pas le docteur Favel?

— Imbécile, tu n'avais qu'à me dire son nom ; je lui ai rendu un fameux service à ton docteur ! Un soir, il revenait de Neuilly avec sa voiture ; le cheval s'était emporté et courait droit contre l'Arc de Triomphe. J'ai arrêté la bête qui m'a traîné plus de vingt mètres ; mais je n'ai pas lâché prise. J'étais noir de contusions quand je me suis relevé.

— Qu'est-ce qu'a dit Favel?

— Il m'a remercié et m'a engagé à venir le voir le lendemain.

— Et alors...

— Je n'y suis pas allé?

— Pourquoi?

— J'aurais eu l'air de quémander de la reconnaissance.

— Etait-il seul dans sa voiture?

— Il m'a semblé y voir une jeune fille évanouie.

— C'était mademoiselle Fernande.

Puis avec un soupir :

— Si seulement j'avais eu comme toi le bonheur d'arrêter le cheval !

— Après...

— Peut-être Fernande m'eût-elle aimé? La reconnaissance amène l'amour.

— Tu aimes donc cette jeune fille?

— C'est-à-dire que je l'aimerais, si j'avais de l'espoir ; mais elle a deux cent mille francs de dot...

— Qu'est-ce que ça fait? dit Armand avec une confiance superbe. Dix milles livres de rentes, voilà-t-il pas une affaire! Tu es peintre, tu aurais du talent si tu travaillais; dis à cette jeune fille que dans trois ans tu auras une médaille au salon et cinquante mille francs de commandes. Mets-toi à l'œuvre, et tu te marieras avec ton infante. Si j'aimais une femme, moi, je me ferais en deux ans une position superbe.

— Dans la littérature?

— Non... dans l'épicerie! j'ai des idées qui épateraient Potin; je révolutionnerais le commerce des cornichons et des denrées coloniales.

Léon se mit à rire.

— Mon cher, lui dit sérieusement son camarade, sache que si je consacrais à vendre et à acheter de la mélasse le quart de l'intelligence que je dépense pour dîner chaque soir, je deviendrais millionnaire.

— C'est possible! fit Léon qui sentait que son ami disait la vérité; mais c'est ennuyeux d'être épicier. Vive la bohème!

— C'est ma devise aussi; mais au moins je ne soupire pas, moi, parce qu'une demoiselle Fernande ne veut pas de moi. Vaut-elle au moins la peine qu'on s'occupe d'elle?

— Mon cher, c'est un ange.

— Qu'est-ce que tu entends par là?

— D'abord elle est d'une beauté séraphique, c'est une figure de vierge destinée à devenir une sainte madone. Elle a un regard d'une douceur infinie et un sourire suave et charmant. Elle est simple, bonne au delà de toute expression, pas coquette, pas prétentieuse; elle ne pose jamais, elle dit ce qu'elle pense et se fait adorer par tout le monde.

Armand tressaillit.

— Qu'as-tu? demanda son ami.

— Rien... C'est-à-dire que j'ai éprouvé un choc. Tu viens de faire un portrait qui me séduit, et si cette demoiselle est ce que tu dis, je suis capable de tomber amoureux. Ça me donnerait un but dans la vie; car je vais à l'aventure, ne tenant à rien et n'étant tenu par rien.

Léon se mit à rire.

— Ça serait drôle ! fit-il. Toi amoureux de Fernande et le rangeant.

— Pourquoi pas ?...

Léon, qui aimait et qui n'avait pas réussi à se faire aimer, avait vu son cousin réaliser des choses si difficiles, qu'il pensait qu'après tout son cousin pouvait devenir un rival sérieux et dangereux. L'envie lui inspira un mot cruel :

— Et ton duel ? fit-il. Si le baron allait te tuer demain.

— Je serais mort... dit avec calme Armand ; mais tu viens de formuler un souhait qui prouve que quand on touche à certaines cordes chez toi, on fait vibrer de mauvais sentiments. C'est pourquoi, comme je te l'ai dit plusieurs fois, je t'aime sans t'estimer.

Léon se pinça les lèvres et ne répondit pas ; Armand se mit à regarder les passants ; ils finirent le voyage sans mot dire, se boudant tous les deux.

M. Lenoël, que les pêcheurs ses confrères appelaient le père Lenoël, attendait les invités.

Le temps était superbe ; M. Lenoël avait fait dresser sur la pelouse de son jardin une vaste table en fer à cheval ; il avait calculé sur trente personnes au moins ; il en pouvait venir cinquante.

M. Lenoël laissait à sa femme et à son ami, le pseudo-vicomte de Nérac, le soin de recevoir tout le monde ; il était tout à la cuisine. Là, deux femmes de ménage de renfort et les servantes de deux familles d'invités préparaient le dîner sous l'œil de la Marion qui, depuis vingt ans, servait les Lenoël. Comme l'avait parfaitement prédit Léon, c'était à la fois un dîner bourgeois et un banquet, quand M. Lenoël eut donné le dernier ordre, il monta des cuisines et se présenta au jardin à ses invités. Ceux qui, parmi eux, ne se connaissaient point, s'étaient réciproquement tâtés et la glace était rompue ; tout ce monde était en belle humeur en raison de la perspective d'héritage, chacun se montrait souriant à tous, et tous grimaçaient des sourires aimables à chacun.

Lenoël, héros de la fête, reçut un accueil sympathique et enthousiaste.

C'était un homme de soixante ans environ, bien conservé, grisonnant, mais rubicond et hâlé ; la vie en plein air, sur l'eau, lui donnait un teint de paysan. Il avait la figure ronde, pleine, avenante, joyeuse; l'œil était brun, brillant et annonçait un tempérament capable de s'enflammer. Toute la physionomie annonçait la bienveillance et la bonne humeur: mais on sentait que l'éducation bourgeoise, la vie de bureau et le peu d'élévation des pensées avaient fait de M. Lenoël une nature vulgaire, banale, sans relief. Cependant la bouche annonçait une certaine finesse, l'œil fixait avec fermeté ; si cet homme n'avait pas été atrophié par trente ans d'administration, il aurait eu une certaine valeur; il déployait une ruse de sauvage comme pêcheur et il aurait montré de l'énergie dans des circonstances critiques.

En face de madame Lenoël, sa femme; il se croyait inférieur et se sentait petit garçon ; c'était pitié de voir cette vieille folle ridiculiser ce brave homme. Il s'appelait Jules, elle l'appelait Julo et en avait fait son domestique. Julo par ci — Julo par là.

Jamais Julo n'avait protesté, sa femme savait en jouer; elle l'avait convaincu qu'elle avait fait un sacrifice énorme, elle, bien élevée, riche, en l'épousant, lui, un peu rustre, privé de toute élégance et ne jouissant que d'une pension de retraite; il la traitait en grande dame qui a daigné se mésallier et ne prenait aucun ombrage de son ami Polyte qui conduisait madame Lenoël au spectacle, au bal, en soirée et aux concerts.

Lenoël était ravi d'être débarrassé de ces corvées; il était de ces naïfs qui croient à l'amitié et qui ne supposent pas que l'homme qu'on reçoit à sa table peut vous tromper.

Madame Lenoël, blonde fadasse de quarante-sept ans, était une grande femme assez bien faite, qui n'avait jamais été ni belle ni jolie, quoique l'ensemble des traits fût assez régulier; mais des détails désagréables offensaient le regard; l'oreille, par exemple, était plate et mal tournée; au coin du nez et sur le contour des narines, la peau se piquetait de points noirs que la poudre de riz ne dissimulait pas suffisamment; le front se pelait légèrement; le teint était couperosé. Madame Lenoël avait en outre le suprême mauvais gout de ne pas vouloir paraître vieille ; elle portait des robes qu'une femme de trente ans aurait trouvées trop *jeunes;* elle avait des chapeaux écrasés par des fouillis de fleurs ; elle se donnait des airs enfants et affectait des grâces minaudières.

Elle avait dans le pseudo-vicomte de Nérac un cavalier servant qu'elle avait dressé à ravir et qui réalisait son idéal.

Hippolyte appartenait à la catégorie si nombreuse des crétins prétentieux. Comme homme, c'était un avorton ; le peuple qualifie ces types d'un mot brutal mais significatif ; quand il voit passer un de ces êtres ratés et mal venus, il l'appelle une fausse couche ; Hippolyte était pâle, chétif, malsain, fiévreux, quasi bossu ; il avait l'haleine chargée de bile, l'œil faux, inquiet et le regard oblique des faibles envieux et lâches ; il était venimeux du reste comme une vipère et il bavait le venin sur les réputations avec beaucoup d'habileté. On le redoutait à cause de la morsure. Sans mérite, sans valeur, il avait eu cette adresse de se faire passer auprès des bourgeois pour un journaliste de talent, parce qu'il tournait des articles de réclames pour journaux de modes dans le genre de madame de Renneville ; sa plume lui rapportait très peu ; mais il avait son nid chez les Lenoël. Il avait conquis le mari en se faisant le porte-voix de sa renommée comme pêcheur et en le flattant, en remplissant toutes les corvées qui pesaient à madame Lenoël.

Hippolyte avait conquis madame Lenoël par les petits soins, par une admiration outrée, par des exagérations de respect ; il l'avait traitée comme elle voulait l'être, en duchesse ; à vrai dire, il l'aimait. Laid comme il l'était, pauvre et sans avoir, il trouvait dans cette vieille coquette mieux qu'il n'avait jamais espéré comme femme... plus la table et l'argent de poche. La maison Lenoël n'était pas dispendieuse à tenir ; à part les toilettes de madame, la dépense était bien réglée ; il y avait donc surabondance d'argent, et large excédent de revenu. Hippolyte avait su se faire donner sur ce boni une rente mensuelle de deux cents francs fixes, sans compter les cadeaux du mari et de la femme ; seule, bien entendu, celle-ci connaissait cette rente qu'elle servait à son amant.

Tout était donc pour le mieux dans le meilleur des ménages à trois, quand madame Lenoël eut l'idée de convoquer ses parents.

Inutile de dire que toutes les familles réunies là montraient des égards pour Hippolyte qui, de son côté, tout en tranchant du maître de la maison et du grand homme, se montrait affable pour tous ces bourgeois. Mais il avait une épine ou plutôt deux épines au pied.

Le premier sujet d'inquiétude, c'est que le docteur Favel le tenait à distance.

Favel était un homme considérable et considéré, il avait une réputation européenne ; c'était un prince de la science. Comment avait-il consenti à venir à ce dîner, dans cette cohue bourgeoise, avec sa pupille ? C'est parce que Fernande avait voulu absolument que son tuteur la conduisît à cette réunion de famille ; elle aimait Lenoël qui lui faisait faire de longues promenades en bateau ; Fernande adorait les parties de plaisir sur l'eau, elle trouvait dans Lenoël le plus complaisant des hommes. Ce brave pêcheur, de son côté s'était pris d'une vive affection pour cette douce et belle fillette ; il se regardait comme son second tuteur. Pour elle, il se fût jeté au feu ; Favel le savait. Absorbé par ses études et par sa clientèle, il ne pouvait toujours s'occuper de Fernande ; sachant qu'il pouvait compter sur Lenoël, il permettait à sa pupille, accompagnée d'une vieille gouvernante, toutes les promenades et les parties de pêche que bon lui semblait.

C'était du reste une excellente hygiène pour la santé délicate de Fernande. Toutefois jamais le docteur n'avait voulu permettre que sa pupille accompagnât madame Lenoël au théâtre ; il ne trouvait pas bon que ce fût Hippolyte qui conduisît au spectacle la maîtresse de la maison au lieu et place du mari.

Favel se montrait poli, mais froid vis-à-vis du pseudo-vicomte de Nérac. Celui-ci s'en chagrinait et faisait tout au monde pour vaincre cette réserve. Mais il avait un autre motif d'inquiétude qui le piquait au talon ; le rapin Léon devait venir, disait-on, accompagné par Armand. Or, maître Hippolyte, s'il n'était pas connu d'Armand, le connaissait et le craignait d'instinct; sa nature d'avorton regimbait en face des colosses; son hypocrisie avait horreur de la loyauté d'un caractère comme celui d'Armand. Il savait que ce jeune homme avait un sans-gêne redoutable, et il pressentait que le franc-parler du jeune bohème le blesserait probablement au vif.

D'autre part, Léon avait froissé plusieurs fois Hippolyte; ils s'étaient piqués réciproquement, et ils se sentaient hostiles l'un à l'autre. Hippolyte, avait presque fait défendre l'entrée de la maison à Léon qui ne revenait, ce jour-là, qu'en raison de l'invitation générale.

Le pseudo-vicomte supposait à bon droit que son ennemi exciterait contre lui sa verve railleuse; il ne se trompait pas.

Cependant, comme l'heure de se mettre à table arrivait et que les deux bohèmes ne paraissaient pas, Hippolyte espéra qu'ils ne viendraient point. Mais survint un des fils Lamberquier, le seul jeune homme de tous ceux qui se trouvaient là qui eût quelque valeur; il était étudiant en droit; après avoir salué tout le monde il vint serrer la main d'Hippolyte et lui dit:

— Est-ce que Léon ne vous a pas prévenus que nous avions pour cousin un journaliste nommé Armand qui est de la taille d'un carabinier?

— Un journaliste... fit Hippolyte avec un suprême dédain... un journaliste, ce jeune homme! Non, c'est à peine un reporter.

— Possible, riposta Lamberquier. Mais c'est un rude garçon. Il se bat en duel demain avec le baron Jallisch, un hongrois qui a tué deux adversaires et qui n'a jamais été blessé dans les nombreuses affaires qu'il a eues.

— Notre cousin Armand est un homme mort! s'écria haineusement Hippolyte. Je connais le baron et je ne donnerais pas dix centimes de la vie de ce monsieur Armand.

— Tant pis! fit Lamberquier. Ce garçon-là est un des plus beaux hommes que j'aie vus et c'est une riche nature. Est-ce qu'il ne vient pas ce soir?

— Il devait être des nôtres, mais ce duel l'empêchera d'assister à notre dîner. Entre nous, ce n'est pas une grande perte... un bohème comme lui...

Fernande entendait cette conversation.

— Monsieur, demanda-t-elle à Lamberquier, pourquoi donc ce jeune homme se bat-il avec le baron Jallisch ?

— Mademoiselle, dit Lamberquier, ce hongrois a, paraît-il, tué deux jeunes gens, ses compatriotes, qui lui avaient reproché d'avoir trahi Kossuth, le grand révolutionnaire qui faillit émanciper son pays en 1848. Notre cousin Armand aurait traité ce baron Jallisch d'assassin : de là, pour demain, cette rencontre.

— Dans laquelle, dit Hippolyte, ce jeune homme apprendra à tenir sa langue, à ne pas calomnier les gens, et à ne pas se mêler de ce qui ne le regarde pas ; je vous demande un peu si les affaires de Kossuth sont les siennes.

Lenoël avait écouté avec un vif intérêt cette discussion ; il connaissait un peu Armand.

— Mon cher Hippolyte, dit-il, notre cousin Armand est un peu trop bohème, c'est vrai, mais c'est un brave cœur, une bonne nature et il m'est très sympathique. Tu l'aimerais, si tu l'avais vu seulement une fois.

— Ma foi non ! fit Hippolyte. Je n'aime pas les jeunes gens insolents qui attaquent inconsidérément des réputations faites.

Lenoël n'était pas homme à contredire longtemps son ami, il se contenta de répondre :

— Il faut de l'indulgence pour la jeunesse.

Mais au fond il admirait l'acte d'Armand et se sentait fier de l'avoir pour parent.

Ce fut Fernande qui riposta à Hippolyte :

— Mais, Monsieur, dit-elle, il me semble que si ce jeune homme a les preuves de la trahison du baron, il a cédé à un mouvement généreux en le démasquant.

— Mademoiselle, riposta aigrement Hippolyte, le baron est un des officiers les plus distingués de l'armée autrichienne, il a une position officielle auprès de S. M. l'empereur d'Autriche dont il possède la faveur ; je ne suppose pas que François-Joseph approcherait un traître de sa personne et l'honorerait de ses grâces.

En ce moment le docteur Favel qui avait silencieusement écouté prit la parole :

— Monsieur, dit-il froidement, enfonçant chaque parole comme un coup de bistouri, le baron Jallisch a beaucoup de partisans qu'il paye en services de toutes sortes ; vous avez sans doute entendu faire son éloge par une de ses créatures : mais je suis allé à Vienne, j'y ai soigné de hauts personnages ; je sais en quelle mince estime on tient le baron de Jallisch à la cour de S. M. François-Joseph. La politique oblige le gouvernement à ménager et à soutenir les hommes qui ont livré l'armée hongroise à l'Autriche, mais on n'a pour eux que du mépris. Le baron de Jallisch, notamment, est tenu pour un misérable. Aussi je souhaite de tout mon cœur que ce brave jeune homme qui l'a provoqué ne succombe pas demain.

— J'ignorais ces détails ! balbutia Hippolyte.

Favel lui tourna le dos, offrit son bras à Fernande toute joyeuse de cette intervention et l'emmena, laissant le pseudo-vicomte écrasé.

— Eh bien ! fit Lamberquier triomphant, vous voyez que j'avais raison.

— Oh ! riposta Hippolyte, tout ce que dit le docteur n'est pas mot d'évangile.

— Permettez, Favel est un homme sérieux qu'on peut croire sur parole.

— Moi j'ai d'autres renseignements.

Lenoël trouva dans sa candeur que son ami Hippolyte se fourvoyait.

— Voyons, voyons, lui dit-il, ne t'entête donc pas ; le docteur est allé à Vienne, il sait ce qu'il dit, mon cher.

— C'est toi, fit Hippolyte, qui ne sais pas ce que tu dis.

— Hein ! Quoi ? Comment ? fit Lenoël interloqué. Je radotte, d'après toi ?

Le bonhomme était devenu tout rouge et il se révoltait.

Lenoël était piqué au vif ; de ce jour, il s'aperçut que son ami le prenait de bien haut avec lui. Et ils continuèrent à échanger des répliques aigres et désagréables. En ce moment l'on sonna.

— Tiens, dit Hippolyte, les voilà, les bohèmes !

Lenoël courut à la porte, l'ouvrit et vit le cocher qui avait amené les deux jeunes gens prêt à repartir pour Paris ; il ferma la porte de la maison derrière lui et il arrêta d'un geste le départ du fiacre. Puis, prenant les deux mains d'Armand et le regardant bien en face :

— Jeune homme, dit-il, je ne dois pas vous faire l'effet d'un monsieur grincheux, désagréable et capable de vous froisser?

— Ma foi non! dit Armand en riant.

— Vous êtes sans père ni mère sur le pavé de Paris; je suis votre arrière-cousin, je veux vous servir d'oncle, si ça vous va.

— Mais où voulez-vous en venir, monsieur Lenoël? demanda Léon.

— Tu vas le savoir et tu es intéressé à la chose. Montons en voiture, brûlons le pavé, nous avons encore une demi-heure avant le dîner, c'est plus qu'il n'en faut.

— Où allons-nous?

— Laissez-vous faire, c'est pour votre bien. Monsieur Armand, montez donc. Monte aussi Léon. Je prends le strapontin, moi.

— Non pas! fit Armand. A votre âge... je ne souffrirai pas... Léon, prends le strapontin, toi!

Léon obéit.

M. Lenoël donna une adresse et un franc de pourboire d'avance au cocher qui distribua pour vingt sous de coups de fouet à sa rosse.

On roula bon train.

Lenoël entama la question :

— Jeunes gens, dit-il, sans vous offenser vous n'êtes pas riches, partant, votre mise n'est pas à la hauteur de votre mérite; vous seriez vexés à cause des demoiselles de ne pas paraître au dîner avec des habits propres; je vous conduis dans une maison où l'on va vous fournir des pieds à la tête tout ce dont vous avez besoin. C'est une avance que je vous fais sur votre part d'héritage... Ça me sera agréable de vous rendre ce petit service et puis ça vexera Hippolyte.

Jusqu'alors Armand avait écouté les propositions de Lenoël avec mauvaise humeur; il croyait que le bonhomme rougissait de recevoir des cousins pauvres, mais le *ça vexera Hippolyte* fut un trait de lumière. Il devina ce qui avait dû se passer. Léon le comprit aussi.

— Votre ami ne nous aime guère, mon cousin, dit-il. Il a dû dire du mal de nous.

— Vous savez, c'est un camarade du baron de Jallisch et il tient pour lui.

Puis à Armand :

— Mais moi, jeune homme, je suis pour vous et je vous souhaite la victoire.

— Soyez tranquille, dit Armand avec assurance, je lui donnerai demain un bon coup d'épée.

— Vous savez tirer?

— Non... mais ça ne fait rien!

— Cependant, jeune homme...

— Vous verrez si je me trompe. Je me connais, je sens que cette fois-ci c'est moi qui donnerai du fer à mon adversaire.

Du reste, j'ai mon idée... une idée bien simple, mais qui ne viendrait pas à tout le monde.

Le cocher avait brûlé le pavé; on arrivait dans le faubourg Saint-Antoine en face d'un magasin de confection; c'était une maison de troisième ordre, il est vrai, qui fournissait aux ouvriers, vêtements, linge, coiffure et chaussures; cependant la coupe des habits n'était pas mauvaise, ni la façon non plus. Lenoël voulut que ses cousins choisissent ce qu'il y avait de mieux; il n'épargna pas l'argent, et, en un clin d'œil, la transformation fut complète; Armand surtout était superbe. Un coiffeur acheva la toilette des jeunes gens qui, gantés, frais et pimpants, remontèrent en voiture; on repartit pour Saint-Mandé. En chemin, Lenoël se frottait les mains et murmurait joyeusement :

— C'est Hippolyte qui sera vexé!

Le départ subit de Lenoël avait beaucoup intrigué ses invités; on se perdait en conjectures quand la sonnette retentit de nouveau. La Marion courut ouvrir... C'était monsieur Lenoël qui faisait son entrée avec ses deux cousins tout flambant neuf habillés et irréprochables; Hippolyte, qui s'était empressé de venir au-devant des nouveaux venus, eut le premier le nez cassé; Lenoël lui présenta Armand et le présenta ensuite à celui-ci qui s'inclina :

— Monsieur le vicomte de Nérac, un de vos confrères, avait dit Lenoël.

— Ah! avait fait Armand en saluant, c'est monsieur qui signe vicomte de Nérac? Permettez-moi de vous complimenter, monsieur ! C'est presque du journalisme que vous faites là, l'annonce arrivée à ce point frise l'art.

Jamais Hippolyte n'avait reçu pareil camouflet, il rougit de colère. Les bourgeois qu'il avait souvent fatigués de ses prétentions souriaient de sa déconvenue; il se mordait les lèvres jusqu'au sang.

— Monsieur, dit-il, le compliment me flatte de la part d'un reporter.

— Reporter, dites-vous, c'est-à-dire journaliste de dernier ordre ! fit en riant le jeune homme, vous avez bien raison, monsieur; je suis peu de chose dans le monde des lettres, mais je vous prierai de considérer que je n'ai pas vingt ans.

C'était dire cruellement au pseudo-vicomte qu'il en avait quarante-cinq et n'en était pas plus avancé dans la carrière. La réponse d'Armand cloua littéralement au sol le pauvre Hippolyte; pour l'achever, le docteur Favel ayant Fernande au bras se dirigeait vers Armand que Lenoël lui présenta.

Tout à coup Fernande murmura, profondément étonnée à l'oreille de son tuteur :

— Ne le reconnaissez-vous pas?

— C'est lui, en effet ! s'écria Favel.

Et saisissant les deux mains d'Armand, il lui dit avec effusion :

— Il a donc fallu, Monsieur, que le hasard me mette en votre présence, pour vous remercier de nous avoir sauvé la vie !

Et il raconta en quelques mots à Lenoël comment s'était passée la scène dont Armand avait, nous l'avons vu, raconté les détails à Léon.

— Mon cher enfant, dit-il à Armand, vous vous battez demain avec un adversaire dangereux; je ne veux pas que vous ayez un autre chirurgien que moi, nous irons sur le terrain dans ma voiture.

Armand était au comble de la joie.

— Docteur, dit-il, je vous suis extrêmement reconnaissant; étant donné que j'exécuterai une idée qui m'est venue, vous ne serez pas inutile. Je donnerai un fameux coup d'épée au baron, mais j'en recevrai un qui sera peut-être dangereux.

En ce moment parut madame Lenoël qui avait été

donner un coup d'œil aux cuisines; elle était dans toute la pompe majestueuse et ridicule de sa toilette surchargée et de mauvais goût. Son mari lui présenta Armand, elle connaissait Léon. Cette vieille coquette prit feu aussitôt pour Armand; ce beau garçon exerçait sur elle une irrésistible fascination; du premier coup elle l'appela son cher enfant, ce qui inquiéta Hippolyte. Armand se laissa caresser de la parole et du regard, il s'ingénia à être charmant, si bien qu'en cinq minutes il en arriva à rendre folle madame Lenoël, ce qui mit ce pauvre Polyte au désespoir. Celui-ci en vint à ne plus savoir ce qu'il faisait; il marcha sur les plates-bandes.

Fernande, cependant, suivait du regard Armand qui était empêtré de madame Lenoël; elle devinait bien que ce n'était qu'un jeu de la part du jeune homme; explique qui pourra comment l'amour vient aux filles? Comment les plus chastes, les plus réservées, les plus calmes sont tout à coup atteintes par la passion.

Faut-il admettre que c'est une question d'électricité? Est-il vrai qu'hommes et femmes sont numérotés? pair et impair, et que quand un numéro 3650 mâle, par exemple, rencontre le 3651 femelle, il y a immédiatement fusion des cœurs? Toujours est-il que les amours à première vue sont fréquentes! Fernande, à la vue d'Armand, avait éprouvé un choc qui l'avait profondément troublée.

Quant à lui, ignorant l'impression qu'il avait produite, il avait jugé Fernande trop au-dessus de lui pour aspirer à elle.

Mais la cloche sonna; le potage était servi; selon l'usage bourgeois, au lieu de laisser chacun se placer selon ses sympathies, M. Lenoël avait indiqué les places par de petites cartes au nom de la personne, dans les verres. Il se trouva que, jugeant sainement du reste, qu'une belle fille doit être flanquée d'un beau garçon, M. Lenoël avait mis le nom d'Armand à côté de celui de Fernande, ils s'assirent l'un près de l'autre; elle rougit. Lui, qui n'avait aucune arrière-pensée, n'éprouva pas la moindre émotion, il n'était pas fâché d'avoir cette jolie voisine; mais il était trop résolu à ne pas lui faire la cour pour éprouver la moindre impression.

A droite de Fernande, était un monsieur des plus insignifiants qui, trouvant à parler à une dame non moins sotte que lui, s'entretint avec elle des mille riens dont s'alimente la conversation entre imbéciles; de ce côté Fernande fut parfaitement tranquille.

Armand avait pour autre voisine une dame qui se trouvait près de l'étudiant en droit Lamberquier, lequel lui faisait la cour; ils eurent fort à galantiser tous deux; si bien que personne ne s'occupa de Fernande et d'Armand. Celui-ci admirait sa voisine, non point en sournois, à la dérobée, mais franchement, si bien qu'il s'aperçut qu'il la gênait.

— Mademoiselle, dit-il en souriant, encore un regard pour bien mettre votre image dans mon souvenir et je vous laisse tranquille ensuite. Laissez-moi vous dire seulement qu'il est malheureux que vous ne soyez pas une statue de marbre.

— Pourquoi donc, monsieur? demanda Fernande interdite.

— Parce que l'on pourrait vous admirer à l'aise, sans vous importuner. De grâce, ne croyez pas à un compliment banal, encore moins ne vous figurez pas que je cherche à vous plaire; je suis tout simplement frappé de vos perfections, vous êtes pour moi un chef-d'œuvre de statuaire ayant la vie. Je me mépriserais si j'éprouvais l'ombre d'un autre sentiment que l'admiration la plus pure.

Fernande leva les yeux, son regard rencontra celui d'Armand, elle y lut la franchise et prit confiance en lui; puis, baissant la tête murmura presque douloureusement :

— Suis-je donc si belle !

Il y avait une naïveté touchante dans cette exclamation.

Fernande comprenait que la pureté de son type de madone la plaçait en quelque sorte hors nature et la divinisait; elle sentait que, placée à une telle hauteur, elle serait isolée. Cette perspective l'effrayait.

Jusqu'ici on l'avait toujours traitée en sainte; elle imposait le respect et tous ceux qui l'approchaient subissaient une sorte d'intimidation; cette solitude de cœur pesait à Fernande depuis longtemps; elle eût voulu, comme les autres jeunes filles, causer, rire et badiner, elle n'osait manifester ce désir; n'étant point coquette, elle ne savait pas provoquer adroitement; elle attendait que quelqu'un la comprît.

Armand, étonné de l'exclamation de Fernande, examina la jeune fille; il lut l'ennui dans ses yeux mélancoliques, et, d'intuition, il devina la situation d'âme dans laquelle se trouvait Fernande.

— Je suis désolé, dit-il en souriant, de ne pas être votre frère, mademoiselle.

— Pourquoi donc? demanda-t-elle d'un air joyeux.

— Parce que vous vous ennuyez et que je saurais vous distraire. Les hommages dont on vous accable vous fatiguent; vous êtes lasse d'encens; vous trouvez fastidieux d'être toujours l'objet d'un culte; bref, vous voudriez descendre de l'autel, cesser d'être une sainte, pour devenir une jeune fille qui se promènerait honnêtement dans les sentiers de la vie, comme les autres. Or, si j'étais votre frère, je vous offrirais mon bras et je vous ferais voir du monde tout ce qu'une demoiselle bien élevée peut en voir.

Fernande poussa un gros soupir.

— Vous avez raison! dit-elle; il est bien malheureux pour moi que je n'aie pas un frère.

— Vous aurez un mari! fit Armand en souriant.

Elle rougit beaucoup.

Il continua:

— Vous pourrez choisir. Vous avez une grosse dot et votre beauté.

— J'ai peur, dit-elle, que l'une et l'autre n'écartent les prétendants; j'en serai peut-être réduite à coiffer sainte Catherine ou à épouser une personne que je n'aimerai pas.

Armand, cette fois, regarda très attentivement Fernande qui baissait les yeux; elle craignit d'en avoir trop dit; il lui semblait qu'elle se jetait à la tête de ce jeune homme; à vrai dire, elle n'avait pas reçu d'une mère cette éducation savante qui apprend la stratégie et la tactique aux jeunes filles.

Fernande se sentait au fond de l'âme une profonde sympathie pour Armand; elle eût voulu qu'il l'aimât; elle avait cette chaste loyauté vis-à-vis d'elle-même de s'avouer que son cœur battait vite à côté de ce jeune homme, qu'elle éprouvait une délicieuse sensation de plaisir à se sentir près de lui, qu'elle l'aimait enfin ? Il semblait, comme les autres, intimidé ; elle l'encourageait franchement, sans hypocrites subterfuges, sans comédie et sans manège.

Armand, de son côté, n'était pas l'homme des faux-fuyants et des lignes courbes ; il allait droit au but.

— Mademoiselle, dit-il en baissant la voix, vous avouez que vous vous ennuyez ; vous êtes à l'âge où une jeune fille pense qu'il lui faudra faire un choix quelque jour ; vous êtes sincère et bonne : voulez-vous me permettre de vous adresser quelques questions ?

— Oui, monsieur ? dit-elle très bas, très fermement, mais pourpre comme une cerise.

— Je vous demanderai donc, fit Armand, si vous accepteriez pour prétendant un jeune homme vous plaisant bien entendu, sans fortune, mais ayant une position, gagnant cinq à six mille francs par an, ayant du talent et de l'avenir devant lui.

— Si j'aimais ce jeune homme, avec le consentement de mon tuteur auquel il déclarerait ses intentions, oui, monsieur, j'accepterais sa main.

— Et vous attendriez qu'il eût conquis en un an ou deux sa position ?

— Oui, monsieur.

— Le champ est ouvert ! fit Armand tout joyeux.

— Que voulez-vous dire ? demanda Fernande.

— Mais, mademoiselle, vous venez d'accepter un programme qui me permet de concourir, répondit Armand. Je puis, en me rangeant et en travaillant sérieusement, devenir un des bons reporters de Paris et gagner beaucoup d'argent. Plus tard, je serai un écrivain de quelque talent ; je me sens quelque chose dans la poitrine. Je puis donc me mettre sur les rangs, et espérer. Je... Mais qu'avez-vous ? Vous pleurez...

Fernande avait en effet des larmes dans les yeux ; elle cacha furtivement sous son mouchoir de batiste ces diamants qui tremblaient à ses cils et dit tristement :

— Hélas, monsieur, pourquoi vous battez-vous demain !

C'était un aveu qui échappait à cette charmante fille,

malgré elle. Armand en fut profondément ému ; il pâlit d'émotion ; pendant quelques secondes, les dents serrées, les lèvres blêmes, il ne put trouver un mot. Enfin, il murmura à l'oreille de Fernande :

— Je vous remercie, mademoiselle, de l'intérêt que vous me portez ; je vous prie de vous rassurer ; je ne suis pas un tireur émérite, mais j'ai du poignet, ma taille et du sang-froid. J'ai des chances de m'en tirer.

— Mon tuteur sera près de vous, dit Fernande. Il vous aime déjà ; j'espère que vous suivrez ses conseils et que vous gagnerez tout à fait son affection.

— Mais je n'aurai pas d'efforts à faire pour m'ingénier à lui être agréable ; c'est un caractère et un talent que j'admire.

— On dit que vous êtes... dissipé ! fit Fernande avec un peu d'hésitation.

— Pour appeler les choses par leur nom, dit Armand, je suis ou plutôt j'étais bohême ; mais je vais rompre avec cette existence folle.

— Vous me le promettez !
— Je vous le jure.

Tout ce dialogue se passait à mi-voix ; au milieu du bruit des verres qui se choquaient, des conversations bruyantes, personne n'en entendit un mot que les intéressés : seul, Hippolyte les observait.

— Mademoiselle Fernande, dit-il à sa voisine, a l'air d'écouter bien attentivement son cousin.

— Eh, dit la voisine, ce sont des jeunes gens ; ils ont peut-être quelque chose à se dire. Ça ne nous regarde pas, monsieur.

Hippolyte, remis à sa place, se tut ; toutefois il continua à observer haineusement.

Le premier pas fait, Armand et Fernande avaient en effet mille choses à se dire.

— Je crains, monsieur, disait timidement Fernande, que vous n'interprétiez mal ma conduite ; mais le danger que vous allez courir ne m'a pas permis de cacher l'intérêt que je vous porte.

— Mademoiselle, dit Armand, vous avez le cœur et l'âme pure comme le cristal ; je suis, moi, un honnête garçon, incapable d'une pensée vile ou lâche ; le hasard nous a mis en présence ; nous sommes orphelins tous deux ; nous avons éprouvé de la sympathie l'un pour l'autre ; vous avez cédé à une pitié généreuse ; qu'avez-vous donc à vous reprocher ? D'avoir été sincère ? d'avoir été grande de simplicité et de franchise ? Croyez à tout mon respect, à tout mon dévoûment.

— Si, par bonheur, dit-elle, vous échappez à ce duel sans blessure, mon tuteur vous recevra, je pense, tous les mercredis et les vendredis ; vous viendrez ?

— Oh oui, certes.

— Quand il en sera temps, je vous préviendrai et vous déclarerez vos intentions.

— Je me laisserai guider par vous, fit-il.

— Mon tuteur, reprit-elle, m'a déclaré cent fois qu'il était partisan du système anglais pour les fiancés ; il veut qu'on leur laisse une certaine liberté. Sous la sauvegarde de monsieur Lenoël, nous nous promènerons quelquefois ensemble, n'est-ce pas ?

— Le plus souvent possible ! dit Armand avec enthousiasme. Toujours, s'il y a moyen.

— Si vous étiez blessé, dit-elle, il est probable que mon tuteur vous ferait porter dans la petite maison de santé qu'il a fondée dans sa propriété de Neuilly ; je suis un peu la garde-malade de ses pensionnaires ; je vous soignerais moi-même.

— C'est à désirer un coup d'épée ! dit Armand radieux.

Et ils devisèrent ainsi longtemps, faisant peu d'honneur aux matelottes de M. Lenoël.

Toute chose a une fin cependant, même un dîner bourgeois ; on servit le café. M. Lenoël allait se lever pour prendre la parole et causer de la grande affaire, quand un coup de sonnette retentit. La Marion ouvrit et l'on vit descendre de voiture une jeune femme qui devait appartenir au monde le plus distingué et qui était accompagnée d'un personnage mis avec recherche et décoré d'ordres étrangers.

A sa vue, Hippolyte, enchanté, s'écria :

— C'est lui, c'est le baron de Jallisch !

Lenoël stupéfait se leva pour recevoir les nouveaux venus ; madame Lenoël imita son mari. Il s'était fait un grand silence ; tous les invités regardaient tour à tour Armand et son adversaire, ne comprenant rien à ce qui se passait ; le baron n'avait pas vu Armand.

— Monsieur, dit-il, après avoir salué madame Lenoël, je me présente chez vous à titre de parent et de cohéritier ; je me rends à votre invitation avec madame la comtesse Vinceska, ma sœur ; j'ai dans ma voiture les titres qui établissent ma parenté et j'aurai l'honneur de vous les soumettre.

Lenoël était un peu embarrassé.

— Monsieur, dit-il toutefois, je sais qu'il existe dans la famille une branche hongroise ; je vois que vous en êtes les représentants. Soyez les bienvenus. J'allais développer mes idées quant aux mesures à prendre pour la succession ; si vous êtes assez bon pour m'écouter, vous aurez ensuite à soumettre vos observations pour ou contre les mesures proposées.

Le baron et la comtesse s'inclinèrent en signe d'assentiment.

M. Lenoël offrit des places aux nouveaux venus, Hippolyte vint s'empresser de serrer la main au baron et de saluer la comtesse. Celle-ci montrait une attitude digne, un peu ennuyée, comme il convient à une grande dame fourvoyée dans un monde qui n'est pas le sien. Le baron, plus liant et plus affable, causait familièrement avec Hippolyte ; celui-ci, à voix basse et avec l'accent le plus haineux, dit à Jallisch :

— Vous voici, monsieur le baron, en face de votre adversaire !

Il désignait Armand du regard. Fernande éprouvait une angoisse mortelle, elle dominait difficilement son trouble ; Armand était impassible ; tout le monde chuchottait. L'incident offrait une certaine solennité, on se demandait ce qui allait se passer. Jallisch regarda en face Armand qui, de son côté, le regardait sans provocation, mais avec une fermeté telle que le baron détourna la tête :

— Mon cher, dit-il bas à Hippolyte, j'ignorais cette particularité que mon adversaire fût mon parent et cohéritier.

— Il faut arranger l'affaire, fit Hippolyte avec une fausse bonhomie.

— Impossible, répondit Jallisch. L'insulte est trop grave, il faut du sang. Personne ici n'a intérêt à ce que le duel n'ait pas lieu; si je tue demain ce jeune homme, c'est une part d'héritage qui rentre à la masse.

Et il continua sur ce ton moitié léger, moitié sérieux, affectant une indifférence profonde pour le dénoûment qui devait avoir lieu le lendemain.

La comtesse causait de son côté avec Madame Lenoël qui déployait ses grâces avec la lourdeur d'un canard domestique qui déploie ses ailes, la conversation roula d'abord sur les lieux communs et les banalités.

— Vous avez ici une propriété charmante, madame, c'est adorable.

— Mille fois bonne, madame; c'est bien petit, mais pour des gens comme nous...

Etc., etc., etc.

Cependant la comtesse remarqua Armand et Fernande.

— Quelle est cette jeune personne si belle? demanda Lora.

— C'est la pupille du docteur Favel, répondit Madame Lenoël.

— Et ce jeune homme, à côté d'elle?

Madame Lenoël était un peu embarrassée, elle prit des circonlocutions.

— Malheureusement, dit-elle, ce jeune homme n'est pas inconnu pour vous.

— Pourquoi, malheureusement?

— Parce que son nom vous rappellera une affaire fâcheuse... Mais peut-être ignorez-vous...

— De grâce, expliquez-vous?

— Savez-vous que votre frère, madame, a eu dans un café une querelle... mon Dieu, je n'aurais pas dû peut-être vous parler de ceci.

— Mon frère m'a raconté, madame, qu'il se battait demain

— Voilà son adversaire, madame.

— Il est de nos parents?

— Oui, madame.

— Ah! fit la comtesse, c'est fâcheux!

Et d'un air de pitié:

— Pauvre garçon! il est bien jeune pour mourir; je prierai Jallisch de le ménager...

En ce moment M. Lenoël se levait et prenait la parole ; il se fit un grand silence.

— Mesdames, fit l'amphytrion, messieurs... Chers parents ! « J'ai eu l'honneur de vous convoquer pour vous proposer un moyen pratique de sauvegarder les intérêts généraux, et par conséquent, les intérêts particuliers de tous dans l'affaire de la succession. L'union fait la force ! »

On applaudit. M. Lenoël reprit :

— Je propose de former un syndicat pour obtenir l'assurance que le duc, notre parent, vit et pour arriver à sa délivrance, ou pour constater sa mort.

— Bravo ! bravo ! cria-t-on.

— Vous comprenez que si nous ne prenions pas des mesures énergiques, on pourrait nous accuser d'être restés indifférents au sort du duc vivant ; s'il est mort, au contraire, il nous faudrait attendre pendant trente ans l'ouverture de la succession, à moins de faire constater le décès par acte de notoriété, ce à quoi devront tendre les efforts du syndicat.

— Bravo ! bravo ! crièrent les héritiers avec enthousiasme.

Ils voyaient tous les millions en perspective.

M. Lenoël conclut en disant :

— Si nous avons le bonheur de faire rendre la liberté à notre parent captif, ce dîner sera certainement le plus beau jour de notre vie. S'il est mort, nous verserons des larmes sur son trépas, nous lui ferons rendre les honneurs qui lui sont dus, et nous aurons la conscience en paix, ayant rempli notre devoir, ce qui nous permettra de jouir sans remords de l'aisance dans laquelle cette succession mettra chacun de nous.

Cette péroraison fut généralement admirée, on applaudit à outrance ; Lenoël, ému au delà de toute expression par son succès, ne put trouver que quelques paroles entrecoupées.

— Chers parents... cette soirée... nous sommes tous unis comme les cinq doigts de la main... Merci ! Merci ! je m'en souviendrai toujours !...

Un Lamberquier, qui avait un discours à placer, lut un speech écrit ; nous en faisons grâce au lecteur, un autre orateur prit la parole, mais ne put aller au delà

de *mesdames et messieurs*. Hippolyte jugea qu'il devait obtenir un petit succès et il se leva. Aussitôt Armand se leva aussi.

— Pardon, demanda-t-il à Hippolyte. Est-ce 'que vous avez l'intention, monsieur, de prendre la parole dans cette affaire de succession?

— Mais oui, dit Hippolyte interloqué.

— Je me permettrai de vous demander, monsieur, fit Armand, si vous êtes héritier?

— Non, dit Hippolyte déconcerté. Mais comme ami de monsieur Lenoël...

— J'ai une cinquantaine d'amis ! dit Armand. Vous comprenez que s'ils étaient tous ici, vous voyant discourir, ils ne manqueraient pas d'en faire autant. Ça nous mènerait jusqu'à trois heures du matin. J'ajoute que monsieur Lenoël a montré dans cette affaire trop de bon sens et qu'il s'est expliqué avec trop de clarté pour qu'il soit besoin de revenir sur ce qu'il a dit. Je propose un toast en l'honneur de madame Lenoël et de son mari, nos hôtes, et le vote des conclusions posées par monsieur Lenoël à l'unanimité et par acclamation.

On applaudit frénétiquement; les petits verres à liqueur remplis se tendirent tous vers M. Lenoël qui sut un gré infini à Armand d'avoir provoqué cette ovation. Hippolyte était déferré des quatre pieds, Fernande elle-même riait, le voyant si penaud.

Cependant il fallait élire un syndic par *toc* de famille.

Quand les syndicats furent formés, Favel prit la parole.

— J'ai consenti volontiers, dit-il, à faire partie du comité que vous venez de nommer; mais avant de voir en lui un syndicat ayant en vue la succession du duc, qui fut mon ami, je l'envisage surtout comme ayant pour but de rechercher si le duc est encore vivant. Nous avons là un devoir à remplir. Nous serons secondés par la justice du consulat français qui s'est émue des circonstances dans lesquelles le duc a disparu. Le consul croit à un crime. On pense qu'il s'agit d'un complot longtemps médité d'avance. Mon intention est de me rendre en Égypte, s'il le faut, d'assister à l'enquête qui sera faite par les soins du consul et de tirer cette affaire au clair. Nous avons déjà un faisceau d'indices, des soupçons, des renseignements précieux. S'il y a eu crime, nous obtiendrons contre les assassins la vengeance des lois.

Cette face nouvelle de l'affaire révélée par le docteur causa une impression profonde; Jallisch inquiet se domina, la comtesse lui donna l'exemple de l'attitude qu'il devait prendre. De ses mains gantées elle applaudit le docteur, le baron imita sa sœur; en lui-même cependant, il songeait que Favel allait considérablement le gêner, et, de son côté, la comtesse se disait que le docteur était un homme dangereux. Mais elle se demandait s'il avait des soupçons directs, s'il savait quelque chose des menées de Jallisch; elle se promit d'éclaircir ce sujet.

Le but que se proposait monsieur Lenoël étant atteint, le syndicat étant formé, la soirée s'avançant, tout le monde demeurant plus ou moins loin, chacun songeait à se retirer; les Lamberquier en donnèrent le signal, puis le baron et la comtesse partirent. Peu à peu le jardin se vida; il ne resta plus que le docteur, Fernande, Armand, Léon et maître Hippolyte qui, pour le moment, parut gênant à Favel; il eût voulu écarter cet importun. Armand s'en aperçut

— Je vais, dit-il à Fernande, ménager à votre tuteur un tête à tête avec M. Lenoël. Ce faux vicomte de Nérac le gêne évidemment.

— Et comment vous y prendrez-vous?

— Ah! c'est bien simple! Causez avec Léon et suivez ma manœuvre du coin de l'œil.

Il se rapprocha de madame Lenoël et lui dit les choses les plus aimables. Jamais la vieille coquette ne s'était trouvée à pareille fête. Hippolyte qui ne lâchait pas Lenoël depuis une demi-heure afin de s'imposer. Hippolyte qui voulait savoir ce que Favel pouvait avoir à dire à son ami, Hippolyte curieux et intrigant fut tout à coup saisi de jalousie; il entendit rire à gorge déployée, sous les ombrages d'une allée, madame Lenoël qui cherchait avec Armand les coins sombres. Le jeune homme lui disait les choses les plus bouffonnes et les plus risquées.

Le pseudo-vicomte fut mordu au cœur et il quitta Lenoël pour se glisser dans un massif devant quelle

Armand et Madame Lenoël devaient nécessairement passer; il s'embusqua pour entendre et voir. On sait à quel point la jalousie peut égarer un homme.

Hippolyte qui se croyait si sûr du cœur de sa maîtresse fut saisi de rage en la voyant s'appuyer plus que de besoin sur le bras de son cavalier; celui-ci avait vu remuer les branches de lilas derrière lesquelles Hippolyte s'abritait; il entendait au bout du jardin Lenoël qui toussait; car l'excellent homme en sa qualité de pêcheur avait une bronchite acquise dans les brouillards de la Seine. Sûr qu'il n'était pas espionné par le mari, mais par Hippolyte, Armand roucoula comme un ramier et Madame Lenoël se montra trop colombe, vieille colombe, mais enfin colombe, si colombe qu'elle laissa son cavalier lui donner deux baisers; à cette vue, Hippolyte, ne se contenant plus de rage, sortit des lilas. Et se plantant, le poil hérissé, devant les deux coupables, il leur lança cette apostrophe indignée :

— Ne vous gênez pas! C'est dégoûtant.

Madame Lenoël faillit s'évanouir; mais déjà la main d'Armand s'était abattue sur la gorge d'Hippolyte.

— Monsieur, lui dit le jeune homme à l'oreille, vous venez de vous trahir; vous êtes l'amant de madame Lenoël, par conséquent un misérable. Je plaisantais avec madame Lenoël, vous sachant là en train d'espionner; vous n'avez aucun droit à faire une scène; le mari est près d'ici.

— Monsieur, dit avec une fureur mal contenue le pseudo-vicomte, je vous ferai repentir de vos insolences et de vos calomnies.

— Soit! dit Armand. Mais en attendant sortez d'ici.

— Moi! fit Hippolyte.

Il regarda Madame Lenoël qui peu à peu avait repris son aplomb. Elle n'avait pas entendu le dialogue qui avait eu lieu à voix basse.

— Madame, dit Armand, pour éviter un scandale, faites comprendre à monsieur qu'il doit se retirer sans bruit et à l'instant.

Madame Lenoël était sous le charme; en quelques heures, Armand avait pris sur elle un empire irrésistible; elle croyait à sa tendresse. Comment eût-elle hésité entre lui et Hippolyte qui était malingre et rachitique. Elle prit un parti énergique, mais elle fut hypocrite comme le sont toutes les femmes.

— Cher ami, dit-elle au pseudo-vicomte, je vous le demande en grâce, partez.

Hippolyte reçut ce coup avec irritation ; il se révolta contre cette injonction présentée sous forme de prière. Il devint brutal.

— Madame, dit-il, vous êtes une... pas grand chose, je... Il n'acheva pas. La main robuste d'Armand s'abattit sur lui, le saisit à la ceinture, le souleva, le balança dans les airs et le lança par-dessus le mur du jardin. Ce pauvre Hippolyte décrivit dans les airs une parabole et s'en alla retomber dans un champ voisin, sur un tas de fumier... Il s'évanouit de peur, de douleur et de saisissement. Il faillit mourir suffoqué. Madame Lenoël avait jeté un cri, elle écouta pendant quelques minutes pour entendre ce qui allait se passer derrière le mur. Hippolyte ne bronchait pas.

— Malheureux enfant! dit-elle à Armand, si vous l'aviez tué !

— Hélas, madame, ne l'espérez pas, dit le jeune homme. Ces sortes de gens ont la vie dure : il n'en crèvera pas encore cette fois.

Puis offrant son bras :

— Continuons notre promenade, je vous prie.

— Mais, monsieur, je suis tout émue, je...

— Bast ! Ne vous inquiétez de rien. Ce faux vicomte est sur pied et il cherche une voiture pour le ramener chez lui; vous en serez quitte pour avoir demain une explication orageuse avec lui; marchons un peu, cela vous remettra.

Le docteur, après avoir causé de l'héritage avec Lenoël alla prendre Fernande auprès de laquelle Armand était revenu, il s'était débarrassé de Mme Lenoël en lui disant qu'une plus longue promenade en tête à tête exciterait les soupçons. Mme Lenoël était allée donner son coup d'œil à l'intérieur de sa maison. Armand avait raconté ce qui venait de se passer à Léon et à Fernande. Ils riaient tous trois quand Favel vint chercher sa pupille.

— Jeune homme, dit-il à Armand, vous viendrez me

prendre chez moi pour votre affaire; je vous mènerai sur le terrain dans ma voiture.

Fernande pâlit. Elle avait presque oublié qu'Armand se battait et pouvait mourir, il sourit pour la rassurer et trouva le moyen, en lui présentant son châle, de lui glisser deux mots de tendresse et d'espérance dans l'oreille. Le docteur et Fernande partis, les deux jeunes gens prirent congé; Mme Lenoël serra avec frénésie la main d'Armand qui lui rendit faiblement cette chaude pression.

Une fois dehors, Armand proposa à Léon d'aller voir ce qu'était devenu Hippolyte; ils firent le tour extérieur du jardin de Lenoël et trouvèrent le pseudo-vicomte revenu à lui depuis quelques minutes et assis sur le fumier comme Job. Il rassemblait ses idées.

En le voyant dans cette position, couvert de crotte et la mine ahurie, Armand ne put s'empêcher de rire; Léon fit chorus: le pseudo-vicomte indigné se leva d'un bond et saisissant Armand à la cravate, il ébaucha le cri: *A l'assassin !*

En ce moment M. Lenoël disait à sa femme:

— C'est singulier. Hippolyte ne nous a pas souhaité le bonsoir, il ne peut être parti et je le cherche depuis cinq minutes sans le trouver; est-ce qu'il bouderait?

Et il appelait:

— Hippolyte.

Personne ne répondait.

Tout à coup le cri: A l'assassin! retentit.

Il courut dans la direction d'où l'appel était parti et il fut stupéfait de voir tomber à ses pieds son ami qui venait de lui être relancé par-dessus le mur par des mains vigoureuses.

C'était Armand qui faisait cette mauvaise plaisanterie au pseudo-vicomte! lorsque celui-ci lui avait mis la main à la gorge, en criant, le jeune homme avait compris que les appels d'Hippolyte allaient attirer du monde et que les affaires se gâteraient. Il fallait en finir. Armand jugea que le mieux était de renvoyer Hippolyte à Lenoël.

— Mon cher, lui dit-il en l'empoignant, je vous ai fait sortir, je répare mes torts en vous faisant rentrer. Ne m'en veuillez pas.

Et il le lança. Le pseudo-vicomte tomba assez mollement, du reste, sur des touffes de lilas. C'est là que le recueillit Lenoël.

— Qu'y a-t-il? demanda, stupéfait le brave pêcheur à la ligne.

Au moment où Hippolyte allait parler, une voix de stentor cria du dehors :

— Polyte, pas un mot, ou je dis tout ! Tais-toi, mon chéri.

— Le silence ou la mort ! cria une autre voix en ricanant.

Et puis... plus rien. Des bruits de pas qui s'éloignaient...

— Ah! ça! dit M. Lenoël, m'expliqueras-tu ce qui s'est passé?

Hippolyte sentit qu'il lui était impossible de dire la vérité, il trouva une explication.

— Mon cher, dit-il, tu avais beaucoup de monde ce soir et quand j'ai voulu aller... quelque part, j'ai trouvé porte close.

— Alors tu es sorti.

— Précisément... sur le fumier... j'étais en train... de réfléchir quand des farceurs que je ne connais pas se sont amusés à me faire l'atroce blague que tu as vue.

— Tu n'en es pas mort, permets-moi d'en rire, fit Lenoël.

Et pour humilier son ami auquel il tenait rancune, il ajouta :

— Je crois qu'ils t'ont plongé dans les réflexions que tu faisais ; tu ne sens pas bon, mon cher.

— Ce n'est pas bien de se moquer de moi, fit Hippolyte vexé. Ça peut arriver à tout le monde.

Il manquait une joie à Lenoël, c'était que sa femme vît Hippolyte en pareil état ; cette satisfaction, il l'eut. Mme Lenoël accourut.

— Ah! mon Dieu! s'écria-t-elle, qu'y a-t-il ? M. Hippolyte, expliquez-vous.

— Ma bonne, dit Lenoël, ce pauvre garçon (comment te dire ça?), il était dehors, sur le fumier du voisin, des farceurs l'ont jeté par-dessus notre mur; il est dans un triste état.

Et à Hippolyte :

— Tiens, mon cher, voici la clef de ma chambre ; va te changer.

— Mon cher, y pensez-vous! dans votre chambre. M. Hippolyte va tout salir, tout empoisonner. Il fait nuit, il demeure près d'ici. Qu'il aille se changer chez lui.

— Tu es dure pour lui, bobonne! fit le doux M. Lenoël.

— Il n'a que ce qu'il mérite! répliqua madame Lenoël, impitoyable et injuste comme toutes les femmes coupables qui cherchent toujours à cacher leurs torts en en donnant aux autres. Si monsieur Hippolyte ne fourrait pas son nez partout, ça ne lui arriverait pas ; il devait espionner des amoureux pour sûr dans le champ du voisin ; c'est la manie de Monsieur.

— Ah! ah! ah! fit Lenoël; elle est bien bonne! Je comprends tout.

— Madame! madame! disait Hippolyte d'un air sombre et menaçant.

— Quand vous direz madame! madame! fit-elle. Ça ne vous empêchera pas d'être puni comme vous le méritez et de sentir mauvais.

Hippolyte crevait de rage. Mais que dire? Mais que faire? Il ne pouvait dévoiler la vérité devant ce mari qu'il avait outragé.

— Je m'en vais, dit-il d'un ton tragique. Mais je n'oublierai pas que ce soir des amis m'ont traité comme un vil misérable.

Et il partit laissant M. Lenoël un peu troublé par son reproche ; le brave pêcheur voulut courir après l'ami Polyte et le rappeler.

— Laisse-le donc ! fit Mme Lenoël. Il n'en vaut pas la peine.

— Au fait, murmura Lenoël, il est l'ami de ce Jallisch. S'il se brouille avec nous, nous n'avons rien à y perdre.

Et sur ce, M. Lenoël offrit à sa femme de rentrer. Il la trouva ce soir-là d'une amabilité extraordinaire : c'était la faute d'Armand qui avait fait flamber ce vieux cœur. Faute de grives on prend des merles. C'est M. Lenoël qui était le merle.

Le lendemain matin Léon et Théodore étaient au rendez-vous fixé par les témoins de Jallisch.

## VI

### LA LEÇON D'ESCRIME.

L'insulte était flagrante, l'affaire était inarrangeable; on fixa le rendez-vous à trois heures, à l'île de la Grande-Jatte, près de Neuilly.

Armand avait l'intention bien arrêtée de se défendre, car, à huit heures, il était allé trouver Jacob, un maître d'armes qui avait une spécialité précieuse dans laquelle il excellait. Il donnait la leçon de *tenue sur le terrain* aux novices qui avaient la bêtise d'accepter un combat sans savoir tirer ; à vrai dire, Armand n'était pas tout à fait étranger au maniement de l'épée. Souvent, dans les ateliers, il s'était escrimé, sans principes, il est vrai ; mais enfin il s'était familiarisé avec le fer. De plus, il avait eu trois duels ; c'est quelque chose que d'avoir l'habitude du terrain.

Jacob trouva dans son élève du poignet et du jarret, plus une taille qui constituait à elle seule un grand avantage. Enfin, Armand était d'une souplesse, d'un ressort, d'une agilité incroyable et, comme journaliste, écrivant beaucoup, il avait la main déliée. Jacob donna à son élève deux premières leçons d'une heure chacune ; à la dernière Armand lui dit :

— Mon cher maître, j'ai une idée.

— Laquelle ? demanda Jacob.

— Je voudrais, en exposant ma peau, trouver celle de mon adversaire ; je lui offrirais l'occasion de m'enfiler et je recevrais son coup; mais je lui en donnerai un.

Jacob connaissait Armand; toutes ses sympathies étaient pour lui.

— Mon petit, lui dit-il, un autre te détournerait d'exécuter ton idée ; moi je te trouve du bon sens; le baron de Jallisch ne peut être pincé que de cette façon-là. J'entre dans ton idée.

Il tutoyait tout le monde.

— A la bonne heure ! dit Armand...

— Vous ferez donc coup fourré, reprit Jacob. En suivant mes indications, en lui tenant toujours l'épée tendue et menaçante, il craindra de s'enfiler et attendra l'occasion de filer sous ton fer pour te toucher.

« C'est là qu'il faut lui offrir la tentation de partir à fond. Tu lui présenteras l'épaule et tu auras sa poitrine à découvert. Je vais te démontrer ça. »

Cette nouvelle et suprême leçon dura une heure et demie. Jacob se déclara satisfait.

— Mon petit, dit-il, si l'épée du baron rencontre une artère, tu meurs. Si, glissant sur l'epaule, elle pénètre dans la poitrine, entre deux côtes, tu meurs encore ; mais en te fendant bien à fond, tu as la consolation de tuer ton homme. « J'estime à vingt pour cent les chances que tu as de ne pas être tué. Bon courage ! »

Armand se jeta dans une voiture et dit au cocher :

— Je suis fatigué. Promenez-moi où vous voudrez pendant deux heures ; je vais dormir et me reposer pendant tout ce temps-là. Puis vous me mènerez chez le docteur Favel, à Neuilly.

Il donna l'adresse ; le cocher remplit ses instructions en conscience ; à deux heures, Armand arrivait à la porte du docteur.

## VII

### LE DUEL

Fernande savait qu'Armand devait venir chercher le docteur ; elle attendait anxieusement ; avec la finesse ordinaire des femmes, elle avait pris ses mesures pour pouvoir lui parler sans témoins, pour échanger avec lui quelques mots. L'amour va vite. Ceux qui, dans leur vie, ont éprouvé une passion, savent combien le cœur est rapidement envahi ; lorsque deux êtres faits pour s'aimer se sont rencontrés ; en quelques heures la sympathie grandit, s'affirme et s'empare de tout l'être.

Fernande avait éprouvé cette loi. Pendant toute la nuit elle avait été tourmentée par l'inquiétude ; elle avait à peine dormi, et elle avait rêvé tantôt qu'Armand était blessé à mort, tantôt qu'il lui était infidèle et qu'il l'oubliait. Une crainte l'envahit. Elle se dit qu'elle avait trop fait d'aveux, que ce jeune homme qu'elle connaissait à peine ne pouvait si vite avoir été épris ; puis elle songea qu'il menait une vie déréglée et qu'il n'y avait rien de sérieux peut-être à attendre de ce bohême. Aussi était-elle fiévreuse, dans le jardin de son tuteur, promenant son ennui, se troublant à chaque coup de cloche.

Le docteur était un savant. Une mère se fût aperçue de l'état de Fernande ; Favel ne vit rien, sinon que sa pupille ce jour-là, suivait ses prescriptions : il lui recommandait toujours le mouvement.

Vers deux heures, Fernande comprit que le moment approchait où Armand allait venir ; il ne pouvait tarder.

Elle se jura de se montrer froide, réservée ; elle craignait d'avoir été trop tendre. Tout à coup la sonnette vibra ; la concierge ouvrit. C'était lui !...

A sa vue Fernande sentit s'évanouir toute sa résolution, elle frissonna de joie. Elle lui trouva visage si franc, regard si aimant, qu'elle vit s'évanouir tout soupçon ; elle l'attendit pâle et frémissante. Il vint la saluer, l'attitude de Fernande le frappa.

— Vous avez souffert ! dit-il, je vous en remercie ; mais ayez du courage.

— Je ne mérite pas tant d'intérêt.

— Dans quelques heures du reste, tout sera terminé et je serai mort avec la suprême consolation d'avoir été remarqué par vous ou je vivrai pour me dévouer à vous toujours.

— Toujours ! fit-elle.

— Ne me faites pas l'injure d'en douter ! dit Armand, avec un accent qui porta la conviction dans l'âme de Fernande.

— Mais, murmura-t-elle, on prétend que les hommes sont infidèles.

— Qui prétend cela ? fit-il. Oui ; certes, un homme qui fait un mariage de convenance, qui épouse mademoiselle X... à cause de sa dot, oui, cet homme-là ne sera point fidèle ; mais moi, si j'ai ce bonheur inouï d'être le mari d'une femme que tous ont consacrée déesse, je serai tout entier à elle.

— Est-ce bien vrai ?

Elle souriait ; la confiance lui était venue.

— Vous n'en doutez plus ? dit-il.

Et l'entraînant vers un coin d'allée sombre, elle lui dit avec une grande simplicité :

— Les circonstances où nous sommes autorisent bien des choses ; je m'enhardis à vous jurer que je suis vôtre à jamais, voulez-vous qu'ici avant l'heure d'épreuve par laquelle nous allons passer, nous nous fiancions l'un à l'autre ?

Elle lui tendit chastement son front ; elle était pâle, sérieuse et triste ; il lui donna un baiser. Elle devint pourpre.

— Fernande, dit-il, à partir d'aujourd'hui, vous n'avez plus le droit de douter de moi.

— Je vous ai donné ma foi ! dit-elle. Je vous confie mon bonheur et mon honneur.

Il était radieux.

— Venez ! fit-elle. Le docteur s'étonnerait de ne pas nous voir.

Il la suivit. Elle le conduisit jusqu'à la maison, l'annonça elle-même et se retira. Favel reçut Armand dans son cabinet.

— Vous voilà ! fit le docteur.

C'est bien pour aujourd'hui ?

— Rendez-vous à trois heures, dit Armand, à l'Ile de la Jatte.

— C'est à deux pas !

Il sonna...

— Faites atteler, dit-il à son huissier. Et placez cette boîte dans la voiture.

C'était tout ce qu'il fallait en instruments et en remèdes pour les opérations les plus compliquées ; Favel prenait ses précautions et vérifiait sa trousse.

L'huissier vint dire :

— La voiture de monsieur est attelée.

— Partons ! fit Favel.

Mais avant de quitter le cabinet il se ravisa et dit à l'huissier.

— Qu'on prévienne mademoiselle Fernande que je désire lui parler.

Et à Armand :

— Ma pupille vous doit la vie, mon cher. C'est bien le moins qu'elle vous souhaite bonne chance ; les Arabes prétendent que cela porte bonheur.

Fernande entra.:

— Voici, ma chère mignonne, lui dit Favel, un jeune homme à qui nous devons beaucoup, j'ai pensé que tu voudrais lui dire : Au revoir.

Fernande sentait des larmes perler à ses yeux, elle allait éclater en sanglots. Favel, toujours brusque, voulut éviter une scène d'attendrissement.

— Vite ! vite ! dit-il. L'heure presse ! Vous êtes son cousin, monsieur Armand, en pareils cas, les embrassades sont autorisées.

Elle lui donna ses joues cette fois ; il y mit deux baisers.

— Revenez-nous ? dit-elle d'une voix étouffée et en tombant dans un fauteuil.

— Certainement nous reviendrons, dit Favel.

Et il entraîna Armand dans sa voiture et cria au cocher !

— A l'île de la Jatte !

Puis, tout à coup, il demanda à Armand, fort étonné de ses manières :

— Votre pouls ?

— Voilà, docteur.

— Ah ! ah ! fit-il. De la fièvre !. Cependant vous n'avez pas peur ?

— Ma foi, non, dit Armand.

— Pourquoi cette agitation alors ?

Armand répondit évasivement :

— Je ne sais.

— Peuh ! vous mentez ! fit Favel.

Décidément c'était un homme qui n'avait point les façons de tout le monde ; il brusquait tout, tous et toutes. Il demanda à Armand :

— Êtes-vous capable de renoncer carrément à la vie bohème.

— Je me le suis juré, docteur ? dit Armand. J'ai beaucoup de volonté.

— Que ferez-vous ?

— Je suis sûr que, journaliste, j'arriverai à une excellente position ; j'ai quelque chose dans le ventre, puis je pourrai devenir un homme politique.

— Vous avez un tempérament de tribun ! fit le docteur.

Et tout aussitôt, revenant à son idée première, il demanda :

— Et cette fièvre ? pourquoi cette fièvre?

— Mais, docteur.

— Vous allez me mentir encore...

Armand était bien embarrassé.

— Une dernière question, fit Favel.

— Faites, docteur.

— Sondez vos reins et votre cœur ! comme dit l'évangile. Tâtez-vous, auscultez-vous ! et après examen répondez net.

— A quoi, docteur ?

— A ceci.

Il plongea son regard dans celui d'Armand, fouillant cette âme à fond, et reprit :

— Dites-moi si vous vous sentez de taille à être bon père et bon mari. Si oui, je vous trouverai une femme, moi, une femme excellente.

— Docteur, répondit Armand, je crois que je suis un homme et que je saurai toujours remplir mon devoir et me conduire de façon à satisfaire la belle-mère la plus difficile.

— Bon, dit Favel convaincu.

Et il dit encore, ce qui parut très singulier à Armand :

— J'ai pris mes renseignements ! Je sais à quoi m'en tenir sur votre compte et j'ai mis ce matin des hommes sûrs en campagne. Votre passé n'est pas d'un pleutre. Oui, je crois que vous êtes un homme. « Maintenant, dites ce que vous avez à me dire, dépêchez-vous.

— Mais docteur !

Armand était absolument interloqué ; Favel se fâcha.

— Ah ! ça, fit-il, me prenez-vous pour un imbécile, ou êtes-vous un sot ?

Parlez donc.

Armand regarda le docteur, comprit sa pensée et dit simplement :

— Je l'aime !

— Enfin, dit Favel.

Il reprit :

— Et elle?

— Je crois qu'elle m'aime aussi.

— Je crois... je crois... Il faut en être sûr... Vous l'a-t-elle dit ?

— Oui, avoua Armand.

Il était impétueusement poussé par Favel dans ses derniers retranchements.

— A la bonne heure! fit le docteur en se frottant les mains.

Tout va bien.

Puis il ajouta :

— Vous me trouvez singulier, n'est-ce pas? je suis tout bêtement logique.

— Je sais comment l'amour, le véritable amour vient aux jeunes gens.

On dit qu'on ne peut pas s'aimer en une demi-heure, c'est une bêtise ; je prétends que dans la plupart des cas, les véritables, les grandes passions naissent en dix minutes.

L'amour est sujet aux lois de l'électricité; il met les deux électricités en communication : une rencontre et, si les deux électricités sont de nature à se combiner, au premier choc l'étincelle de la passion jaillit et allume l'incendie.

C'est ce qui est arrivé pour vous et pour Fernande.

Or j'avais peur qu'elle fût difficile à bien marier.

— Parce qu'elle est trop belle, dit Armand.

— Vous m'avez compris, dit Favel.

Et serrant la main d'Armand :

— Mon cher, dit-il, du calme, du courage, de la vigueur et espérons.

— Moi, j'ai confiance, fit Armand.

On arrivait.

La voiture qui amenait les témoins d'Armand et celle qui avait conduit à l'île Jallisch et ses témoins furent envoyées au pont Bineau. Déjà on avait étudié et choisi un emplacement convenable; les témoins enlevaient çà et là les cailloux. Pas de soleil; on se battait à l'ombre des platanes et des ormes géants. La nature était en fête ce jour-là, les oiseaux chantaient dans la ramée, la rivière étincelait autour de l'île en deux rubans moirés d'argent, bordés de verdure par l'herbe des plages; l'air était tiède, saturé de parfums : il faisait bon vivre. Le cadre riant contrastait avec la scène de meurtre qui allait se jouer.

Le baron de Jallisch, froid, railleur, un rictus aux lèvres, semblait sûr de lui; il caressait sa vengeance et Favel trouva cette attitude menaçante! Le baron n'avait pas amené de médecin; il était si certain de ne pas même être égratigné, qu'il avait dédaigné cette précaution; il salua Favel; celui-ci lui rendit un salut raide et évita de lui parler.

Armand serra la main de ses témoins et se déshabilla : il ôta sa chemise ne gardant que le pantalon; Favel admira le torse splendide de ce magnifique garçon.

Cependant l'on était prêt; on plaça les adversaires, et le témoin chargé de ce soin prononça le signal traditionnel : — Allez messieurs!

L'intérêt de la lutte était puissant pour ceux qui s'intéressaient à Armand, Léon et Théodore qui l'avaient assisté trois fois ne l'avaient jamais vu ainsi. Les cheveux au vent, l'œil plein d'éclairs, les narines frémissantes et dilatées, la lèvre crispée, Armand était superbe de colère et d'énergie; il semblait doué d'une force irrésistible, et Jallisch, si ferme et si brave qu'il fût, se sentit en présence d'un adversaire plus redoutable qu'il n'aurait cru.

— Ne trouvez-vous pas que Jallisch a l'air d'être en face d'un jeune taureau sauvage; quelle furie farouche va déployer ce garçon?

— Tant pis pour lui; il fera des fautes.

Les deux adversaires partirent l'un sur l'autre, Jallisch fut prudent. Il commença par tâter son homme; mais, avec un poignet qui lui permettait bien des choses qu'un autre n'eût pu tenter, avec une taille très allongée qui développait sa puissance défensive, Armand tint comme un roc; tout furieux qu'il fût, il se contenait et restait inébranlablement sur la défensive; Jallisch dut attaquer plus vivement.

Le moment terrible arrivait; il s'agissait pour Favel

de savoir si, quand Armand se livrerait, il serait seulement blessé, ou tué par son adversaire.

Tout à coup, Armand voyant Jallisch pressant et animé, lui présenta du jour, et le baron se fendit à fond dans la trouée qu'il sentait devant lui, le fer d'Armand livrant du passage; mais le jeune homme, avec un élan d'une violence inouïe partait à fond, lui aussi. L'épée de Jallisch rencontrait sous le bras d'Armand, à hauteur de l'épaule, un os contre lequel elle se brisa; mais le baron tombait, et sur lui, Armand roulait à terre aussi. L'épée du jeune homme avait traversé Jallisch jusqu'à la garde.

Armand se releva, et, regardant haineusement son adversaire, il lui dit :

— Je vous avais prévenu.

Puis se retournant vers le docteur, il lui montra le baron en disant :

— Votre devoir avant tout, docteur. Je n'ai qu'un bras endommagé.

Favel ne pouvait cacher sa joie; il pensait que le baron n'en reviendrait pas. Il retira l'épée, ouvrit sa trousse, sonda la blessure et parut stupéfait.

— Messieurs, dit-il, voilà qui est inouï; aucun organe essentiel n'est atteint.

Et il pansa le baron.

— Sauf complication imprévue, avant deux mois monsieur sera sur pied.

Le baron remercia; il se croyait à la mort; on le porta dans sa voiture, Favel revint à Armand :

— Pas de chance! fit-il. Il en réchappera, ce misérable.

— C'est égal, reprit Armand, je suis content de ne pas être mort, ce qui m'importe maintenant, car je tiens à la vie.

— Messieurs, dit Favel, ce soir je vous donne à dîner, je vous attends à six heures.

L'on monta en voiture et l'on partit.

Une heure plus tard les échos du boulevard retentissaient du triomphe d'Armand; ce fut une grande joie pour la jeunesse et un grand chagrin pour le fameux baron de Jallisch dont le prestige se trouva considérablement entamé :

Armand trouva dans le jardin du docteur Fernande qui l'attendait; elle faillit s'évanouir de joie en revoyant son fiancé vivant.

— Viens, Fernande, dit Favel, en descendant de voiture et en emmenant les deux jeunes gens très émus dans son cabinet.

Là, prenant la main de sa pupille, il la plaça dans celle d'Armand.

— Mes enfants, dit-il, vous êtes orphelins, vous vous aimez, je vous fiance. Embrassez-vous donc! »

Et il les regarda, tout attendri, se donnant un long baiser, puis il les fit asseoir ensuite près de lui.

— Tu connais, ma mignonne, dit-il à Fernande mes idées sur le mariage. Je suis pour la méthode anglaise; les futurs doivent se connaître. Si vous vous aimez toujours dans trois mois, l'on vous mariera. En attendant, je prends Armand pour mon secrétaire, ce qui n'étonnera personne. Là-dessus, mes enfants, soyez tout à la joie, allez vous promener jusqu'au dîner dans mon jardin et aimez-vous.

Armand serra la main du docteur; Fernande se jeta dans les bras de son tuteur; les deux fiancés passèrent une délicieuse après-midi...

Le soir, à dîner des intimes du docteur et M. Lenoël notamment, lequel demeurait à Neuilly en chambre meublée pour cause de pêche, une douzaine de personnes en tout s'asseyaient à la table de Favel. On y fêta Armand; la soirée fut une longue ivresse de bonheur pour les deux amoureux. Armand, devenu le pensionnaire du docteur, eut une chambre dans la maison.

Le baron de Jallisch avait été reconduit à l'hôtel des Champs-Élysées.

Lora s'attendait à une victoire, et voilà que son frère Jallisch lui revenait, tigre marqué à la poitrine de la griffe de ce jeune lion; elle fut piquée par la curiosité.

Les témoins de Jallisch avaient dit à la comtesse le plus grand bien de l'attitude d'Armand; ils l'avaient dépeint comme un héros; cette idée du coup fourré parut surtout remarquable à la comtesse. Elle se dit

— Il y a un homme dans cet enfant.

Puis une entrevue qu'elle eut avec un certain journaliste, nommé Vincentini, qui connaissait Armand, lui donna une haute idée de ce hardi jeune homme.

— C'est, lui dit-il, un type taillé par un autre ciseau dans un marbre d'une autre nature que celui dans lequel on prend les blocs destinés à fabriquer nos grands hommes actuels; il lui est arrivé des aventures inouïes, impossibles, incroyables. Un jour qu'il était en bonne-fortune au quatrième étage d'une maison de la rue Caumartin, le mari, qui était en voyage, revient. Armand saute par la fenêtre dans la rue et tombe dans une voiture qui passait, ramenant du théâtre Millaud, le fondateur du Petit Journal. Armand avait crevé le haut de la voiture et il se trouve assis sur la banquette de devant, en face du célèbre banquier qui le connaissait, du reste. Sans perdre un instant son sang-froid, Armand dit à Millaud : « Je vous demande pardon de la façon un peu brusque dont je suis entré dans votre calèche, mais vous ayant vu passer et ayant besoin d'un louis, je me suis jeté du quatrième pour ne pas vous manquer. En m'avançant un louis, vous ne risquez rien, car j'ai un fameux fait divers à vous donner. Et il raconta ce qui s'était passé. Millaud rit beaucoup de l'aventure; il donna dix louis à Armand et on ne fit pas passer le fait-divers dans la crainte de compromettre la femme.

— Et ceci est authentique?

— Absolument. Et j'en sais bien d'autres. Un jour, dans une fête des environs de Paris, il se moqua d'un dompteur qui prétendait avoir un tigre très méchant que lui seul pouvait approcher. Irrité par les railleries d'Armand, le dompteur sortit de la cage et défia le jeune homme d'y entrer; Armand se leva de sa place et vint se planter dans la cage en face du tigre qui ne broncha pas et se laissa caresser... Et savez-vous ce qui advint? Le dompteur avait dit vrai et son tigre était si féroce qu'il dévorait son maître quelques mois plus tard, à Pesth, en Hongrie. Plus tard, Armand a fait avec Feydeau le voyage de l'Algérie, il lui est arrivé là l'aventure suivante : son cheval s'emporte et l'entraîne droit au bord d'un précipice de quarante mètres de profondeur et à pic. On voit monture et cavalier s'engouffrer; on court, on tourne le précipice, on y pénètre et l'on trouve Armand en train de manger des arbouses au fond du ravin qui était couvert d'arbousiers. Le cheval râlait son dernier souffle.

— Ce garçon a donc un talisman? fit la comtesse.

— Talisman, amulette, chance, fatalité, ce que vous voudrez; mais à coup sûr une protection surnaturelle qui le fait échapper à tout péril.

— Est-il spirituel?

— Pas dans le sens parisien du mot; mais il a une verve toute gauloise, beaucoup d'humeur à la façon des Anglais, des idées excentriques. Il avait rendez-vous avec une actrice qui lui avait paru charmante dans une apothéose au milieu des flammes de Bengale. Il lui avait demandé rendez-vous, elle l'avait invité à dîner un soir qu'elle ne jouait pas. Au jour il la trouva moins belle que dans l'apothéose, mais il n'en dit rien. Il prétexta d'avoir une course indispensable, sortit et revint. Il ne montra rien du déplaisir que lui causait sa déconvenue. Quand l'heure du coucher fut venue il disposa sur le marbre de la table de nuit trois paquets qu'il était allé acheter. — Qu'est-ce que cela? fit l'actrice. — Des paquets de contrebande que vend Henry le garçon de café de Suède, répondit-il. Elle ne s'en préoccupa point davantage. Un quart d'heure après, il étendait une main vers la bougie et allumait les paquets qui n'étaient autre que des flammes de Bengale. L'actrice épouvantée voulut fuir; il s'y opposa énergiquement. Quand il lui permit enfin de se sauver toute effarée, il lui cria : — Ne fallait-il pas retrouver mes illusions perdues? Les pompiers vinrent, car on avait crié : au feu! Mais on ne trouva plus Armand. Il s'en était allé. Chaque fois qu'on parle de cette actrice, devant lui, il dit : C'est une femme à qui les feux de Bengale vont très bien.

— Quel drôle de garçon! fit la comtesse.

— Il a eu bien d'autres fantaisies aussi amusantes et plus risquées.

La comtesse était devenue rêveuse.

— Il faut, dit-elle, que je voie ce garçon; comment m'y prendre?

— Je vous le dirai! dit Vincentini.

C'était un homme tout dévoué à Lora : il s'ingénia à

satisfaire ses désirs, la comtesse curieuse, mais toujours haineuse, se rencontra plusieurs fois avec Armand que Favel, pour le former à la vie régulière, envoyait souvent dans le monde. Lora sut quelle position le jeune homme occupait chez le docteur ; elle devina le futur mariage ; dès ce jour, sa haine redoubla. Mais, chose étrange ! Dans le premier conseil qu'elle tint avec Jallisch, celui-ci proposa de se débarrasser d'abord et avant tout d'Armand.

— Non, répondit Lora, lui le dernier.

Pourquoi donc, l'exécrant, semblait-elle reculer devant sa mort ? Les femmes ont des caprices singuliers. Lora devait connaître suffisamment Armand depuis deux mois qu'elle le voyait souvent. Pourquoi continuait-elle à chercher les occasions de le rencontrer ? Pourquoi cherchait-elle à éclipser toutes les femmes devant lui ? C'était un mystère dont elle-même peut-être n'avait pas la clef. Autre symptôme : la comtesse parut dévorée du désir de faire disparaître Fernande.

— Jamais, disait-elle, jamais ce mariage n'aura lieu, je m'y opposerai de toutes mes forces.

Et elle méditait sur les moyens de tuer Fernande le plus promptement possible. Un soir, elle dit à Jallisch.

— J'ai trouvé !

— Quoi donc ! fit le baron, qui s'était levé ce jour-là pour la première fois.

— J'ai trouvé le moyen sûr, rapide et point compromettant de me débarrasser de cette jeune fille par laquelle nous devons commencer notre œuvre.

— Que comptes-tu faire ?

— J'ai déjà, à tout hasard, fait corrompre la femme de chambre de Fernande.

— La tiens-tu bien ? Es-tu sûre d'elle ?

— Sois tranquille. Nous la tenons par le cœur, par le crime déjà connu et par la peur.

— Et tu veux...

— Je veux aller à Fontainebleau d'abord et y parler au vieil Harruch.

— Le charmeur de vipères ! Que peut-il te conseiller ?

— J'ai besoin d'être renseignée sur les mœurs des serpents. Demain, je pars.

Une visite interrompit cette conversation.

Jallisch eut pourtant bien voulu connaître le plan de sa sœur.

## LVIII

### LE CHARMEUR DE VIPÈRES.

Le lendemain, vers dix heures du matin, une jeune femme que l'on aurait pu prendre pour une femme de chambre, si elle n'avait pas eu l'air si distingué, débarquait à Fontainebleau par le premier train. Elle alla droit à une voiture de bohémiens qui stationnait hors la ville ; là, ses frères reconnurent leur reine. Elle entra dans la voiture et quelques instants après, elle en sortait vêtue de haillons de bohémienne, les pieds dans de mauvais souliers ; elle se rendit, ainsi accoutrée, chez un vieillard très connu, le père Harruch, dont cent fois les peintres de Marlotte et Barbizon ont reproduit la tête caractéristique.

Cet homme appartenait à la grande tribu des bohémiens ; il avait toutefois pris résidence à Fontainebleau où il exerçait l'étrange métier de chasseur de vipères ; on prétendait qu'il charmait les serpents. Bon an, mal an, Harruch touchait en prime quinze ou dix-huit cents francs ; personne n'apportait au bureau départemental autant de têtes de vipères que lui.

Il courait des bruits sur le père Harruch, bruits sourds.

On le craignait ; on disait qu'étant bohémien, il avait été chassé de sa tribu pour un crime n'entraînant pas la mort, mais l'exclusion. Le point, du reste, n'avait jamais été éclairci.

La comtesse trouva Harruch chez lui, c'est-à-dire dans un galetas. C'était un grand vieillard, long, mince, droit comme un peuplier ; il avait quatre-vingts ans peut-être, mais il portait avec vigueur le poids des années. La tête était superbe. Qu'on s'imagine le Christ vieilli, la barbe et les cheveux blancs comme neige et l'on se fera une idée de ce visage patriarcal ; mais l'œil était farouche, l'expression de la physionomie était sombre. Cet homme ne parlait jamais à qui que ce fût : il était presque impossible de lui arracher un mot ; il passa même longtemps pour mort. Il gagnait, nous l'avons dit, plus de quinze cents francs à tuer les vipères, mais de plus il était très industrieux et savait trouver les morilles qui se payent un franc la livre, les cèpes qui valent souvent un franc le kilo et mille autres produits de la forêt. Ce devait être un braconnier émérite, toutefois les gardes ne l'avaient jamais pris. Il vivait cependant de peu.

Que faisait-il de son argent ? Personne ne le savait.

Lorsque la comtesse entra chez lui, il travaillait : l'ayant longtemps regardée, il la reconnut.

— Ma fille, dit-il, se levant devant elle, je salue en toi la première femme de ma tribu qui depuis trente ans m'ait visité. L'heure de la pitié aurait-elle enfin sonné pour le vieil Harruch,

— Peut-être ! dit la comtesse.

— Il paraît que la tribu a nommé un roi ; j'ai vu trace de tout cela dans la forêt, dit le vieillard d'un air triste. Le roi peut gracier un frère coupable et lui permettre de rentrer dans sa tribu. M'apportes-tu l'espoir dans les pans de la tunique, Lora ?

— Peut-être, dit-elle. Je suis envoyée par la reine.

— Ah ! dit-il, c'est une reine. Qui est-elle ?

— Tu le sauras plus tard, réponds-moi auparavant, j'ai à te questionner de sa part.

— Parle, ma fille. Parle le vieux Harruch t'écoute.

— Y a-t-il, demanda la comtesse, des vipères dont le venin soit foudroyant ?

— En vingt minutes, dit Harruch, la morsure de la vipère-aspic tue un homme.

— Est-il possible de se procurer un de ces reptiles sur-le-champ.

— Oui.

— Si l'on plaçait une ces vipères-aspics dans un lit, s'y tiendrait-elle.

— Dans le cas où le lit serait légèrement chaud, oui, elle s'y tiendrait.

— Une personne se couchant dans le lit, serait-elle mordue par l'aspic ?

— C'est presque immanquable.

La comtesse réfléchit pendant quelques instants, puis elle dit au vieillard :

— Tu as péché autrefois par la parole, tes lèvres ont été imprudentes. Si, par hasard, un jour, les juges te demandaient quelque chose sur ce que nous venons de dire, saurais-tu te taire, cette fois ?

Les yeux d'Harruch lancèrent des étincelles ; il parut en proie à une émotion extraordinaire.

— Ma fille, dit-il, voilà bientôt trente ans que je vis seul, en silence. Jamais je n'ai tant prononcé de mots en un mois qu'aujourd'hui en un jour. On peut m'éprouver. « Je sens venir la mort peu à peu ; chaque nuit j'ai froid dans mes os.

« Je voudrais mourir, au milieu de mes enfants et sous le toit de ma voiture. Dis à la reine que je ne révélerai jamais rien de ceci à personne.

« Je le jure par l'eau, le feu, le ciel et la terre ; à genoux, je la conjure de me rendre à ma tribu, à mes fils, à mes petits enfants.

— Songe que, cette fois, si jamais tu ouvrais tes lèvres, tu serais jeté au coin d'un bois et à jamais abandonné.

Le vieillard leva les bras et murmura avec une angoisse indicible :

— Oh ! si je pouvais parler à la reine, je la convaincrais et elle aurait foi en moi.

Lora fut émue :

— La reine te croit ! fit-elle.

Et elle montra l'anneau de commandement.

— Viens avec moi, en forêt, chercher des aspics et ce soir tu te mettras en route, si tu veux, avec un bon cheval pour chercher ta famille. Elle est à trois lieues d'ici vers Nemours. » Harruch tomba à genoux devant Lora et lui baisa les mains en lui disant avec exaltation :

— Le chien est fidèle, Lora, perle de la tribu ! Il le sera moins que moi ! La liane est souple, elle obéit au vent qui souffle, à la main qui la tresse, aux balancements de l'arbre qui la tient suspendue. Plus souple qu'elle Harruch sera.

« Le ver qui rampe dans l'herbe est humble, il est

sans défense sous le pied qui l'écrase. Ainsi je serai sous ton talon, ma reine. Un mot et je vole où tu veux. Un signe et je meurs pour toi !

Il arrosait de larmes joyeuses les mains qui le délivraient. Puis soudain il se leva.

— Oh ! dit-il, la belle chasse ! Je veux, Lora, convier à ma fête de délivrance toutes les vipères de la forêt et tes yeux verront un spectacle que nul n'a contemplé : un peuple innombrable de reptiles va siffler à tes pieds. C'est la dernière fois que je charmerai les serpents, mais je veux les appeler du plus profond du bois...

Et le vieillard fit avec fièvre ses préparatifs ; Lora regardait curieusement ses apprêts ; il se munit d'une chaudière de cuivre à fond plus vaste que le sommet; on voyait que c'était un engin de chasse, car il était entretenu avec une propreté extrême ; le cuivre jaune resplendissait au dehors et au dedans; on eut dit de l'or. Il chargea cet ustensile sur ses épaules.

— Voilà ma première arme, dit-il.

— Quelle mystérieuse cuisine vas-tu faire ? demanda la comtesse surprise par l'étrangeté de cet engin.

— Une cuisine infernale, répondit Harruch.

— En somme, que vas-tu faire ?

Il secoua la tête.

— Lora, dit-il, les vieux chasseurs n'aiment pas à être questionnés. A quoi bon te décrire longuement ce que tu vas voir dans quelques heures ?

Et il se munit d'une fourche de fer emmanchée dans une gaule de frêne. C'était un instrument d'une forme toute spéciale et la comtesse devina facilement qu'il était destiné à ficher ses deux branches en terre pour piquer les reptiles au point où les deux fourches se rencontraient faisant ressort. Harruch prit encore une grande baguette de coudrier flexible et mince; il était alerte, joyeux, plein d'ardeur; il coupa l'air de sa baguette et décrivit des cercles dans l'air.

— Voici, dit-il, la terreur des vipères. C'est mon sceptre. Quand tu me verras commander aux reptiles, tu comprendras, Lora, que, moi aussi, je suis roi, le roi des chasseurs de vipères. » La comtesse était vivement intriguée; mais elle éprouva une curiosité plus vive encore quand le vieillard eut pris, suspendu au mur, un sac de cuir percé de petits trous.

— Qu'est-ce ceci? demanda-t-elle.

— Bien des chasseurs, dit-il, donneraient un doigt pour le savoir. Ceci c'est le grand secret des maîtres de mon art; c'est ce que, dans toute l'Europe, cent chasseurs de vipères à peine connaissent. Ici même, à Fontainebleau, il n'y a que deux hommes qui connaissent ce secret. Encore sont-ils moins habiles que moi pour choisir l'heure, le jour et la saison.

Il mit le sac à son cou :

— Venez, mes filles, disait-il, venez, mes mignonnes. Aujourd'hui encore vous allez chanter pour moi le chant des amours. Demain, vous serez libres.

— A qui parles-tu donc ainsi? demanda la comtesse, qui s'impatientait du peu d'explications que lui donnait le vieil Harruch impénétrable et ne répondant que par des phrases absurdes et des réticences.

— Je parle à mes compagnes, dit-il. Je parle à mes vestales, à mes vierges stériles jusqu'ici à cause de moi. Demain, je leur donnerai la liberté de leurs amours. »

Il se hâta de prendre un autre sac de toile, beaucoup plus grand, celui-ci était maculé de sang.

— Là-dedans, dit il, nous rapporterons les têtes de plus de cent vipères.

Il secoua le sac d'un air triomphant, puis il se munit de plusieurs boîtes trouées de petites ouvertures.

— Voilà, fit-il pour les prises vivantes.

Se tournant ensuite vers Lora, il lui dit joyeusement :

— Partons. Belle chasse. Bonne chasse. L'air et le ciel sont pour nous.

Ils traversèrent Fontainebleau et sur leur passage on interpellait le vieux chasseur :

— Père Harruch, vous *allez aux vipères!*

— Oui, chrétiens, oui, je vais en chasse.

— Père Harruch, qui donc est avec vous.

— Ma fille, chrétiens, c'est ma fille !

Et il passait.

On se dit dans Fontainebleau :

— Le père Harruch a retrouvé sa fille.

Quelques officiers de la garnison ajoutèrent :

— Crânement belle, la petite. Elle en vaudrait la peine étant débarbouillée.

Oui, messieurs, oui, Lora en valait la peine !

## IX

### EN CHASSE

Du haut des rocs du point de vue du camp de Chailly, où ils venaient d'arriver, la reine des Bohémiens et le chasseur de vipères voyaient se dérouler à leurs pieds cent lieues carrées de terrain ; à droite, des vallées où jaunissaient les moissons, des collines que les pampres verdissaient et des montagnes qui se perdaient dans la nue ; à gauche, les bois, devant eux l'abîme. Il faut aller en Algérie, dans le Djerjera, pour retrouver des sites aussi tourmentés que cette cascade de rochers qui descend du point de vue du camp de Chailly, semble rouler des blocs énormes et amonceler jusqu'au carrefour de l'Épine, par masses colossales, des grès gigantesques arrachés au sommet. Les poses de ces pierres immenses sont si risquées, l'équilibre en semble si compromis que l'on ne peut s'habituer à croire qu'elles sont stables : l'œil subit l'illusion du mouvement ; ainsi un tableau d'avalanches : quoique les objets représentés par le pinceau soient en réalité immobiles sur la toile, ils semblent se précipiter le long des pentes ; l'effet est le même au point de vue du camp de Chailly. On s'épouvante au bas de ce précipice ; en haut, l'on subit l'attraction du vertige ; dans les sentiers abrupts qui contournent les rochers suspendus aux flancs de l'abîme, on est terrifié par le péril que l'on sent prêt à s'abattre sur ses épaules ; un grain de poussière dérangé, un pouce de grès s'effritant et des blocs entiers, qui s'appuient les uns sur les autres, s'effondreraient sur le touriste. Peu d'années se passent sans qu'on signale des éboulements.

La journée avait été chaude ; la soirée était orageuse ! Une menace de tempête pesait sur la grande forêt dont l'océan de verdure s'étendait à perte de vue, immobile et chargé d'électricité... Les feuilles asséchées tombaient le long des rameaux ; des vapeurs rousses s'élevaient des clairières ; les arbres semblaient alanguis et pliaient sans force sous le poids des branches. Dans les massifs, le silence lourd, précurseur des bouleversements du sol ou de l'air ; l'instinct subtil des fauves les poussaient à se blottir dans leurs abris, l'insecte se cachait ; l'oiseau se perchait ; l'inquiétude planait partout, étouffant les voix et paralysant les mouvements.

Le ciel bleu se tachait de teintes brunes qui allaient s'élargissant et jetant dans l'espace un voile encore transparent mais qui s'epaississait de plus en plus.

Tel était le terrain de chasse qu'avait choisi le vieil Harruch.

La comtesse et son compagnon contemplaient le spectacle merveilleux qui s'offrait à leurs yeux ; ils couronnaient tous deux les hauteurs d'une étrange façon. Elle, vêtue de haillons, mais admirablement belle et fière, projetait sur cette nature en révolte le rayonnement de sa beauté. Lui, levant sa tête austère, illuminée par l'espoir de la réhabilitation, semblait un patriarche des premiers âges du monde ; sa grande ombre descendait les pentes et dessinait une bizarre silhouette sur les rochers. Pendant quelques instants ils restèrent muets ; leurs âmes de bohémien, accessibles aux profondes impressions des grands spectacles de la nature, étaient saisies d'admiration. Harruch dit enfin d'une voix lente :

— Ne trouves-tu point, Ellora, que cette forêt d'Europe nous rappelle la patrie perdue? Ces bois sont à certaines heures sauvages et solitaires, comme ceux de l'Inde ; le sol y prend les teintes chaudes de l'Orient ; vingt sites sont assez pittoresques pour être sans rivaux dans leur originalité saisissante ; et quand la tempête, comme aujourd'hui, se prépare lentement dans le ciel, cette forêt prend un aspect qui met autant d'anxiété dans le cœur des hommes que d'effroi dans les hordes des fauves. Tout tremble, l'orage sera terrible.

Et le vieillard qui avait déposé sur le sol son attirail de chasse, ramassa du bois mort et forma un foyer avec deux pierres : il alluma un feu. La comtesse étonnée le regardait faire; il procédait gravement à ces préparatifs.

Lorsque la flamme après avoir brûlé le bois, fut tombée ne laissant que des charbons, Harruch plaça sur les deux pierres cette chaudière de cuivre qui avait intrigué jusqu'ici la comtesse; le vieillard prit ensuite le sac de cuir percé de petits trous qu'il portait à son cou, il l'ouvrit et la comtesse vit aussitôt des têtes de vipères paraître à l'orifice projetant leurs langues affilées de tous côtés et se balançant en cadence, Harruch saisit sans hésitation et à pleines mains les reptiles, il les lança dans la chaudière dont le métal s'échauffait lentement.

Tout d'abord elles s'allongèrent délicieusement sur le fond tiède de la chaudière; elles se laissaient pénétrer voluptueusement par les chaudes vapeurs; elles s'étiraient, rampaient doucement; leurs petits yeux noirs s'animaient et brillaient d'un éclat plus vif; elles s'enlaçaient et parfois leurs six corps ne formaient qu'une seule pelote. Harruch jeta quelques brins de buis sur les charbons, la chaleur devint plus intense. Peu à peu les vipères parurent éprouver des sensations sinon douloureuses, du moins plus ardentes; elles s'agitèrent, se séparèrent pour ne plus se réunir et rampèrent avec une rapidité extrême. Elles essayaient de fuir. Lora les vit tenter de gagner les bords de la chaudière, mais celle-ci était ainsi faite que l'ouverture plus étroite que le fond, surplombait; les reptiles retombaient toujours.

Harruch mit encore quelques brins de bois sec sur le foyer; il combinait savamment les effets de son feu, tâtant lui-même le cuivre avec la main, s'assurant du degré de calorique qu'il avait atteint. Bientôt les vipères souffrirent et s'irritèrent; Lora remarqua l'étrange éclat de leurs prunelles; elles se dressèrent sur leurs queues et se mirent à siffler avec fureur, leurs appels devaient s'entendre à plus d'une demi-lieue de là. Harruch, depuis ce moment, cessa d'activer la flamme; l'effet était produit. Rien de hideux comme l'aspect de cette chaudière; les reptiles exprimaient leur désespoir avec une rage inouïe. Tantôt debout, appuyés sur le dernier anneau, terribles, menaçants, la gueule démesurément ouverte, le cou gonflé, ils semblaient se livrer à une danse infernale ; tantôt se roulant, se tordant, se mordant eux-mêmes jusqu'au sang, ils cherchaient à se tuer pour échapper à la torture. Mais les sifflements continuaient à retentir jusque dans les profondeurs des bois. Déjà le vieillard avait préparé une baguette de coudrier longue et souple et une espèce de fourche très flexible, dont les pointes étaient très effilées, dont les branches ne s'écartaient qu'aux extrémités pour se rejoindre à mi-fente comme des ressorts flexibles.

— Que va-t-il se passer ? demanda Ellora.
— Ils vont venir, répondit Harruch.
— Qui donc ?
— Les mâles. Ne comprends-tu pas que les femelles les appellent comme au temps des amours ?

Puis regardant un gros nuage noir qui se formait à l'horizon :

— Ils seront nombreux ! dit-il. L'électricité les anime et les pousse.

En ce moment il prit en main une des femelles qui venait malgré les difficultés de l'ascension d'arriver sur le rebord de la marmite ; il la replaça dans l'intérieur, mais il fut mordu à la main.

Lora poussa un léger cri.
— Quelle imprudence ! fit-elle.

Il sourit.
— La blessure est inoffensive, dit-il. Toutes ces femelles sont privées de leurs crochets, je les leur ai arrachés. Mais voici les mâles.

Garde à toi, Lora.

Dans la direction que lui indiquait le vieillard, Lora vit une certaine agitation dans les herbes qui s'inclinaient sous des poussées invisibles ; puis soudain, sur le terrain dénudé qui s'étendait autour du foyer, des reptiles, débouchèrent ils étaient plus de trente.

— Belle chasse ! dit Harruch. Bon début.

Les mâles de vipères s'étaient un instant arrêtés indécis, la vue du chasseur les effrayait ; les appels des femelles continuaient plus stridents que jamais ; elles flairaient les mâles. Ceux-ci s'enhardirent et rampèrent contournant le foyer pour éviter Harruch ; aussi celui-ci s'élançant avec une agilité incroyable chez un vieillard, tomba au milieu des vipères et de sa baguette de coudrier, les frappa avec une telle adresse que d'un coup sec, il séparait la tête du tronc. Le corps frétillait longtemps sur le sol, la tête vivait, s'ouvrait, menaçait pendant pendant dix minutes; le regard ne s'éteignait qu'au bout d'une demi-heure.

D'autres bandes survenaient; Harruch, sa baguette d'une main, sa fourche de l'autre, continuait la chasse avec une ardeur passionnée; il poussait des cris rauques et frappait toujours. Mais Ellora le vit s'interrompre. Déjà plus de cinquante vipères jonchaient le sol, quand il fit signe à la jeune femme qui, par prudence, était montée sur un roc.

— L'aspic, lui cria le vieillard.

Elle le vit prendre sa fourche à la main droite et courir à un reptile qu'il cloua sur le sol; les deux branches de l'arme s'enfoncèrent dans le sable sans percer l'aspic, mais le corps de la fourche pinça la vipère.

Le vieillard poussa un cri de triomphe.

— Lora, cria-t-il, belle chasse! Lora, l'aspic est le plus beau que j'aie jamais pris; l'orage est pour nous.

Il releva son arme et montra une des plus rares vipères que l'on pût rencontrer dans la forêt; elle mesurait près d'un mètre. Harruch la saisit par la queue et la dégagea de la fourche. Lora s'attendait à voir le reptile s'enrouler autour du bras du chasseur.

— Que fais-tu donc? cria-t-elle.

— Ne crains rien, dit-il. La vipère ne peut, comme la couleuvre, se relever quand on la tient ainsi.

Il connaissait à fond toutes les particularités qui caractérisent l'espèce: il prit l'une des boîtes qu'il destinait à ses prises et y enferma l'aspic; mais le nombre des vipères avait augmenté autour du foyer. Plus de cent reptiles dansaient en cercle et répondaient aux appels des femelles; une odeur de musc insupportable se répandait dans l'air. Harruch ressaisit sa baguette et recommença sa chasse avec enthousiasme; il couvrit le sol de débris. Puis encore une fois il reprit sa fourche et s'empara d'un autre aspic.

— Celui-ci, fit-il, est plus petit, Lora, mais il est

aussi venimeux que l'autre. Il a sur la tête l'A très marqué et sous le ventre des taches jaunes.

— Deux, c'est assez, dit-elle.

— Laisse; fit-il. Laisse encore chasser sa dernière chasse au vieil Harruch. Je vais quitter la forêt pour toujours; il faut que j'apporte aux miens une bienvenue. Vois donc comme il en vient! elles semblent sortir de terre.

En effet, autour du foyer, s'était rassemblée une nouvelle et nombreuse troupe. Harruch fondit sur elle; mais il se hâta, car le ciel s'assombrissait.

Déjà, sur les feuilles, couraient des frissons précurseurs de l'ouragan; dans les hautes régions de l'air, avant de s'abattre sur la terre, de grands souffles dispersaient les nuées noires par intervalles et formaient des pointes sombres sur les coins encore azurés; on eût dit que des griffes gigantesques déchiraient le ciel. Les arbres frémissaient avec des bruissements de feuillage et du fond des ravins montaient des plaintes sourdes et la peur faisait bramer les cerfs.

Harruch s'arrêta; il enleva rapidement sa marmite de dessus le foyer, il replaça dans leur sac ses femelles; ce qui restait de mâles vivants se dispersa.

Le vieillard ramassa toutes les têtes, les serra précieusement, puis il dit à Lora :

— Il en est temps. Gagnons le refuge.

Il se chargea de tous ses engins et ils se dirigèrent vers une grotte que connaissait Harruch; à peine y étaient-ils à l'abri, que l'orage se déchaîna dans toute sa fureur. Un coup de tonnerre long et retentissant fit trembler la forêt, des torrents de pluie formèrent nappe entre ciel et terre, la rafale tordit les chênes séculaires, la foudre les renversa, et pendant des heures les grands bois gémirent sous la tourmente. Lora l'admirait. Un éclair vint à un certain moment l'envelopper d'une auréole et la placer au milieu d'une illumination fulgurante; elle parut ainsi au vieillard un ange révolté personnifiant la lutte de sa race persécutée contre la société qu'elle méprise et combat.

Harruch lui dit en s'inclinant :

— Lora, tu seras la plus grande reine qui ait jamais guidé les tribus!

« Tu es l'espoir de la race.

« Tu enfanteras notre Messie. »

La comtesse se retourna.

Elle fut frappée à son tour de l'aspect singulier d'Harruch à cette heure; la tête du vieillard s'était transfigurée, ses yeux brillaient d'un éclat extraordinaire, son front rayonnait et il semblait que son regard fouillait au loin les mystères de l'avenir.

— Harruch, dit Lora, mon mariage m'a laissée vierge. Harruch, mes flancs seront toujours restés stériles; je hais l'homme et sa domination.

Harruch, ce n'est pas de moi que la tribu recevra son libérateur.

Mais lui, le bras étendu, le regard inquiet, il dit à la jeune femme.

— Tu hais à cette heure! Oui, tu hais à mort. Demain, femme, tu aimeras. De tous ceux des tribus qui savent prédire les événements futurs, je suis toujours celui qui fut le mieux doué. Je suis un voyant. Lora tu aimeras, le dis-je, et ton sein sera fécond.

— Jamais! fit-elle.

Il lui saisit la main.

— Je vois le père de ton enfant, dit-il; je le vois puissant et fort.

C'est un géant dont la tête domine les autres hommes. Il est jeune et il te hait aussi; peut-être ne t'aimera-t-il jamais.

Puis le sourcil froncé et avec douleur.

— Lora, ton fils vivra. Lora, ton fils sera grand parmi nous; il sera roi et grand roi. Mais tu périras par lui. Ton amour te sera fatal.

La comtesse tressaillit.

Harruch reprit d'une voix altérée :

— Oui, c'est la mort, la mort affreuse, loin des tiens!

Lora était pâle comme une morte, d'un geste elle arrêta le prophète.

— Tais-toi! dit-elle. Tais-toi. Tu m'épouvantes.

En ce moment la foudre frappait la grotte avec fracas, la voûte s'ébranla, se fendit, et la comtesse crut qu'elle était perdue ; mais Harruch impassible lui dit :

— L'heure n'est pas venue. Au jour où tu l'aimeras, commencera pour toi le péril. » La comtesse baissa la tête; comme toutes les filles des tribus, elle croyait à la clairvoyance des voyants et celui-ci surtout avait une réputation établie sur des prédictions étonnantes.

Elle se sentit condamnée.

— N'y a-t-il donc, demanda-t-elle, aucun moyen de conjurer cette fatalité?

— Non, dit-il, non, si tu l'aimes. Oui, si tu peux dominer ton amour.

— Mais, s'écria la comtesse avec explosion, je le hais, je le hais de toute mon âme.

— Alors à toi la vie ! dit Harruch.

Mais on sentait à son accent qu'il manquait de confiance.

Elle se tut. Les révélations du vieillard sur l'état de son âme avaient éveillé en elle des souvenirs funèbres et des craintes superstitieuses. Elle s'enfonça dans un coin obscur de la grotte pour y méditer; Harruch se tint silencieux à l'entrée.

L'orage cependant s'apaisait.

Le vieillard laissa les arbres s'égoutter; la nuit était venue, nuit sombre sous un ciel encore chargé de nuées; en vain, il attendit que le ciel s'éclaircît; le temps resta couvert. Alors il dit à Lora.

— Il est temps de rentrer à Fontainebleau et de quitter la forêt. La route est longue.

— Partons! dit Lora.

Ils suivirent silencieux les sentiers humides encore; elle toujours rêveuse, lui toujours attristé. Qui eût vu Lora dans ces chemins perdus, foulant la boue de son pied presque nu, n'aurait jamais reconnu la comtesse. Au fond, la grande dame était restée la bohémienne au corps d'acier; elle allait insoucieuse des larges flaques d'eau qui barraient la voie çà et là; son esprit était ailleurs. Harruch murmurait parfois entre ses dents des paroles entrecoupées et se retournant, la regardait cheminer tête basse. Il se disait alors! Qu'elle vive !... La nation sera libérée par elle. Qu'elle meure et le salut viendra d'elle encore par son fils.

Ils arrivèrent enfin à Fontainebleau.

La comtesse, pour éviter tout soupçon, dormit dans la voiture des bohémiens.

Le lendemain, elle s'apprêta à partir pour Paris après avoir revu Harruch qui attendait l'ouverture des bureaux pour aller toucher une prime importante en présentant deux cents têtes de vipère; la plus belle chasse qu'il eût faite.

Le vieux bohémien reçut les ordres de la comtesse avec joie.

— Je t'accorde, dit-elle, huit jours pleins pour revoir les tiens. Le neuvième jour tu te présenteras à Paris, chez moi; des frères te recevront. Tous passent pour mes domestiques; on les croit gens de Hongrie. Tu seras toi-même vêtu en Hongrois et tu joueras le rôle d'un vieux serviteur qui régirait mes domaines dans les environs de Bade. Tu es censé venir rendre des comptes. Tu apporteras les vipères.

— Bien! dit Harruch.

— Comment feras-tu pour passer ton sac à la barrière sans qu'on le visite.

— On le visitera! répondit Harruch. Seulement il n'y aura rien dedans. Je cacherai les vipères dans ma poitrine.

— Tu leur auras donc arraché les crochets! il ne le faut pas.

— Je leur laisserai leurs dents, dit le vieillard, mais je les endormirai.

— Comment t'y prendras-tu?

— La vipère mange des grenouilles. Je ferai prendre quelques gouttes d'opium à deux grenouilles que je jetterai ensuite en pâture aux deux aspics avant de prendre le train. Elles en auront pour douze heures avant de s'éveiller; c'est tout le temps nécessaire.

La comtesse fut frappée d'une idée.

— En réglant la dose d'opium, demanda-t-elle, peut-on endormir les aspics plus ou moins longtemps?

— Oui, certainement, dit Harruch.

— Ceci simplifie les choses! murmura la comtesse. L'exécution de mon plan devient plus facile.

— Que craignais-tu?

— Les hésitations d'une femme chargée de placer

cette vipère dans un lit. Elle aurait peur d'être mordue par l'aspic si celle-ci ne dormait point.

— Puis-je voir cette femme ! demanda Harruch d'un air discret.

— Oui, dit la comtesse

— Alors je la familiariserai avec les reptiles et elle se rassurera.

— Je compte te voir au jour fixé, dit Lora au vieillard. Et songe à te taire.

— N'ai-je pas appris le silence pendant de longues années d'exil ? fit-il.

Puis avec une tendresse inquiète il rappela sa prédiction de la veille.

— Hier, dit-il, l'orage, la chasse, la joie de la délivrance m'ont inspiré. J'ai vu clair dans l'avenir. Le souffle des esprits d'en haut m'a visité et je suis sûr d'avoir été illuminé ; songe à ma prédiction, Lora. Songe à la résolution qui peut te sauver et tue ce jeune homme.

— J'y suis résolue, fit-elle en pâlissant.

— Si tu dis vrai, je mourrai tranquille, sûr que notre reine sera glorieuse.

Lora était en proie à une émotion profonde : cette conversation lui pesait.

— Je pars ! dit-elle. Je te souhaite un heureux retour près des tiens, Harruch. Ne manque pas à ton rendez-vous.

— J'y serai ! dit le vieillard. Mais encore une fois, sois impitoyable contre ce jeune homme.

Elle répondit par un geste de sombre résignation et s'éloigna.

## X

### SÉDUCTION

Le docteur Favel avait une maison de santé où il soignait un certain nombre de malades riches ; il avait généralement une dixaine de pensionnaires, hommes et femmes, appartenant au meilleur monde. Le prix pour l'année était de trente mille francs, chiffre considérable; mais il s'agissait de malades archi-millionnaires, gravement atteints. Le traitement était très coûteux, les appartements somptueux, la table servie avec raffinement. Du reste, on ne pouvait payer trop cher les soins de Favel. Tous les pensionnaires amenaient avec eux au moins deux domestiques.

Or, quelques jours après le duel d'Armand, il se présenta chez Favel un Hongrois fort riche, très grand seigneur, qui était atteint d'une des maladies dont le docteur avait fait sa spécialité.

— En un mois, dit Favel, vous serez guéri; le cas n'est point grave.

— Comment me soigner convenablement dans un hôtel? demanda le Hongrois. Si vous avez une place chez vous, je prendrais volontiers pension. Je n'ai amené qu'un domestique, ajouta-t-il. Pensez-vous que ce serait suffisant.

— Certainement.

— Quand puis-je m'installer ?

— Demain.

— Voici, docteur, un mois de pension d'avance; je suis heureux d'être entre vos mains.

Et le lendemain le Hongrois s'installait; il s'était recommandé, du reste, de l'ambassade autrichienne et il avait une lettre très chaleureuse d'un ancien client du docteur. Dans ces conditions, pourquoi s'en défier.

Au dîner qui suivit son installation, M. de Teveneck, c'était le nom du malade étranger, se montra très discrètement attentif pour Fernande; il était d'âge, du reste, à ne point donner d'ombrage et sa tenue était parfaite, il s'enquit des causes qui faisaient porter à Armand le bras en écharpe. On le lui dit.

— Ah! vous avez eu affaire à un triste homme, monsieur. Tous mes compliments pour l'avoir blessé.

Et il manifesta contre Jallisch une haine et un mépris profonds. Puis il causa longuement avec Armand, parut enchanté de sa conversation, se mit au mieux avec le jeune homme.

Bref, il conquit le docteur, Fernande, Armand et les autres pensionnaires ; on le déclara un charmant homme.

A l'office, son domestique obtint encore un succès

plus éclatant. Il se nommait Stéphane Sterhozy, et c'était un de ces cavaliers qui font tourner les têtes des femmes sensibles; or s'il est au monde une classe féminine qui se laisse facilement séduire par une jolie tournure, des airs délurés et de la crânerie, c'est évidemment l'estimable corporation des femmes de chambre. Il y en avait sept à la maison sans compter Léonie, celle de Fernande.

Cette Léonie, brune enfant du Midi, avait le sang impétueux des Basques, leur amour effréné de la toilette et leur ardent désir de briller; de plus, fille de contrebandier, elle n'était pas aussi scrupuleuse que les recommandations données au docteur l'affirmaient. Elle ne volait pas, elle n'eût pas volé; les femmes ne doivent pas voler; sous ce rapport, elle était parfaite; seulement, quand il s'agissait des hommes, elle avait une autre morale.

La contrebande se fait dans les Pyrénées par les Basques espagnols et les Basques français. Qui dit contrebandier dit hardi compagnon, peu scrupuleux et capable d'un coup de brigandage à l'occasion; le père, les frères, les cousins de Léonie avaient tous quelque grave méfait à se reprocher.

Pendant les guerres civiles qui, dans les derniers temps, avaient désolé l'Espagne, les contrebandiers eurent les coudées franches; ils commirent nombre de vols audacieux que l'on mit sur le compte des Carlistes. Léonie ne vit aucun mal à ce que ses parents fussent quelque peu bandits.

La famille étant pauvre, elle se mit femme de chambre et fit bien son service.

Un peu dégrossie, elle entra dans une famille parisienne en villégiature à Pau; de là, elle vint à Paris avec cette famille. Elle fit plusieurs maisons, cherchant augmentation de gages; partout elle laissa les meilleurs souvenirs et elle obtint de beaux certificats.

Elle restait sage. Question de vertu? Non pas. Elle était fière, cette fille. Elle avait un certain idéal d'amoureux qui ne se présentait pas à elle. Elle avait estimé dans les hommes de son village, la virilité des montagnards, leur bravoure, leur orgueil et leur lutte contre la loi; les valets de chambre et les cochers qui lui faisaient la cour, ne lui paraissaient point dignes d'une fille de Basque.

Très flattée du reste d'être au service de mademoiselle Fernande, ce qui lui donnait à l'office supériorité sur les femmes de chambre des pensionnaires, elle avait haute idée d'elle-même ; à vrai dire, elle était élégante, fine d'allure, grande, svelte, bien faite, légère de démarche ; elle avait le fin pied des montagnardes, la main soignée et le teint blanc. La dent était fort petite, aiguë et d'un ivoire très pur, qui tranchait sous le rouge des lèvres un peu minces, mais exprimant la volupté délicate qui est particulière aux races félines. Mademoiselle Léonie devait avoir le plaisir cruel ; ces filles-là sont de celles qui s'oublient dans le baiser jusqu'à mordre ; on les en aime d'autant plus. Le visage était d'un ovale allongé, le nez droit des Basques lui donnait du caractère ; le front haut, étroit, coupé nettement, s'encadrait de magnifiques cheveux noirs ; le menton en pointe d'œuf terminait bien cette tête qui ne manquait ni de charme, ni de dignité. Mademoiselle Léonie avait de l'énergie ; elle voulait fermement : elle redoutait par-dessus tout d'être humiliée ; elle était capable d'aller bien loin dans une mauvaise voie pour fuir une petite honte.

Lorsque maître Stéphane se présenta à l'office pour le dîner, il y eut des chuchotements et l'on fit des réflexions à voix basse entre femmes. Ce beau garçon produisit de l'effet. Il prit la place que lui indiqua le maître d'hôtel du docteur ; il se trouva placé près d'une petite femme de chambre américaine qui s'entendait admirablement à *flirter*.

Cependant mademoiselle Léonie parut se choquer du ton enjoué dont Fanny, la femme de chambre américaine, recevait les avances de Stéphane.

Ce jeune homme, du reste, était ma foi, fort bien pour un domestique ; il parlait le français avec un léger accent qui n'était pas sans grâce ; il causait bien, et il avait de l'esprit et de la verve ; il tranchait en mieux sur les autres domestiques lourdauds, prétentieux, faquins à manières, qui se donnaient des airs de maîtres, et y arrivaient comme le dindon arrive à imiter le paon. Les femmes ont un flair incomparable pour juger, non pas de la valeur de l'homme, mais de la caste à laquelle il appartient et de la race dont il est. Il n'y eut qu'une voix parmi ces demoiselles de l'office pour dire et redire :

— M. Stephane n'était pas fait pour servir.

Il eut soin du reste de confirmer cette appréciation dans sa conversation.

Léonie le regardait en dessous.

Il avait une tête orientale, bien profilée, un peu maigre, très brune. Nez aquilin, front haut, étroit, fuyant, yeux noirs très longs, brillant sous des cils soyeux et lançant la flamme qui incendie les cœurs. Belle moustache et chevelure soignée ; taille fine, épaules larges, mains un peu trop sèches, mais n'ayant jamais travaillé à de durs labeurs, pieds petits et cambrés, mise très soignée rappelant un peu la coupe de l'uniforme, en je ne sais quoi, qui annonçait une vie de soldat et d'aventures, ce gaillard avait pour lui bien des avantages.

Ainsi Fanny *flirtait, flirtait, flirtait* à rendre folles ! s autres femmes.

Celles-ci se vengeaient par les observations les plus désagréables faites à voix basse.

Cependant Stephane, qui jusqu'alors avait parlé à sa voisine, éleva un peu la voix ; il fit quelques questions à son voisin.

Celui-ci répondit.

La conversation se généralisa.

Aux questions de Stéphane on en opposa d'autres ; il y répondit avec affabilité.

— Je suis le hussard du général Tanemak.

— Vous êtes alors comme qui dirait le brosseur de votre général.

— Non pas, je suis ordonnance.

Ainsi dès demain, mon général louera un homme de service pour cirer ses bottes et... les miennes et pour brosser nos vêtements.

— Et vous, que ferez-vous ?

Les courses de confiance, s'il y en a, et je soignerai mon général.

Et Stephane, charmant son auditoire, raconta ses aventures. Il en avait eu d'extraordinaires ; il avait fait plusieurs fois fortune.

Toujours il gagnait et reperdait. Enfin Léonie, qu écoutait avec une extrême attention, demanda :

— Avez-vous eu au moins, monsieur, la chance de sauver quelque chose ?

— Assez pour vivre de mes rentes le jour où mon maître prendra sa retraite, ce qui ne peut tarder ; moi, je serai libéré du service dans trois mois. Et le général me fera régisseur de ses domaines. Ce sera une belle place, car j'ai ouï dire que les profits étaient gras.

— Vous vous marierez ? fit Fanny en minaudant.

— Pas dans mon pays.

— Pourquoi donc ?

— Je n'aime ni les Allemandes, ni les Hongroises. Elles ne me vont pas du tout.

— Et quelle nation vous plaît le plus ?

— Comme beau sexe ?

— Oui.

— C'est difficile à dire.

— Dites toujours.

— Il me semble que les femmes de n'importe quel pays qui ont habité Paris sont supérieures à toutes les autres. Il n'est pas nécessaire qu'elles soient Françaises.

— Vous dites cela pour celles de nous qui ne le sont point ! dit Fanny.

— Je suis très franc ! protesta Stéphane.

Il y eut un silence significatif. Chacune de ces demoiselles réfléchissait. Mademoiselle Fanny voulut des éclaircissements et elle sut se les faire donner.

Toutes les imaginations féminines galopaient depuis ces révélations ; la façon dont Stéphane répondait à Fanny, la complaisance qu'il mettait à lui parler, semblaient prouver qu'elle lui plaisait. Cela faisait damner Léonie ; elle trouvait tout à coup son idéal, et c'était une petite jeune Américaine qui paraissait devoir s'en emparer ; elle était outrée. Toute fière qu'elle fût, elle adressa plusieurs fois la parole à Stéphane ; il répondit poliment, mais il revenait toujours à Fanny. Léonie, cependant, se sentait supérieure à cette Américaine.

Un coup de sonnette vint l'arracher aux émotions qu'elle éprouvait ; pour la première fois elle maudit Fernande ; elle laissait le champ libre à sa rivale. Mais un autre coup de sonnette appela celle-ci et elle dut quitter la place.

Lorsque les deux femmes de chambre se furent éloignées, la conversation continua ; Stéphane gagna l'admiration et l'amitié des bonnes en continuant ses récits et en se montrant affable ; mais, en vain les femmes qui restaient là essayèrent-elles d'attirer l'attention du beau hussard ; aucune d'elles n'y réussit, ce qui les irrita. Elles se mirent à dauber sur Fanny.

Et toutes de vanter Léonie pour rabaisser cette pauvre Fanny.

En fait, quand elle rentra, Stéphane se montra froid ; la petite Américaine comprit qu'on l'avait desservie ; elle jura de se venger. Survint Léonie, elle jugea la situation d'un coup d'œil et elle se prit à espérer ; pour la première fois Stéphane la regarda attentivement.

Lorsque l'on croit avoir fait bonne impression sur des femmes, il est bon de les laisser causer entre elles ; grâce à leur jalousie instinctive, elles ne manquent pas de se piquer mutuellement et de se défier. Stéphane se retira.

A peine fut-il parti que la querelle commença entre femmes ; déjà il s'était fait un revirement. Les bonnes âmes avaient perdu Fanny dans l'estime du beau hussard ; mais elles avaient lu dans les yeux de Léonie ses espérances. Dès lors c'était contre la femme de chambre de Fernande qu'elles se liguèrent ; naturellement Fanny devint une alliée dans ce nouveau complot. Léonie, comme toute fille éprise, commit une imprudence ; elle demanda :

— Comment trouvez-vous M. Stéphane, mesdemoiselles ?

Il fallait qu'elle parlât de lui.

— Très bien pour nous ! dit Fanny.

— Malheureusement ! dit une autre en soupirant, ce n'est jamais une femme de chambre qu'un garçon aussi riche épousera, non, jamais.

— Et, dit cruellement Fanny, lorsqu'un homme peut épouser une bourgeoise, pourquoi donc prendrait-il une domestique !

Toute la bande femelle, quoique portant ainsi le mépris sur la corporation, appuya la petite Américaine ; mais Léonie tenait bon :

— En amour, dit-elle, le rang ne fait rien, la fortune non plus.

— Bon ! Elle se croit déjà madame Stéphane et se voit reçue par la noblesse ! dit Fanny.

Ce fut le signal d'une attaque en masse.

— Madame Stéphane ! disait l'une, vous me prendrez comme femme de chambre.

Et une autre :

— Moi, je me contenterai d'être bonne d'enfants !

— Aurai-je au moins l'honneur d'assister au mariage de très haute et très honorée demoiselle Léonie ?

Deux ou trois de ces harpies chantaient en sourdine et de l'air le plus moqueur : « *Tu seras princesse, ma belle maîtresse !* » Si bien que Léonie outrée se leva et dit :

— Si vous n'étiez pas toutes des *riens du tout* qui jettent à la tête des hommes, vous ne seriez pas furieuses, parce que M. Stéphane ne vous a pas regardées.

Et sur ce, elle sortit au milieu des imprécations générales que soulevait son apostrophe.

Léonie fut ainsi accompagnée des plus furieuses épithètes ; peu lui importait, car elle n'en entendit que fort peu, ayant fui ; mais la porte fermée, elle se mit à pleurer en regagnant sa chambre.

Par hasard (était-ce bien par hasard) ? elle rencontra, au moment d'entrer chez elle, le beau Stéphane qui sortait de chez son général ; il daigna s'apercevoir que cette jolie fille avait les larmes aux yeux ; il en parut fort ému.

— Qu'avez-vous, mademoiselle Léonie ? demanda-t-il affectueusement.

— Ah, monsieur, dit-elle, je suis bien malheureuse et l'on vient de me faire une scène à cause de vous ; cependant je suis bien innocente.

— Vos maîtres vous ont grondée ?

— Non, monsieur. Ce sont ces dames qui… que…

Dans leurs colères ces femmes disent tout, avouent tout et se livrent. Cependant Léonie hésitait.

— Voyons, mademoiselle, je vous en prie, expliquez-moi ce qui s'est passé.

Et lui prenant la main :

— J'ai trop de sympathie pour vous pour ne pas vous aider à vous venger.

Jamais un homme habile n'avait employé un mot plus à propos. Se venger ! Cela sonnait comme une fanfare de fête à l'oreille de Léonie. Pourtant, avec la tactique ordinaire des femmes, elle se fit prier :

— Monsieur... je n'ose pas... une jeune fille... si l'on nous voyait ensemble.

Léonie était en face de la porte de sa chambre ouverte ; le hussard était un gaillard résolu et sachant profiter des occasions ; il enleva brusquement Léonie comme une plume, la posa sur une chaise, poussa la porte et saisit les deux mains de la jeune fille.

Jamais celle-ci ne s'était abandonnée aux caresses d'un homme ; elle était vierge même d'un baiser ; sa dédaigneuse fierté avait tenu à distance les galants ; elle ignorait la puissance du magnétisme amoureux et les dangers d'une surprise des sens. Mais, au contact des mains du beau hussard, un long frisson de plaisir courut dans tout son être, la secouant et l'éveillant à la volupté ; dès ce moment, la lutte devenait difficile.

Lorsque l'amour s'empare d'une femme, il déchaîne les désirs et endort la volonté ; elle n'avait déjà plus conscience du danger ; elle se livrait sans défiance. Si, une seule fois, elle avait éprouvé une sensation de ce genre, elle se fût défiée.

Quand Stéphane mit des baisers sur ses bras, elle le laissa faire, écoutant toujours la musique enivrante de ses promesses et de ses protestations. Tout contribuait à la perdre.

Comment résister à un charmant garçon qui vous attire lentement, peu à peu, irrésistiblement, en vous berçant sur de pareils genoux ? Il causait toujours, il entourait la taille ondulante de Léonie ; elle se trouva sans s'en douter dans ses bras, à sa merci. Un instant elle eut peur !... D'un mot il la calma.

— N'allons-nous pas nous marier ! Que crains-tu ?

Quand on est fiancés, on peut risquer une caresse, donne-moi les lèvres roses.

Il avait des yeux si noirs, si brûlants, qu'elle flambait sous son regard ; elle lui donna ses lèvres qu'il demandait ; de cet instant, elle était à lui...

Quelle fille ardente ! Quels débuts dans l'amour ! Elle se tordait sous les caresses ; il dut étouffer ses cris de panthère amoureuse ; elle l'étouffa dans ses étreintes ; elle fut à lui, mais il fut à elle. Elle le conquit. Un observateur habile aurait remarqué qu'il jouait trop bien son rôle très étudié pour un homme réellement épris ; il paraissait agir d'après les lois d'une tactique savante ; il se possédait trop pour être passionné. Mais quand cette belle fille l'eut enlacé, quand elle l'eut enivré en le baignant dans l'océan embrasé d'une passion sans bornes, quand il fut comme plongé dans une mer de feu, il flamba à son tour. Il n'avait jamais subi ces morsures qui prouvaient la folie, il n'avait jamais vu ces transformations qui donnent aux visages des femmes sensuelles une beauté surhumaine ; il éprouva des joies inconnues à sentir les ongles de sa maîtresse lui labourer les chairs ; il la meurtrissait lui-même de brutales caresses et la pétrissait en l'enlaçant.

Ils se réveillèrent de ce délire brisés, mais s'adorant.

Elle, radieuse et confiante. Lui, sombre !

Elle fut tout à coup inquiète de cette attitude.

— Qu'as-tu ? fit-elle.

Il la regarda un instant.

Elle était splendide dans le désordre de sa toilette. Le sein nu, étincelant, la jupe chiffonnée, l'œil noyé de langueur, les cheveux flottants, la pose abandonnée, l'air craintif et soucieux. Il la trouva belle et désirable à jamais. Alors lui prenant le poignet entre ses doigts d'acier et la serrant à la faire crier :

— M'aimes-tu ? demanda-t-il d'un air menaçant avec un regard inexplicable.

— Oh ! oui, je t'aime, dit-elle. Je t'aime pour toujours et te voudrai sans cesse.

— Quoi qu'il arrive ? fit-il d'un ton farouche.

— Oui, quoi qu'il arrive ! dit-elle.

— Quoi que je fasse? demanda-il d'une voix étranglée.
— Quoi que tu fasses! dit-elle.
— Et tu m'obéiras?
— En tout.
— S'agirait-il de la vie?
— Je mourrais pour toi joyeusement.
— Tuerais-tu quelqu'un sans hésiter, si je te l'ordonnais? demanda-t-il les yeux dardés sur ses yeux.
— Mais puisque je suis tienne, fit-elle avec un accent d'enthousiasme, qui le convainquit. Puisque tu es maître! Puisque je me sens dans toi! Pourquoi me questionner? Pourquoi douter? Je suis ta chair, je suis ton sang, ma main est commandée par ta volonté. Je ne me vois autrement que dans ta poitrine et je m'y tiens blottie. Tu es mon père et ma mère et mon enfant; tu es tout, et sans toi je ne suis rien.

Elle employait les formules admirables de son pays pour peindre sa passion. Il se sentit convaincu. Elle lui mit si gracieusement le bras autour du cou pour mendier encore un baiser qu'il ne douta plus d'elle: il la reprit sur ses genoux.

— Écoute-moi! dit-il. Rien de ce que je t'ai dit n'était vrai; à cette heure, tout est réel. Je ne t'aimais pas.

Elle faillit pleurer.

— Je t'aime maintenant!

Et il lui tendit ses lèvres ; elle rayonna.

— Je suis un homme libre, riche, audacieux, en lutte avec la société. Je brave les lois et les hommes ; je ne crains pas les dieux. Demain ma tête peut tomber ; mais demain aussi je puis arriver au but de mes désirs, être comblé de biens et d'honneurs. Le succès dépend en partie de toi. Te sens-tu du courage ?

— Oui, dit-elle résolument.

Et elle demanda :

— Qu'exiges-tu ?

— Tu le sauras plus tard. Mais dès aujourd'hui je veux que tu te considères comme ma femme. Rien ne me forçait à être franc; tu peux donc avoir foi en moi.

— Tu es mon maître, ma vie! dit-elle. Je n'hésiterai jamais à accomplir tes ordres.

Il lui donna un dernier baiser et lui dit :
— Chaque soir je viendrai te demander une nuit comme celle-ci.

Il la laissa palpitante et conquise.

## XI

### LE COMPLOT

Le lendemain grande nouvelle ! Bruit dans la maison ! Tintamarre à l'office ! Rires des mâles ! Pleurs des femelles ! On avait vu, dès le matin, Léonie et Stéphane se parler sur le ton de gens qui ont des raisons pour se permettre des familiarités. On prétendait même que Léonie avait ri aux éclats avec le beau hussard. Les femmes de chambre tirèrent une conclusion aussi logique que méchante ; elles jugèrent que, se quittant le soir, sans s'être pour ainsi dire parlé, les deux jeunes gens, pour être si bien à l'aube, devaient s'être entendus pendant la nuit. Et voilà les cancans de voler d'étage en étage, de se disperser partout comme une volée de canards sous un coup de fusil. Les maîtres et les maîtresses surent quelque chose de cette affaire.

Au déjeuner nouvel émoi ! Le général dit devant tout le monde au docteur qu'il aurait bientôt à lui demander son assentiment pour le mariage de Stéphane et de Léonie.

Le docteur Favel était pour brusquer les choses en amour. Il avait pour théorie lui aussi : « On s'aime du premier coup ou pas ; on peut, il est vrai, se prendre de sympathie pour une femme, mais alors ce n'est que de l'amitié. La passion réelle est foudroyante. » Dans ces conditions d'esprit, il trouvait tout naturel ce qui était arrivé.

— Que Léonie écrive à ses parents ! dit-il.

« Moi, j'approuve. »

C'était chose dite par conséquent.

Le maître d'hôtel donnait à chaque instant des détails aux gens de l'office ; l'exaspération était au comble ; on attendait avec impatience l'arrivée de Léonie et de Stéphane. Ils tardaient. Enfin l'heure du déjeuner des domestiques sonna ; toute la valetaille se mit à table et deux places vides, l'une à côté de l'autre, furent laissées par ordre du maître d'hôtel qui commandait à l'office.

Léonie parut au bras de Stéphane à l'entrée de l'office ; il avait plus fière mine que jamais et il regarda tout ce monde de femmes hostiles de telle sorte qu'il lui imposa respect. De son côté Léonie était rayonnante ; la joie scintillait dans ses yeux ; elle triomphait d'une façon si éclatante qu'elle désarma toutes ces haines. Ce fut comme un écrasement.

Stéphane fit galamment asseoir Léonie, prit place, salua tout le monde et dit lentement :

— Je crois que les situations nettes et franches sont les meilleures. J'ai donc l'honneur, mesdemoiselles et messieurs, de vous déclarer que mademoiselle Léonie accepte ma main et que nous allons nous marier.

— Bravo ! dirent les hommes.

Les femmes se trouvèrent obligées de complimenter Léonie du bout des lèvres. Quant à l'attaquer, il n'y fallait pas songer ; le hussard la protégeait trop bien. Lorsqu'une femme sent le solide appui d'un homme, elle s'attache à lui comme la liane à l'arbre, elle fait corps avec lui ; plus encore que la passion, l'orgueil et la reconnaissance rivèrent Léonie à son hussard.

Le déjeuner se passa sans incident. Au dîner, Léonie parut, ayant fait autant de toilette que sa condition le permettait ; mais elle avait au doigt une alliance et une bague ornée d'un brillant qui valait un billet de mille francs. Au cou elle avait une chaîne et une croix en diamants. Enfin elle portait une montre que le maître d'hôtel, un connaisseur, estima huit cents francs, sans compter les breloques. C'étaient les cadeaux de prince faits par le hussard hongrois. Fanny en prit la jaunisse ; les autres femmes se consolèrent plus vite et se décidèrent par une réaction, qui se produit toujours, à faire leur cour à Léonie. Celle-ci tint rigueur aux plus méchantes et fit bon accueil aux autres.

Ce soir-là Stéphane paya du champagne pour célébrer ses fiançailles. C'en était fait, il épousait. La chose était acceptée de tout le monde et en peu de jours on s'habitua à cette idée. Les jours s'écoulèrent... Les nuits étaient radieuses pour Léonie. Chaque entrevue l'affolait davantage : elle devenait plus que jamais la chose de Stéphane. Lorsqu'il se sentit en pleine possession de sa maîtresse, il lui fit peu à peu des révélations. Un jour il lui avoua qu'il n'était pas Hongrois ; une autrefois il lui raconta l'histoire dramatique d'un bandit espagnol et lui demanda comment elle trouvait le héros de ces aventures. A son tour elle lui confessa que ses frères avaient aussi détroussé les voyageurs en Catalogue, et elle ne cacha pas qu'elle admirait fort l'homme dont il venait de raconter la vie.

Il lui dit alors en souriant :

— Celui-là, c'est moi !

Au lieu de déchoir, il monta d'une coudée dans l'estime de cette fille. Il lui apprit alors que les bijoux qu'elle portait, provenaient d'un vol commis à Madrid ; elle ne s'en émut pas autrement que de la crainte qu'ils ne fussent reconnus.

— Ne t'en préoccupe pas ! dit-il. Ces bijoux ont suffisamment changé d'aspect pour que le propriétaire ne les reconnaisse pas à moins d'un examen très attentif.

Le chemin que faisait Léonie dans la voie fatale où elle s'était engagée, était effrayant ; en moins de vingt jours, elle en vint à ne plus avoir de conscience à elle. Elle voulait ce qu'il voulait.

Alors il lui fit sa plus terrible confidence.

C'était une nuit où il lui avait prodigué les baisers et les caresses, elle en était éprise au delà de toute idée et elle se mourait de plaisir dans ses bras.

— Tu parais, fit-il, m'aimer tant, que je veux tout te dire. Écoute-moi donc. Je fais partie d'une immense association qui a toujours en vue de grandes entreprises. Nous tuons... mais nous ne laissons pas trace de nos actes. Tous ceux que nous attaquons semblent frappés par hasard. Nous guidons le hasard. Nous dirigeons des accidents qui deviennent mortels. Aujourd'hui quelqu'un nous gêne en cette maison et ce quelqu'un doit mourir.

— Qui est-ce ? demanda-t-elle.

— Ta maîtresse !

— Mademoiselle Fernande ! demanda-t-elle avec épouvante.

— Oui, elle ! dit-il. Tu hésites ?

Elle n'osait répondre : il se leva d'un bond.

— Ah ! dit-il, tu me prends mes secrets, tu dis m'aimer et tu me trahis ! Tu vas mourir.

Il avait tiré rapidement de sa botte un long couteau catalan.

Elle n'eut ni crainte, ni regrets, ni révolte ; elle s'était levée à son tour, mise à genoux devant lui et elle lui dit :

— Avant de me frapper, pardonne-moi, que je meure contente. Tu as raison ; je t'avais juré d'obéir.

— Tu consens donc maintenant ? demanda-t-il.

— J'aimerais mieux mourir ; mais si tu l'ordonnes, je tiendrai le serment que je t'ai fait d'obéir.

Il jeta son couteau, la prit dans ses bras, lui donna dix baisers et lui dit :

— Tu es une brave fille.

Elle sanglotait.

— Calme-toi ! fit-il. Il ne s'agit ni de poignard, ni de poison et tu n'auras que peu de chose à faire. Le docteur a coutume de recevoir d'un de ses anciens clients, plusieurs voitures de bois et de bourrées qui viennent de Fontainebleau.

— Oui ! dit-elle. C'est un riche marchand de bois qu'il a sauvé et qui lui est reconnaissant. Le chargement est annoncé pour la semaine prochaine et l'on a préparé le bûcher.

— Dieu ! dit-il. Tu vas voir combien peu de chose tu auras à faire et combien peu tu seras compromise. Tu sais que quelquefois une couleuvre ou une vipère est transportée à la ville par une bourrée ; les journaux font mention de cela. Il y a même eu des accidents.

— J'ai entendu parler de cela ! dit-elle en frissonnant de terreur.

Il n'y prit pas garde.

— Tu n'auras, dit-il, qu'à placer dans le lit de ta maîtresse une vipère endormie ; je te jure sur notre amour que tu ne cours aucun danger de la part du reptile ; il aura avalé de l'opium.

— Ce n'est pas pour moi, dit Léonie dont les dents claquaient, que je tremble; c'est pour mademoiselle Fernande qui est si douce.

— Il est malheureux, dit-il, que les choses aient tourné de cette sorte que tu sois obligée de causer la mort de cette jeune fille; mais choisis entre elle et moi. Je suis poignardé, si je n'accomplis ma tâche. Mes compagnons ne me feraient pas grâce.

— Ah! dit-elle; j'agirai.

Mais elle sanglotait toujours. Il fit ce que les hommes savent faire en ce cas; il sécha ses larmes sous ses baisers; puis il lui prêcha l'énergie, et l'indifférence pour sa maîtresse.

— Tu es naïve et sotte! dit-il. La vie est une lutte et chacun y combat égoïstement pour soi et les siens. Crois-tu que ta maîtresse t'aime jusqu'à te sacrifier quelque chose? Elle te chasserait si tu avais le malheur de lui déplaire. Te céderait-elle son fiancé? Non, n'est-ce pas! Pourquoi lui céderais-tu le tien?

Et il endormit ainsi la conscience de cette malheureuse fille.

Du reste comment se serait-elle dégagée de l'impasse où elle était? Elle portait des bijoux volés; elle était la maîtresse d'un voleur; il tenait dans ses mains son honneur de jeune fille. On ne résiste pas à un homme si fortement armé et qu'on aime...

Puis un malheureux incident survint qui désaffectionna Léonie; elle se prit à haïr Fernande, pour un mot qui la blessa cruellement.

Comme toute fille qui aime, elle avait un irrésistible besoin de questionner sur son mariage; elle amena la conversation sur ce sujet en coiffant sa maîtresse. Fernande avait coutume de dire ce qu'elle pensait; or Stéphane ne lui plaisait guère; c'était un beau garçon, soit, mais il lui paraissait que ce hussard se donnait des airs prétentieux.

Après avoir tourné longtemps autour de la question et l'avoir préparée, Léonie la posa:

— Comment mademoiselle trouve-t-elle mon fiancé? demanda-t-elle.

— Léonie, vous vous mariez, donc vous aimez ce

jeune homme; mon opinion ne doit pas vous intéresser, dit Fernande.

— Je vois, fit Léonie en se pinçant les lèvres, que mademoiselle a mauvaise idée de M. Stéphane.

— Je n'ai pas dit cela.

— Oh ! je devine ce que vous pensez.

— Puisque vous me poussez, Léonie, il faut bien que je vous dise ma façon de voir; je n'aime pas le regard de votre M. Stéphane.

— Il a de si beaux yeux, pourtant.

— Je ne nie pas cela; mais le regard est faux, sournois et menaçant.

— Si mademoiselle connaissait M. Stéphane comme moi, elle le jugerait mieux.

— Je souhaite me tromper, dit Fernande. Seulement j'ai bien peur que vous ne vous repentiez de vous être laissé séduire par cette tête de coiffeur... juif.

Le peigne trembla dans la main de Léonie, elle frémit d'indignation. Tête de coiffeur ! Tête de juif ! C'était une double et mortelle insulte à son idole; toute la pitié qu'elle avait pour Fernande tomba devant cette offense.

## XII

### BLESSURES MORTELLES

Le crime, en tant que crime, l'effrayait encore; la victime ne l'intéressait plus.

Un soir, au salon, parmi ses pensionnaires, le docteur Favel lisait son journal; tout à coup il dit :

— C'est singulier ! Hier, dimanche, une famille d'ouvriers dînait sous une tonnelle à la barrière. Une énorme vipère est tombée sur la table; on l'a tuée sans qu'elle eût mordu autre chose qu'un malheureux chien qui s'élançait sur elle.

« Il paraît que cette vipère avait été apportée la veille dans de la fougère que le restaurateur avait fait demander pour le service de ses caves. »

On parla d'autre chose après avoir commenté ce fait-divers.

Toutefois l'impression profonde qu'il avait causée resta gravée dans la mémoire de tous et notamment de Fernande.

Le mariage d'Armand et de la pupille du docteur devait se conclure prochainement; les deux jeunes gens passaient des jours heureux, ils s'aimaient avec la grâce des natures jeunes, franches et fraîches.

Il arriva que ce soir-là le docteur fut invité à une séance scientifique qui se tenait le soir; il était impossible qu'il ne s'y rendît point. D'habitude, après le dîner, Fernande et Armand se promenaient au jardin; puis ils travaillaient ensemble, lui étudiant, elle brodant. Pour la première fois ils allaient passer toute une soirée ensemble, seuls, et ils s'en promettaient une grande joie tous deux. Armand avait trouvé le moyen de préparer à Fernande une surprise. Elle adorait les roses.

Le soir, quand il fut certain que Fernande n'irait plus dans sa chambre que pour se coucher, il alla trouver mademoiselle Léonie et lui donna un louis, puis il lui dit :

— Vous trouverez, dans la remise, des mannes apportées ce matin. Elles contiennent des roses effeuillées. Vous les répandrez sur le lit de mademoiselle Fernande et vous vous garderez de rien lui en dire.

— Bien, monsieur! dit Léonie toute joyeuse.

Et elle courut trouver Stéphane.

— Nous avons toutes les chances, dit-elle.

« D'abord le docteur ne sera pas là! De plus monsieur Armand a fait venir une charretée de roses et je dois les répandre sur le lit de mademoiselle.

— Ce qui permettra de dire que la vipère était dans ces fleurs! dit Stéphane. Tout va bien. A quatre heures je rapporterai la vipère endormie dans un sac. A huit heures tu la placeras dans son lit et j'espère que tu n'auras pas peur.

— Non! dit-elle un peu pâle.

Elle s'était habituée à l'idée du crime.

Stéphane, du reste, montrait le plus brillant avenir à sa maîtresse. Il lui avait raconté toute la vérité et lui avait expliqué qu'il était un bohémien; mais il avait su gagner une aisance assez grande que les libéralités de la comtesse pour le compte de qui il agissait allaient augmenter. Il faisait en grand le commerce de remonte pour la France, allant acheter des troupeaux considérables de chevaux en Hongrie. Il avait souvent obligé le général autrichien qu'il était censé servir et qui lui facilitait ses achats; de là, entre eux, des relations intimes; ils étaient liés par des concussions et par la complicité dans de vilaines affaires. Grand joueur, le général était souvent décavé et à la merci des usuriers; c'est dans un de ces moments qu'il avait consenti à se faire admettre dans la maison de santé du docteur; ce dont il avait besoin du reste. Se guérir, toucher dix mille francs, ne pas se compromettre en résumé, cela lui parut très agréable.

Telle était la situation des divers acteurs de la scène terrible qui allait se dérouler.

Le docteur prit congé de ses enfants, comme il les appelait, aussitôt après le dîner; comme toujours, Fernande et Armand se promenèrent longuement dans les allées; puis ils revinrent dans le petit salon du docteur et ils se mirent à travailler. Mais cent fois il quittait la plume pour prendre la main de Fernande et la baiser; celle-ci alors lui tendait son front; il y posait ses lèvres, disait une folie et se remettait au travail.

Elle ne craignait rien près de lui; jamais il n'avait risqué une caresse d'amant; il se conduisait comme un frère. Elle était aussi ignorante du péril que Léonie l'était; mais elle n'avait rien à redouter des sens; car ce qui chez l'autre était passion violente, était chez elle tendresse infinie.

Malgré la liberté que lui avait toujours largement octroyée son tuteur, elle était d'une ignorance ravissante; elle avait des naïvetés renversantes, faute d'avoir sérieusement réfléchi aux fins du mariage et à ses conséquences; elle faisait souvent à Armand des questions qui l'embarrassaient fort.

D'ordinaire, quand il avait fini son article, il jetait sa plume et causait; ce soir-là, il finit de bonne heure.

— C'est fait! dit-il. Si le directeur ne paye pas celui-là trois louis, il me volera mon argent.

— Vous finirez par gagner beaucoup, dit Fernande.

Le docteur a reçu des compliments très vifs sur votre dernière série!

— Je pense, dit Armand, arriver à me faire des années de dix mille francs.

— Nous serons riches! fit Fernande.

— Pas trop. On dépense beaucoup en ménage. Les enfants viennent et cela coûte; j'ai des amis qui ne font pas grande figure avec de bons gains à cause des nourrices.

Fernande n'avait pas les effarouchements hypocrites des jeunes personnes, qui n'osent parler de rien: cela tenait peut-être à ce qu'elle ne savait pas le fond des choses ; les secrets du ménage ne l'avaient jamais fait rêver, et, ce jour-là pour la première fois, elle y pensa:

— Armand, demanda-t-elle, si vous vouliez m'être agréable, notre premier enfant serait un garçon.

Il la regarda étonné; elle avait le limpide regard des vierges qui disent des énormités sans s'en douter. Il se mit à rire.

— Pourquoi vous moquez-vous de moi? demanda-t-elle.

Il rit de plus belle.

— Expliquez-vous, fit-elle doucement. Qu'y a-t-il de ridicule à souhaiter un garçon d'abord; j'ai mes raisons. Quand le fils est l'aîné, il protège sa sœur ; il la conduit promener... il... Mais enfin qu'avez-vous donc à rire ? Vous me faites de la peine.

Comme elle avait presque les larmes aux yeux, Armand se calma :

— Quand vous saurez, dit-il, vous rirez bien aussi de ce que vous venez de dire.

Et se levant tout à coup :

— Je ne suis plus votre fiancé! dit-il. J'entre dès ce soir dans un nouveau rôle. N'avez-vous pas une coiffe, un bonnet quelque part à me donner!

— Pourquoi donc?

— Parce que je vais me faire votre grand'mère pendant une demi-heure. Il faut cependant que vous sachiez certaines choses, et je vais vous en dire ce que je pourrai; vous vous figurerez que je suis votre respectable aïeule.

— Que de bizarreries, mon Dieu! fit-elle.

— Que de naïveté, Seigneur ! s'écria-t-il.

— Enfin... parlez...

— Je vous apprendrai d'abord que l'on n'a pas à volonté des fils ou des filles.

— Moi, je croyais, fit Fernande, que c'était par suite de désaccord entre le mari et la femme. Ainsi j'ai entendu dire à des dames : Mon mari voulait un fils, moi une fille !

— Eh bien, dit Armand, on a beau vouloir, il faut les prendre comme ils viennent.

— C'est bien ennuyeux ! murmura Fernande.

Puis elle réfléchit ; peu à peu elle rougit, son visage s'empourpra extraordinairement. Quelque lumière soudaine s'était faite dans son esprit sans doute ; elle n'osa plus lever les yeux.

Armand, garçon délicat, se contentait de la regarder à la dérobée ; il fit semblant de corriger son article. Peu à peu elle se remit de son trouble ; il laissa son manuscrit pour causer.

— Savez-vous, Fernande, demanda-t-il, quelles sont les intentions du docteur ? Quand songe-t-il à nous marier ?

— Dans trois mois, je pense ! fit-elle.

— Vous dites cela d'un air bien indifférent ! dit-il avec un certain dépit.

Sans doute la lumière qui avait brillé aux yeux de Fernande n'était qu'une lueur très faible, car elle fit une réponse incroyable.

— Mais, mon ami, demanda-t-elle, grâce au docteur qui vous permet même de m'embrasser, je ne vois pas en quoi nous serons plus heureux étant mariés. D'ailleurs une chose que le docteur ne vous a pas dite, mais que je sais, moi, c'est qu'il nous donnera ici même un appartement. Nous y serons chez nous, bien chez nous, a-t-il dit, pour que vous ne preniez pas crainte qu'il vous gêne en rien ; puis il nous offrira sa table et ce sera une grande économie pour nous. Donc, à part l'appartement, nous sommes aujourd'hui ce que nous serons dans trois mois.

Nouvel éclat de rire d'Armand.

— Il paraît, dit Fernande, que j'ai encore dit une bêtise ; je ne suis pas heureuse ce soir.

— Et cette fois, fit Armand, je ne saurais vous éclairer, ma chère Fernande.

Ce fut à son tour de rougir légèrement.

Elle s'en aperçut. Baissant la tête sur son ouvrage, elle creusa l'énigme qu'elle venait de poser elle-même; et la lueur qu'elle avait entrevue se fit sans doute plus vive, car elle fut saisie cette fois encore d'un trouble profond.

Armand s'était levé pour prendre un Montaigne qu'il étudiait souvent; il fit semblant de prendre des notes et de s'enfoncer dans le travail. Elle le crut absorbé; levant les yeux, son regard rencontra celui d'Armand qui souriait finement; à son tour, elle se mit à rire, pourtant en savait-elle beaucoup plus long qu'avant? Non. Mais elle n'ignorait plus maintenant qu'il y avait un mystère, elle se rendait compte qu'elle avait dit quelque énormité.

— Je vous parais bien niaise ! dit-elle.

— Naïve ! certifia-t-il.

Et il ajouta :

— J'en suis ravi. Et vous êtes un ange, ma chère Fernande; j'ai une folle envie de vous adorer.

Il lui prit les deux mains et lui demanda :

— Voulez-vous m'accorder une grâce ?

— Mais sans doute. Vous ai-je jamais rien refusé ?

— Je voudrais, dit-il, passer une demi-heure à vos genoux et causer de notre avenir.

— Je ne vous aime pas beaucoup en posture de suppliant, répondit-elle. Souvenez-vous de notre première rencontre. Tenez, si vous voulez, parlons de nos projets, mes mains dans les vôtres; ne nous quittons pas des yeux : je suis heureuse quand je vous regarde.

— C'est cela ! dit-il.

Elle approcha sa chaise de la sienne, et mit ses doigts roses dans les mains d'Armand.

— On dit, fit-elle, que les meilleurs maris trompent leurs femmes et en aiment d'autres. Êtes-vous bien sûr, Armand, de me rester fidèle ?

— Si je vous demandais de m'expliquer ce que vous entendez par la fidélité, vous seriez bien embarrassée, dit-il d'un air fin.

— Mais non ! dit-elle. Être fidèle c'est rester près de

sa femme ; la préférer aux autres ; ne pas la délaisser. Être infidèle, c'est en aimer une autre, c'est aller passer ses soirées chez cette autre, lui faire des cadeaux, la conduire au spectacle pendant que sa femme s'ennuie à la maison.

— Et c'est là... tout.

Elle hésita un peu, puis elle reprit :

— Pourquoi ne le dirais-je pas ?

« C'est une chose qui n'a rien de choquant ; oui, je vais vous le dire. C'est... c'est... Mon Dieu, je ne sais pourquoi ce mot me brûle la langue et me paraît difficile à dire. C'est... enfin, c'est embrasser l'autre ! »

Armand cette fois ne rit pas.

Il était très ému de tant de simplicité ; il sentait du reste l'amour l'envahir et sa tête se troublait au contact des boucles de cheveux de Fernande qui caressaient son visage, elle lui laissait prendre autant de baisers qu'il voulait sur son front.

— Ai-je bien défini l'infidélité ? demanda-t-elle.

Il ne répondit pas.

Les yeux d'Armand se troublaient ; il se sentait une irrésistible envie de saisir Fernande dans ses bras ; un instant il faillit succomber à cette tentation et ses lèvres cherchèrent la joue de la jeune fille ; mais elle se releva effrayée.

— Qu'avez-vous ? s'écria-t-elle. Armand, vous m'effrayez. Il tomba à genoux, baisant le pan de la robe de sa fiancée et s'enfuit ; elle comprit alors qu'un danger l'avait menacée et s'en effraya. Elle vit encore un peu plus clair ; les nuages se dissipaient peu à peu. Elle était grave quand Armand revint.

— Je vous demande pardon, Fernande, dit-il ; plus tard vous trouverez que je mérite votre indulgence.

Il était confus.

— Mon ami, lui dit-elle doucement, je vais prendre un sage parti.

— Lequel ? fit-il.

— Je dirai demain au docteur que je désire me marier le plus tôt possible.

« De cette façon vous n'aurez plus à vous sauver comme un fou...

Elle lui tendit la main :

— Je ne vous en veux pas, mon ami. Je vais me retirer dans ma chambre ; il est onze heures déjà.

— Bonne nuit, Fernande, dit-il. Tenez demain votre promesse !

— Pourquoi hésiterais-je ! Tout bien calculé, je crois que c'est le parti le plus sage à prendre. Allons, voici encore mon front ! Donnez-moi un baiser qui ne me fasse pas rougir, mon ami !

Il le donna comme à une sainte.

## XIII

### LE CRIME

Elle sortit... pour aller à la mort.

Léonie attendait, non sans anxiété, le moment où Fernande entrerait dans sa chambre ; à la dernière heure, le criminel le plus endurci éprouve des angoisses ; il craint que le guet-apens tendu ne réussisse pas ; il redoute les suites du meurtre.

Léonie n'était pas accoutumée à l'assassinat ; elle frémissait en songeant que dans quelques moments peut-être sa maîtresse appellerait à l'aide ; elle la voyait déjà se tordant dans les affres de l'agonie et mourant sous ses yeux. Dix fois elle fut tentée d'aller retirer la vipère ; mais la peur de Yallisch la retint. Celui-ci vint bientôt du reste rassurer Léonie et lui redonner de l'énergie. Il entra chez elle rayonnant.

— C'est fait ou tout au moins presque fait ! dit-il. Dans quelques minutes elle va crier au secours ! Mais il sera trop tard pour la sauver. Le docteur n'est pas là ! Y serait-il que ses remèdes n'y feraient rien ; le venin de l'aspic agit trop vite.

— Souffrira-t-elle beaucoup ? demanda Léonie.

— Je n'en sais rien, mais je le souhaite !

— Je préférerais la voir passer vite et sans souffrances ! dit Léonie.

— Tu as tort ! Cette fille nous a offensés ! dit haineusement Stéphane avec un sourire amer. N'a-t-elle pas dit que j'avais une tête de coiffeur et de juif !

Un cri déchirant retentit... Stéphane, l'œil étincelant, dit :

— C'est fini.

Et il donna un sauvage baiser à sa maîtresse ; un appel plus faible retentit encore.

Léonie, pâle, tremblante, se sentait envahie par une terreur subite. Mais lui, la galvanisant, la poussa dehors en lui disant à voix basse :

— Cours ! cours vite !

Et il ajouta :

— Montre-toi zélée. Pleure si tu le peux ! Moi je te suis et je tuerai l'aspic. Garde-toi d'être mordue.

Un grand bruit se faisait dans l'établissement : de toutes parts on se précipitait dans la chambre de Fernande ; l'épouvante planait sur la maison.

Fernande, encore émue de la minute d'égarement d'Armand qui venait de lui révéler tant de choses, Fernande avait pris le chemin de sa chambre. Au fond, la petite témérité de son fiancé voulant ses joues de jeune fille pour ses lèvres, cette audace si timide, ne lui avait pas déplu. Elle voyait bien qu'Armand l'aimait autrement que comme une statue.

Elle pressentait dans le mariage des félicités qui, malgré la vague idée qu'elle s'en faisait, lui semblaient un bonheur ineffable et inconnu ; elle entrait dans un monde nouveau.

Quand elle pénétra dans sa chambre, quand elle vit sous les roses son lit de jeune fille, elle fut touchée jusqu'aux larmes et murmura :

— Pauvre Armand ! Comme il m'aime !

Et se tournant du côté où elle supposait qu'il se trouvait elle lui envoya un baiser, non plus comme autrefois avec un regard doux et tendre, mais avec un éclair de passion dans les yeux. Elle se déshabilla lentement, jouant avec toutes ces roses qu'elle soulevait de temps à autre avec les deux mains pour les laisser retomber ensuite en cascades de feuilles roses et blanches mariant leurs couleurs. Qui l'eût vue ainsi, belle, pure et chaste dans la demi-nudité du costume de nuit, qui l'eût vue parmi ces fleurs et au milieu de ces parfums, l'aurait prise pour une nymphe antique, divine sous la tunique de lin.

Elle ouvrit le lit...

Mais l'aspic s'était éveillé, et irrité d'entendre le bruit des bas et de sentir les mains frôler les couvertures, il cherchait une issue pour fuir: l'instinct le guidait vers l'air; il allait s'échapper quand il fut mis à découvert et aperçut Fernande debout et terrifiée. Il s'élança.

Le reptile venimeux ne mord pas, il frappe de ses dents d'en haut comme d'un coup de marteau; il ouvre démesurément la gueule: la mâchoire inférieure se rétracte et semble disparaître dans la gorge; la mâchoire supérieure fait saillie et les crochets se dressent. Dans cette attitude la vipère est horrible; son œil noir se dilate, il devient effroyablement fascinateur; on dirait que des torrents de lave sont projetés sur vous et l'on se sent paralysé.

Ainsi s'explique l'attraction exercée par le reptile sur les animaux; l'homme lui-même la subit. Fernande était clouée sur place; l'aspic avait bondi. Elle étendit les mains pour le repousser et se défendre elle fut frappée au doigt annulaire de la main gauche, elle ressentit une douleur cuisante, puis aussitôt un frisson mortel. Elle jeta un appel désespéré, puis une plainte, et s'affaissa sur un fauteuil; elle se sentit perdue... Illusions d'avenir! Rêves d'amours! Espoirs de jeunesse! Tout s'envolait devant le spectre de la mort debout devant elle dont la main glacée l'effleurait déjà.

Alors elle pleura, pensant à son bonheur perdu et au désespoir d'Armand...

## XIV

### LE DOIGT COUPÉ

Tout à coup, sous un effort violent, la porte s'enfonça: verrous intérieurs, serrures, panneaux, tout céda. Armand parut. Il avait voulu entendre les exclamations que pousserait Fernande en voyant les roses; il se promenait doucement dans le couloir, prêtant l'oreille.

Quand elle eut dit: Pauvre garçon! Comme il m'aime!

Quand le bruit du baiser qu'elle lui envoyait, fut venu caresser son oreille, Armand tout joyeux de son succès allait se retirer ; déjà il tournait un corridor, quand retentit l'appel strident de sa fiancée.

Il accourut. Une plainte vint jusqu'à lui, et n'hésitant plus, il enfonça la porte d'un coup d'épaule et entra. Il vit Fernande en larmes et l'aspic roulé en spirale sur le plancher ; la vipère balançait sa tête et se tenait en défense après avoir en vain cherché un trou pour fuir.

Armand, sous son talon, l'écrasa et il courut à Fernande.

— Je meurs ! dit la pauvre enfant. Je meurs et je t'aime. » Elle montrait son doigt.

Il fallait couper ce doigt à l'instant.

Comment ? d'un coup de dent !

C'était affreux !

Il se mit à genoux, saisit la main de Fernande, devint livide, hésita pendant le temps qu'un éclair met à briller, et mordant avec la violence d'un tigre ce doigt charmant, il le détacha au nœud de la deuxième phalange.

Fernande éprouvait un tel engourdissement qu'elle ne s'en aperçut même pas ; elle croyait qu'il suçait sa blessure avec ses lèvres ; en ce moment il entendit des voix et du bruit.

Nous l'avons dit, il y avait en lui des instincts de Peau-Rouge ; la vie de bohême en avait fait un Mohican ; il saisit la queue de la vipère broyée et morte et il la mit dans sa poche. Plus de traces du reptile. Puis, tout en pansant Fernande, il lui dit à voix basse :

— Pas un mot du serpent ! Laissez-moi faire.

Et il s'était saisi d'un lacet avec lequel il liait le bras de la jeune fille pour arrêter la marche du venin dont une partie avait eu le temps d'envahir la main ; en même temps, il arrêtait le sang par une autre ligature du doigt coupé. Enfin il cachait la plaie par son mouchoir et jetait un peignoir sur sa fiancée. Tout cela fut fait en un clin d'œil. Il attendit. Léonie entra. Elle joua la douleur.

Armand lui dit brusquement :

— Je ne sais ce qui arrive. Vite, préparez ce lit. Otez ces fleurs.

Léonie pensa que la vipère pouvait bien être encore dans les roses; elle n'obéit pas.

— Mais faites donc ce lit! dit Armand.

— J'ai peur, monsieur, dit-elle. Si j'allais être piquée par l'aspic.

Deux pensionnaires venaient d'arriver et avaient entendu cette réponse. Armand les prit sur-le-champ à témoin.

— Vous avez entendu! dit-il, cette fille vient de parler d'un aspic.

Et lui saisissant le bras :

— Comment savez-vous, malheureuse, lui demanda-t-il, qu'il y a une vipère ici?

Léonie, troublée, prise au piège, comprit l'étendue de son imprudence ; elle essaya de donner le change.

— J'ai vu une bête fuir sous le lit et là, gagner la porte, dit-elle.

— D'où vient que vous avez pu distinguer que c'était un aspic?

— Je connais les vipères. Je suis une fille de la montagne.

— Et vous avez vu fuir l'aspic?

— Oui.

Armand dit solennellement aux deux premiers témoins et à d'autres qui venaient d'arriver:

— Cette fille a placé une vipère dans le lit de Mlle Fernande. Je vais le prouver. Elle aurait dû ignorer que la vipère avait piqué Mlle Fernande. Rien ne l'indiquait. Pourquoi alors se refuser à préparer ce lit et pourquoi me dire qu'elle craignait la piqûre du reptile si elle n'avait pas su qu'il était là?

— Mais puisque je l'ai vu se sauver! s'écria Léonie, se suspendant à cette branche de salut.

— C'est là ce qui vous condamne! dit Armand.

Et, retournant sa poche, il versa l'aspic écrasé sur un petit guéridon.

— Il n'a pu fuir! dit-il. Il est mort. Vous n'avez pu le voir. Il était dans ma poche.

Léonie était anéantie... Favel entra dans ce moment. Il vit l'aspic, Fernande, Léonie atterrée; au premier mot d'explications, il comprit tout. Il était homme de sang-froid, il se domina.

— Je crois, docteur, lui dit Armand, que vous sauverez Mlle Fernande.

Favel examina la plaie et regarda Armand d'un air admiratif.

— Mais tu as donc coupé ce doigt avec tes dents? s'écria-t-il.

— Il le fallait! dit Armand.

Le docteur lui tendit ses deux bras.

— Mon fils, dit-il, tu as eu un courage dont je n'aurais pas été capable. Elle te doit la vie.

Puis à son huissier :

— Ma trousse et du chloroforme, dit-il.

A Armand, bas à l'oreille :

— Envoie chercher le commissaire !

Et au maître d'hôtel :

— Qu'on veille sur Léonie.

Le général qui se sentait compromis, déploya tant d'exagération dans la manifestation de son chagrin, qu'il inspira de la défiance à tout le monde. Stéphane voulut parler à Léonie; le docteur dit à Armand :

— Empêchez cette fille de parler à personne.

Et Armand voulut écarter Stéphane; mais celui-ci le prit de haut. Il s'écria :

— De quel droit veut-on séquestrer ainsi cette jeune fille? C'est ma fiancée! Je lui dois ma protection. De quoi l'accuse-t-on? que lui reproche-t-on?

— On l'accuse d'avoir tenté d'assassiner sa maîtresse! dit Armand. Je pense que le commissaire jugera bon de vous arrêter comme son complice.

— Et comment est-elle coupable? Coupable de quoi, du reste?

— D'avoir placé cet aspic dans le lit.

— Vous êtes stupide de dire cela! s'écria Stéphane. L'aspic l'aurait piquée elle-même.

— On peut trouver le moyen d'endormir les vipères, dit Favel. Du reste, la justice suivra son cours régulier; le commissaire va venir. Armand, empêchez ce garçon de sortir.

Puis au général :

— Nous aurons à causer, monsieur !

Stéphane ne savait pas que Léonie s'était en quelque

sorte dénoncée elle-même; il croyait qu'aucune charge ne pesait sur elle; il conserva toute son insolence.

— Monsieur, dit-il à Armand, je ne suis pas un domestique, mais un soldat. « Vous me rendrez raison.

— Si la justice vous épargne, dit Armand, je vous rendrai en effet raison... à coups de bottes.

Et comme Stéphane devenait menaçant, Armand lui prit le bras et le serrant à le briser :

— Ma conviction est faite sur ton compte, misérable! lui dit-il à voix basse. Si tu ne te tais pas, si tu ne te tiens pas tranquille, je t'assomme comme un chien. Et ne cherche pas ton couteau dans ta botte, c'est inutile. Je veille et me défie.

Stéphane, emporté par la fureur, allait en effet tirer son catalan. Il se contint.

Après le coup de dent d'Armand il était indispensable de faire une amputation régulière; Favel voulait détacher entièrement de la main le tronçon qui restait.

Il fit respirer le chloroforme à Fernande et la jeune fille s'endormit.

En trois minutes Favel eut opéré.

Favel s'occupa ensuite de médicamenter la jeune fille et de combattre l'engourdissement doublement produit par le venin et par le chloroforme; il pria tout le monde de se rendre au salon, recommanda Léonie au maître d'hôtel et le faux Stéphane (car il s'appelait Gédéon) à Armand ; puis il fit coucher sa pupille.

Fernande, la paupière lourde, n'avait pas dit un mot jusqu'alors; mais quand, sous les remèdes énergiques que lui administra Favel, elle eut repris conscience de la situation, elle leva ses grands yeux sur son tuteur et lui demanda :

— Armand!

— Ma bonne Fernande, dit Favel, il t'a sauvée! tout à l'heure il viendra!

En ce moment on vint prévenir le docteur qu'agents et commissaires arrivaient.

— C'est bien! dit-il. « Qu'Armand remette les prisonniers aux mains de la police en priant le commissaire d'empêcher qu'ils ne se parlent! Puis qu'Armand vienne ici.

Quand le jeune homme fut là, Favel lui dit :

— Gardez-la ! Je vais livrer les coupables.

Et il se rendit au salon.

Là le commissaire verbalisait déjà ; le docteur compléta les renseignements déjà donnés, les témoins firent leur déposition. Le commissaire interrogea les accusés sommairement et il ordonna leur arrestation ; on les emmena séparément.

Favel donna ses derniers ordres et il se rendit auprès de Fernande ; le docteur trouva que l'action du venin était presque paralysée.

Favel, aidé d'Armand, continua à donner des soins vigilants à la jeune fille qui se montra courageuse et charmante ; au jour elle était aussi bien que possible ; à l'aube elle s'endormit.

Le docteur alors plaça près d'elle une garde-malade de sa maison dont il était sûr et il emmena Armand dans son cabinet.

— Mon cher, lui dit-il, vous devinez sans doute d'où vient ce coup. Il a été porté avec une habileté extrême.

— C'est la comtesse qui a imaginé ce crime ! dit Armand.

— Espérons que la justice saura trouver la preuve des machinations de la comtesse ! fit le docteur. Je vais rendre visite au ministre.

— Peuh ! dit Armand. Le ministre... la justice... Je n'ai pas confiance. « En fait de juges, j'en ai connu qui m'ont donné une triste idée des magistrats. « Mais moi, je ferai mon enquête et je découvrirai la vérité.

Favel qui connaissait le monde officiel et qui savait combien il était corrompu, ne faisait pas grand fond sur certains juges d'instruction ambitieux toujours prêts à diriger leurs enquêtes selon la volonté du gouvernement ou selon leurs intérêts ; toutefois il connaissait des magistrats intègres et il comptait du reste sur son influence pour contrebalancer les tentatives de corruption de la comtesse qui n'allait pas manquer d'employer tous les moyens pour se défendre vigoureusement.

— Laissez-moi faire d'abord, mon cher Armand, dit-il. Nous verrons ensuite à utiliser les instruments de chercheur de piste qui sont innés en vous.

Et il ajouta :

— Nous allons être tranquilles pour un temps. Il est

peu probable que la comtesse et Jallisch cherchent à nous frapper d'ici à ce que le bruit de ce premier scandale se soit apaisé.

## XV

### RUSES DE GÉDÉON

Les agents chargés d'emmener Gédéon étaient au nombre de trois; ils avaient mis les menottes au faux hussard qui leur était recommandé comme un homme d'une grande audace et d'une initiative hardie. Un individu qui a les mains liées est réputé ne pouvoir courir bien loin; le balancement des bras, est indispensable à celui qui court pour conserver son équilibre et, à moins que l'on ait fait un long exercice de gymnastique pour s'habituer à maintenir cet équilibre sans le secours des bras, on tombe au moindre obstacle.

Gédéon était bohémien, contrebandier, voleur; étant jeune il avait fait partie d'une bande d'acrobates; il connaissait tous les sports; il était souple, agile; il bondissait avec la grâce et la rapidité du chevreuil; il se moquait des menottes et des agents. La question pour lui n'était pas de savoir s'il pourrait, mais s'il devait se sauver; après y avoir mûrement réfléchi, il se décida pour ce dernier parti.

Une fois sa résolution prise, il l'exécuta avec une facilité surprenante. Placé entre deux agents, le troisième étant derrière lui, tenu de chaque côté par la poigne solide d'un des agents, le dernier se tenant prêt à prêter main-forte, Gédéon n'eut qu'à raidir les muscles de ses biceps, et à imprimer une secousse violente à ses gardiens pour se dégager par un saut brusque en arrière; il donna de l'échine dans le ventre du gardien qui suivait et fut renversé sur lui; mais il se releva avec une prestesse merveilleuse et envoya un violent coup de tête dans l'estomac à un agent qui se jetait sur lui; le seul qui restât debout fut paralysé par un coup de pied au pubis. Voilà donc trois homme à terre, deux étourdis, l'autre éprouvant d'atroces douleurs.

Gédéon arracha l'épée d'un des agents et se servant du pommeau, il les assomma tous trois comme il eût fait de trois bœufs dans un abattoir; il en releva deux, les jeta par-dessus une grille dans un terrain vague, entouré, mais non bâti comme il y en avait tant dans le parc; il déshabilla entièrement le troisième agent, prit son uniforme et son arme, le jeta à son tour par-dessus la grille et se déguisa en sergent de ville. Tout cela n'avait pas demandé plus de quatre ou cinq minutes.

Résolu à tout pour sauver Léonie, Gédéon se mit en embuscade au coin de la rue de Chézy, devant laquelle devait passer sa maîtresse, escortée de deux sergents de ville; pour éviter toute communication entre les deux accusés, le commissaire, on s'en souvient, avait donné ordre de laisser un intervalle de temps et d'espace entre les deux convois. Léonie n'avait donc quitté la maison du docteur, que vingt minutes après le départ de Gédéon; le commissaire avait jugé ainsi qu'il aurait le temps d'interroger à nouveau Gédéon et de le faire incarcérer avant la venue de sa complice. Lui-même pour arriver plus vite à son bureau, avait pris la voiture du docteur qui le ramena au poste de l'avenue en peu d'instants. Gédéon n'allait donc avoir à lutter que contre deux agents.

Lorsqu'il les entendit venir, il déboucha franchement de la rue de Chézy comme un agent qui fait sa ronde; les deux autres s'y trompèrent.

— Tiens, fit l'un, croyant reconnaître un camarade, c'est Forster.

— Eh, Forster! fit le deuxième sergent de ville, as-tu vu passer les camarades emmenant un homme, il y a un quart d'heure.

— Non, dit Gédéon en éternuant, accès de toux qui lui permettait de cacher son visage de sa main libre, comme un homme qui, en pareil cas, soutient sa tête, geste ordinaire de ceux qui souffrent d'une quinte.

— Où as-tu pris ce rhume-là? demanda l'un des agents en s'arrêtant.

Léonie, plus perspicace. Léonie éclairée par l'instinct subtil des femmes amoureuses. Léonie avait reconnu son amant; elle se tint prête à tout événement. On ne l'avait pas garottée. Inutile pour une femme. On a des égards pour le sexe et le sergent de ville français est galant.

Léonie, fille de Basque, montagnarde, résolue, intelligente, était aux aguets. Quand elle vit Gédéon, toussant toujours, allonger brusquement un coup d'épée terrible de bas en haut, dans le ventre de l'agent qui tomba sans pousser un cri, foudroyé, et que le second agent saisissait la poignée de son épée, Léonie avec une vigueur désespérée l'enlaça de ses deux bras et le gêna dans sa défense. Il fut frappé dans le dos par Gédéon qui se servit de son épée volée, comme d'un poignard la tenant à mi-lame seulement. Le coup fait, les deux assassins s'enfuirent et rentrèrent dans Paris.

La comtesse prenait aussitôt ses mesures pour les sauver.

Quatre jours après, Gédéon et sa femme mettaient le pied sur le territoire belge. Là, Gédéon et Louise prenaient le chemin de fer et gagnaient la Hongrie. Une fois dans les vastes plaines du Banat, il n'avait plus peur que personne le reconnut.

Favel vit le ministre de la justice, il le harcela.

— Les assassins ne sont que des instruments, dit-il. Je soupçonne le baron de Jallisch et la comtesse Vinceska d'avoir été les véritables fauteurs du crime, dont ma domestique ne fut que l'instrument. Je vous adjure de faire surveiller cette maison des Champs-Élysées, où s'élaborent en ce moment des crimes nombreux.

Il expliqua l'affaire de la succession.

Le préfet, frappé de certaines coïncidences, promit de prendre en mains la protection des héritiers et il tint parole.

La lutte s'agrandissait donc.

Ellora allait avoir sur les bras toute la police de Paris.

Elle était de taille à combattre ce grand combat...

## XVI

### VENGEANCE DE LENOEL

L'excellent Lenoël vivait, nous l'avons dit, à Neuilly pendant la saison d'été; pour avoir le champ libre, sa femme et son ami l'avaient encouragé à choisir l'île de la Grande-Jatte comme son quartier général.

M. Lenoël avait appris l'affaire de la vipère et il avait quitté ses lignes pour courir chez le docteur; il ne cessa de prodiguer les fritures les plus délicates qu'il envoyait vivantes à la convalescente.

Les choses en étaient là quand l'existence de Lenoël fut bouleversée; un jour il eut dispute sur l'eau avec un canotier inconnu qui dérangeait le coup du bonhomme en passant dessous par méchanceté.

— Vieux cocu, va ! dit le canotier.

— Imbécile, lui dit M. Lenoël, tu me traites de cocu et tu ne me connais pas.

— Je te connais, vieux crétin ! Et si tu ne me crois pas, va cette nuit chez toi, passe par-dessus ton mur, et si tu ne trouves pas ton ami Leblanc en train de te faire pousser des cornes de trois mètres de haut, je consens à passer pour un merlan frit.

M. Lenoël était atterré, le canotier railleur ajouta :

— Tu tais ton bec! Tu commences à voir clair dans ton affaire et tu te trouves jaune comme le ventre d'une tanche; es-tu assez cornard depuis dix ans ! Tu en prendras ton parti. Le vicomte de Nérac continuera à toucher sa paye pour caresser ta femme.

Et le canotier continua ses accablantes révélations !

Lenoël conserva au fond, malgré une colère froide et terrible, la pleine possession de ses facultés; il répondait au canotier juste ce qu'il fallait pour que celui-ci fût poussé à de nouvelles invectives, Lenoël obtint toutes les révélations capables de le convaincre de son malheur. Il aurait voulu appréhender ce canotier, mais celui-ci avait une yole trop légère pour être atteint; il fallut le laisser s'échapper.

M. Lenoël combina son plan, il plia ses lignes, regagna sa chambre, s'habilla en bourgeois, et il partit pour Paris. Là, il acheta un revolver.

Susceptible, il sentait l'outrage sanglant qui lui avait été fait chaque jour pendant tant d'années et il s'irritait d'avoir été bafoué; c'est dans cet état qu'à deux heures du matin, il renvoya son cocher. Il était en face de chez lui; il fit le tour de la maison, prit une vieille civière sur le fumier, dont Leblanc avait fait connaissance en tombant dessus, il appliqua cette civière au mur du jardin. En grimpant sur le tablier de la civière, il se trouva assez haut pour pouvoir se hisser sur le mur à la force du poignet. Point de chien, chez lui !

Mme Lenoël n'en avait jamais voulu, et cela pour cause; Leblanc entrait chaque nuit par une petite porte basse du jardin, dont il avait la clef; le chien l'eût dénoncé à la servante.

M. Lenoël arriva sans encombre jusqu'à la porte d'entrée de la maison; celle-ci était ouverte, il fallait que Leblanc pût aller et venir sans obstacles.

Lenoël pénétra donc chez lui; il avait chaussé des espadrilles. Le revolver en main, froid comme un juge, calme comme un juré, impassible comme un bourreau, il monta les escaliers lentement. Arrivé devant la porte de sa femme, sans essayer de l'ouvrir, il l'enfonça d'un coup de pied avec une vigueur qu'Armand eût admirée.

Il vit le pseudo-vicomte épouvanté sauter hors du lit et Mme Lenoël effrayée se glisser dans la ruelle.

M. Lenoël tira sur le vicomte d'abord et sur sa femme ensuite et il visa si sûrement qu'une balle suffit pour chacun des coupables. Tous deux se débattirent agonisant, pendant que la Marion accourait; elle entendit son maître dire :

— Vous m'avez trouvé bien ridicule pendant des années; je dois vous paraître terrible à cette heure. Personne ne rira plus de moi.

Et à la servante :

— Marion, dit-il, de la lumière.

Quand elle eut allumé, M. Lenoël entendait de Nérac râler son dernier souffle; Mme Lenoël était déjà morte. On éveilla des voisins qui servirent de témoins au commissaire, lorsqu'il vint arrêter Lenoël. Celui-ci eut une belle attitude.

— Messieurs, dit-il, on peut se moquer des cocus qui supportent leur honte et vous avez eu le droit pendant longtemps de me croire un mari complaisant. Vous comprenez aujourd'hui qu'il n'en était rien.

Et il ajouta :

— J'ai en vain cherché des excuses à ma femme et à son amant. Je n'en ai pas trouvé.

Tous les hommes présents vinrent serrer la main de Lenoël ; une charcutière qui jusqu'à ce jour l'avait méprisé, dit tout haut :

— Le bonhomme est un homme !

Et personne n'eut un mot pour plaindre cette bégueule de Mme Lenoël ; son amant jouissait depuis longtemps de l'aversion générale du quartier. Dès le premier jour, M. Lenoël eut pour lui l'opinion publique, mis en liberté sous caution, il passa aux prochaines assises ; le jury l'acquitta à l'unanimité ; mais il fut condamné en police correctionnelle pour coups et blessures, ayant rossé un individu qui, le premier jour où il revint pêcher après son acquittement, eut l'air de ricaner. Cette exécution d'un farceur coûta 16 francs d'amende et 30 francs de frais à M. Lenoël, mais elle lui assura la paix et la tranquillité ; on le redouta.

Inutile de dire que Favel conserva plus que jamais son affection et son estime à son ami. Armand fit de même et aussi Fernande.

## XVII

### LES CHAMPIGNONS

Ellora poursuivit son œuvre. Les Lamberquin furent expédiés en masse excepté celui d'entre eux qui était élève en médecine et qui, par bonheur pour lui, n'assistait pas au déjeuner offert à toute la famille par Lamberquin aîné, dit Ber-Ber, parce qu'il bégayait ; à la suite de ce repas toute la famille mourut dans des coliques atroces.

La justice fit son enquête. On constata que madame Lamberquin aîné avait pris l'habitude depuis deux mois environ, de se fournir auprès d'un marchand ambulant qui vendait à un bon marché tel qu'il avait eu aussitôt une bonne clientèle; ce vendeur avait livré à madame Lamberquin des champignons vénéneux, faux cèpes très difficiles à distinguer des vrais; la famille qui était de Bordeaux, adorait les cèpes et le plat avait été accueilli avec faveur. Ces pauvres Lamberquin n'avaient pas laissé une bribe de champignon, ce qui sauva les domestiques d'un trépas certain; on chercha le vendeur. Disparu !

A la suite du crime, Favel alla trouver le préfet de police; il fut le bienvenu.

— Docteur, lui dit le préfet, je sais pourquoi vous venez ici. Vous trouvez étrange que l'on ait essayé de frapper mademoiselle Fernande, n'est-ce pas? Vous allez me dire que le canotier qui a révélé à M. Lenoël la conduite de sa femme, que ce canotier, dis-je, pouvait avoir été payé pour cela. Vous allez enfin, me démontrer que le revendeur qui a empoisonné la famille Lamberquin, était payé par la main qui a déjà dirigé l'affaire de votre pupille et celle de M. de Nérac. Cette main vous jurerez vos grands dieux qu'elle appartient à la comtesse Vinceska. Eh bien, docteur, c'est ma conviction. Mais...

— Ah! il y a un *mais* ! fit Favel.

Le préfet reprit :

— Oui, docteur, il y a un *mais*... il y en a deux... il y en a trois. Le premier *mais*, c'est que nous n'avons aucune preuve contre la comtessse.

— Soit ! fit Favel. J'admets cela. Mais il reste le crime tenté sur ma pupille.

— Oui, mais les deux coupables sont en fuite. Rien ne prouve, que la comtesse les ait payés et soit leur complice.

Le préfet reprit :

— Voilà pour le premier *mais* dont je vous parlais au début. Le second *mais*, c'est l'ambassade autrichienne auprès de laquelle la comtesse jouit d'un crédit considérable; nous ne saurions accuser à la légère une femme haut placée qui est l'amie de l'ambassadrice d'une puissance amie. Le troisième *mais*, c'est que la comtesse est au mieux avec les femmes et les hommes les plus influents de l'entourage de l'impératrice. Toucher à la comtesse, sans l'écraser sous l'évidence des crimes commis, c'est la rendre plus forte que jamais et lui donner l'audace pour l'avenir. Après avoir prouvé son innocence une fois, elle se mettrait hors d'atteinte pour les autres crimes.

Favel sentit que le préfet était dans le vrai ; il baissa la tête.

— Cependant, docteur, dit le préfet, je vous prie de ne pas rester inactif et si je saisis des preuves, j'agis sans hésiter.

Le docteur n'avait plus qu'à prendre congé, il le fit et s'en alla fort blessé, avec le pressentiment qu'il serait bientôt frappé.

## XVIII

### LA PIQURE

Favel mourut de la façon la plus naturelle du monde en apparence. Tout le monde sait que M. Wallace, cet anglais archi-millionnaire qui fait tant de bien, a fondé pour ses compatriotes, habitant Paris, plusieurs petits hôpitaux dont l'un est situé à Neuilly. C'était le docteur Favel qui, dans les circonstances graves, était appelé pour éclairer de ses hautes lumières les médecins ordinaires de l'établissement.

Un jeune docteur écossais en tournée à Paris, disait-il, se présenta pour assister pendant quelques mois de ses soins, ses confrères de la maison Wallace.

Un jour, on apporta un palefrenier anglais qu'une mouche charbonneuse avait piqué ; l'homme mourut en six heures ; il était trop tard pour le sauver.

On sait combien le charbon est une maladie dangereuse ; qu'un insecte suce le sang d'un animal mort de cette infection et que se posant ensuite sur la peau d'un homme, il la traverse de son aiguillon ; si, dès le début, des remèdes énergiques ne sont pas appliqués, c'en est fait de la victime en peu d'heures ; mais ce qui est plus terrible encore que la piqûre de la mouche, c'est la coupure que se ferait avec son couteau, le berger dépouillant la bête; plus terrible encore serait celle que se ferait un médecin dans l'autopsie du cadavre. Combien d'hommes de science sont morts par ces blessures que l'on appelle des piqûres anatomiques!

Le lecteur connaissant ces détails comprendra la scène qui se passa dans l'amphithéâtre où se faisaient les autopsies de la maison Wallace. Favel, appelé près du malade, avait déclaré qu'il s'agissait d'un cas de charbon; le docteur écossais prétendit que ce n'était pas le véritable charbon: Grande querelle! Il fut décidé que l'on ouvrirait le corps et que l'on vérifierait l'état des organes, en même temps que l'on soumettrait le sang à une étude microscopique; il fit l'opération. L'état du cadavre donna raison d'abord au docteur; mais l'Écossais nia encore.

On recueillit du sang et l'on passa dans le laboratoire. Favel s'assit donc dans un fauteuil de cuir pour observer la goutte de sang au microscope; tout à coup il se releva en jurant.

— Qu'avez-vous! lui demanda-t-on.

— Il y a dans ce fauteuil une épingle oubliée par le tapissier, elle m'a piqué.

Le docteur écossais tâtant le fauteuil avec le manche d'un instrument, fit sortir la pointe d'une épingle, la saisit avec une pince et la jeta; mais il s'assit lui-même dans le fauteuil, le fit bondir et rebondir sous son poids et dit : — Il n'y a plus d'épingle!

Favel éprouvait une vive démangeaison; mais il aurait rougi de se préoccuper d'une piqûre aussi insignifiante; il reprit le fauteuil que lui offrait son confrère et il dit bientôt à ses collègues : — Messieurs, l'on voit les bactéries. Regardez, je vous prie.

Le docteur écossais s'avoua vaincu; Favel qui était toujours accablé de besognes devait ce jour-là se rendre à Fontainebleau pour faire une importante opération; il s'agissait d'une amputation; il déjeûna, prit le train direct et arriva déjà très malade à Fontainebleau; il attribua son indisposition à la colère, étant très nerveux de sa nature; il avait très péniblement contenu son indignation contre l'outrecuidance du docteur écossais; il pensa que ce malaise passerait.

La piqûre cependant était douloureuse; placée comme elle l'était, il ne pouvait la voir; il ne se douta pas de la nature du mal et se fit conduire chez son malade. Là deux médecins de la ville l'attendaient pour l'assister. Quoiqu'il souffrît beaucoup, il opéra son patient; mais en quittant la maison, il dit à ses collègues qui le voyaient défaillir.

— Je ne me sens pas bien!

Il se rendit au domicile de l'un d'eux; là, en se déshabillant, on remarqua du sang à sa chemise et une plaie; c'était une piqûre charbonneuse.

Le docteur qui lui avait offert l'hospitalité, lui demanda avec inquiétude.

— N'avez-vous pas été piqué?

— Mais si, ce matin par une épingle! dit Favel.

— Je crois que cette épingle vous a inoculé le charbon, mon cher confrère.

— Alors je suis perdu! dit Favel.

C'était vrai! On télégraphia à Paris; par malheur, ce jour-là, Armand et Fernande avaient été entraînés à une partie de plaisir sur l'eau par Lenoël; celui-ci s'était chargé de faire dîner les jeunes gens au restaurant. Il ne les ramena qu'à onze heures du soir, impossible d'aller à Fontainebleau; il n'y avait plus de train.

Le lendemain, quand Lenoël et les deux fiancés arrivèrent, ils trouvèrent le docteur mort; le charbon n'avait point pardonné...

Favel avait rapidement perdu connaissance; il ne soupçonnait personne du reste; il crut lui-même que ses mains avaient gardé quelque peu de virus après l'autopsie et qu'il se les était mal lavées; comme il avait saigné, rien d'impossible à ce que l'infection se fut produite de la sorte. Cette explication paraissait la seule possible; elle fut acceptée par tout le monde. Seuls Lenoël et Armand conservèrent des doutes; mais qui accuser? Quelles preuves donner? Il n'y avait rien à dire, rien à faire qu'à pleurer le mort.

Les obsèques furent splendides et le docteur écossais y assista...

Fernande était désespérée, Armand désolé, Lenoël se montra fort.

— Vous perdez un père, dit-il à Fernande, mais si vous voulez m'accepter comme tel, vous retrouverez en moi un oncle dévoué.

Et il se fit le plus tôt possible reconnaître comme tuteur de Fernande par le conseil de famille, devant lequel on ouvrit le testament du docteur.

Celui-ci laissait : à Lenoël, son ami, cinq mille livres de rentes sa vie durant. Le capital revenait ensuite à Fernande et à Armand qui hériteraient chacun immédiatement de quinze mille livres de rentes en bonnes valeurs.

Armand se trouvait à l'aise, on peut même dire riche par ce legs, Fernande se trouvait déjà par elle-même, à la tête de cinquante mille livres de revenu ; de plus l'immeuble de Neuilly, si la jeune fille se mariait avec Armand restait entre eux indivis et cette maison, avec son parc valait au bas mot trois cent mille francs ; mais qu'importait tout cela à ces braves et loyaux enfants qui chaque jour allaient mêler leurs larmes sur la tombe du docteur.

Deux mois s'écoulèrent.

Un soir, Lenoël qui maintenant demeurait chez sa pupille, d'après une recommandation du testament de Favel, Lenoël, disons-nous, songea que le vœu le plus cher du docteur était le mariage de ses enfants adoptifs ; il pensa que les noces seraient un moyen de combattre la tristesse de Fernande et il mit la conversation sur ce sujet.

— Ça, dit-il, vous êtes fiancés ! A quand les épousailles. Comme tuteur je suis impatient de vous accorder mon consentement.

Fernande leva ses grands yeux sur Lenoël ; il parut à celui-ci que ce regard lui reprochait quelque chose ; il répondit à ce blâme muet

— Oh, je vous comprends ! Vous êtes froissée, Fernande. Moi, je fais mon devoir. Votre tuteur voulait vous marier et je suis sûr que si nous avions pu nous trouver à son lit de mort, sa dernière recommandation eût été : « épousez-vous vite ». D'autre part, vous êtes plongée dans un chagrin qui vous tuera. Il faut vous distraire.

— Mon ami, dit Fernande, je suis plus raisonnable que vous ne pensez. Si je pouvais surmonter l'invincible répugnance que j'éprouve à me marier quand la tombe de mon tuteur est à peine fermée, je vous dirais aussitôt de publier les bans. Mais j'ai peur... j'ai peur de ce mariage qui se ferait dans le deuil. J'ai l'invincible pressentiment que cela me porterait malheur. Armand est de mon avis.

— C'est vrai! dit celui-ci. J'ai peur, aussi, moi! La mort est sur nous!

— Soit! dit Lenoël. Ne vous mariez pas encore. Je comprends votre résistance. Mais croyez-vous, Armand, que votre fiancée soit dans de bonnes conditions de santé en se complaisant dans sa mélancolie. Et vous? Avez-vous raison de vous écrier — la mort est sur nous! Vraiment c'est de la folie que se conduire comme vous faites. Si Favel pouvait nous donner un conseil, il vous crierait de vous distraire.

— Je vous ai dit, répondit Fernande, que j'étais plus raisonnable que vous ne pensez. Je consens à avouer mon chagrin et à le combattre. Voulez-vous nous conduire à la pêche. Nous allons reprendre nos longues promenades en canot d'autrefois.

— Approuvé! dit Armand. Vous avez raison, papa Lenoël. Nous avons assez broyé de noir comme ça; demain en pêche. Demain nous déjeunons et dînons sur l'herbe. Je veux, Fernande, revoir des couleurs roses sur vos joues.

Et ce fut partie convenue. Le lendemain le programme fut exécuté, de même le surlendemain. Peu à peu Fernande revint à la santé et Lenoël, s'en applaudit; mais le pauvre homme ne se doutait pas des dangers qui le menaçaient.

## XIX

### UN NAUFRAGE EN SEINE

M. Lenoël avait son bâteau de pêche dans le petit bras de Seine, en face le restaurant Nouveau-Robinson qui se trouve au-dessous du Pont-Bineau dans l'île de la Grande Jatte.

M. Lenoël était sûr de son chasse-canard, excellente embarcation du reste; il était stable sur l'eau, léger à la rame doux, à tirer. Il était du reste sorti des mains du meilleur constructeur de Paris; M. Lenoël l'avait commandé à Alcide, le fils de madame Henry qui tient les bains froids de la Jatte. Comme tout ce que fait Alcide, le bateau était élégant et solide. Son nom, La Belle Poule, s'étalait à l'arrière en lettres d'or. Or, une nuit, vers une heure, glissait sur l'eau lentement sans bruit, un autre chasse-canard, monté par deux hommes, qui vint se ranger auprès de celui de M. Lenoël. Il fût amarré à la bouée et son équipage passa dans celui de M. Lenoël. Les deux bateaux se ressemblaient si bien que M. Lenoël, lui-même, n'aurait pu dire, la nuit surtout, lequel était le sien. Les deux mariniers, avec de fausses clefs, ouvrirent les cadenas de la Belle-Poule et l'emmenèrent en amont, laissant l'autre bateau à sa place.

Etait-ce un vol? Non. Quand on s'empare d'un canot, on n'en remet pas un autre à sa place. Les deux mariniers en ramant contre le courant causaient à voix basse en langue bohémienne.

L'un d'eux dit :

— Père Siloch, vous savez que le bonhomme vient quelquefois pêcher la nuit à la balance! S'il en avait la fantaisie cette nuit, il ne reconnaîtrait pas notre bateau du sien.

— Le constructeur l'a fait sur le même gabarit, dit le gitano interpellé; il a les mêmes peintures; impossible à pareille heure de distinguer l'un de l'autre.

— Tout est-il prêt là-haut!

— Le fond est fini; il est goudronné et paré; il n'y a plus qu'à le coller.

— Le plus long et le plus difficile sera de défaire celui de la Belle-Poule.

— C'est l'affaire des autres. Il paraît que nous allons trouver là une équipe de charpentiers finis.

— Nous avons affaire à de fameux ouvriers en bateaux; ce sont des frères étrangers; ils viennent des bords du Rhin.

Celui qui avait donné ces détails était le maître de l'autre d'après la hiérarchie patriarcale établie dans les tribus des bohémiens. Ils arrivaient. Le lieu de débarquement était cette île que les pêcheurs s'entêtent à appeler l'île Rothschild et qui se nomme en réalité l'île de Puteaux; elle est longue et large; la ferme qui peuple seule sa solitude n'occupe que peu de monde; un clan de bohémiens qui avait envahi l'île tenait ce bâtiment en observation; sur les rives, il y avait de deux cents pas en deux cents pas des factionnaires.

Personne ne pouvait aborder sans être aussitôt signalé.

La Belle-Poule était attendue!

Huit hommes la reçurent, la halèrent sur le sol et l'enlevèrent comme une plume; ils la portèrent dans un chantier improvisé au milieu des arbres.

Cependant une équipe de charpentiers s'était emparée de la Belle-Poule. Comme l'avait dit Siloch, ces hommes étaient très habiles; bohémiens du Rhin, vivant sur bateaux, ils étaient experts en tout ce qui touchait la navigation; ils travaillèrent, éclairés par des lanternes sourdes qui projetaient la clarté par jets exclusivement concentrés sur l'espace nécessaire, sans irradiations, ni reflets. L'écran des lanternes était manœuvré de façon à ménager habilement la somme des rayons utiles.

Ces hommes arrachèrent les pointes qui reliaient les membrures aux barres transversales du fond; il y avait un ouvrier par membrure; ce fut vite fait; le fond lui-même fut ensuite décloué. Le nouveau fond, préparé d'avance, s'adaptait admirablement et il fut placé en peu d'instants.

En ce moment le chef des bohémiens du Rhin appela le vieillard.

— Le chasse-canard est à l'eau! dit-il. Le fond tient bien. Dans cinq ou six heures seulement l'enduit sera fondu et alors sous une charge de plusieurs personnes il sombrera d'un seul coup. Tu peux embarquer.

— C'est bien! dit Siloch. Au revoir, frère.

— Frère, au revoir. Bon succès! La reine te doit une grâce si tu réussis et je te souhaite de l'obtenir. Ton crime a été grand, mais tu l'as expié et il est bon que nos vieillards meurent dans les tribus.

Le patriarche des charpentiers qui parlait ainsi à Siloch lui serra la main à la façon des gitanos; ce fut pour Siloch comme un commencement de réhabilitation.

Il monta lestement sur la Belle-Poule et appela Ladrech d'un geste; celui-ci mit prudemment le pied sur le bateau et il essaya la force du fond.

— Ladrech, tu es un vrai fils de chrétien! lui dit Siloch avec colère. Décidément rien ne peut remplacer le sang de la race et tu ne seras jamais un vrai bohémien.

— Un peu de prudence ne nuit pas, dit Ladrech.

— Nage! commanda Siloch.

Et le chasse-canard fila sur l'eau.

Un quart d'heure après d'autres barques passaient la rivière portant les travailleurs de cette nuit pendant laquelle la mort de trois personnes fut préparée avec tant d'habileté; tous ces hommes se dispersèrent silencieusement dans la nuit. Au jour dans l'île pas de traces.

La Belle-Poule, remise en place, avait son aspect habituel; il eût fallu un examen bien attentif à Alcide, le constructeur lui-même, pour qu'il pût dire quelle transformation le bateau avait subie.

## XX

### LE CRIME

Le pêcheur est matinal. Est-ce parce que, généralement vertueux, il aime à voir lever l'aurore? Oui et non. L'aurore éveille l'appétit du poisson; de l'aube à dix heures du matin, ça mord! Voilà pourquoi le pêcheur ne s'attarde pas au lit.

Tel était M. Lenoël.

Quand à Armand, avec sa nature de sauvage, de Mohican, de Peau-Rouge et d'artiste, on comprend qu'il devait adorer le pittoresque.

Fernande aurait passé sa vie sur l'eau.

Une petite tente à l'arrière de la Belle-Poule pour l'abriter du soleil, la Seine et son merveilleux panorama de collines verdoyantes devant elle, Armand à ses côtés. Lenoël avec sa bonne figure et son œil braqué sur le bouchon, c'était pour la jeune fille une des plus heureuses situations où elle pût se trouver. Quoique un peu paresseuse, Fernande, quand il s'agissait de pêche, était presque toujours la première debout; elle se couchait à huit heures, et au premier appel de son réveil-matin elle se levait, revêtait un joli costume de fantaisie et éprouvait une joie enfantine à réveiller toute la maison.

En fait elle était charmante.

Le jour allait poindre, et dans la pénombre, la jolie figure de Fernande, sa taille svelte, les belles lignes de son corps se dessinaient en une silhouette où les reliefs commençaient à se révéler. Le frais la fit tousser. Armand, qui l'admirait, restait là, toujours étonné d'être aimé par une si belle fille; elle lui jeta sur les bras son châle.

— Allons, monsieur, dit-elle, soyez galant et ajustez mon châle.

Il l'enveloppa dans les légers plis du fin cachemire et il éprouva un plaisir infini en effleurant de sa main frémissante ces épaules et ces hanches divines; elle eut aussi des tressaillements qui se traduisirent par un long regard de tendresse à son fiancé.

Ils montèrent en calèche et deux bons chevaux les emportèrent à l'île de la Jatte.

Dans la voiture Armand se trouvait en face de Fernande, et le cahot fit que la bottine de la jeune fille effleura la sienne légèrement; ce jour-là pour la première fois depuis la mort du docteur il se sentit des audaces amoureuses; il emprisonna de ses deux pieds celui de Fernande. Elle le retira faiblement; il la regarda d'un air si suppliant qu'elle se mit à rire et lui laissa cette joie de céder.

Quand il eut remporté cette petite victoire, il s'en trouva embarrassé. Il eût voulu, par des pressions muettes, dire mille choses à cet adorable petit pied; mais il n'osait plus et il restait muet, c'est-à-dire immobile. Fernande le regarda avec un certain étonnement; l'esprit lui était venu peu à peu depuis la soirée dont nous avons raconté les scènes naïves.

Elle ne trouvait pas grand mal au choc d'une bottine contre une autre. Était-ce donc une faute! Était-ce manquer de convenance même? Ils s'aimaient, ils devaient se marier, ils se marieront quand ils voudront et il n'y avait rien à redire à un petit échange de pensées par le contact des pieds enlacés.

Pourquoi Armand se taisait-il? Il lui parut trop timide. Commencerait-elle? Non, certes... à moins d'une occasion.

Elle s'impatientait toutefois; si elle avait su ce qu'éprouvait Armand un peu de rouge serait monté à ses joues; elle ne se rendait pas compte de l'effet produit par la douce chaleur d'un jupon couvrant le bas du pantalon d'un cavalier; il se dégage un fluide enivrant qui vous engourdit d'abord et vous anime ensuite de son action pénétrante; Armand se laissait envahir et il fermait délicieusement les yeux.

Ils se taisaient... M. Lenoël l'observait; non qu'il se doutât, le cher homme, que Fernande peu à peu de déesse devenait femme et en arrivait à s'irriter de ne pas recevoir une innocente et discrète caresse. Au contraire il crut à une brouille.

— Qu'avez-vous! dit-il. Est-ce que vous vous boudez?

C'était l'occasion demandée.

— Mais non ! dit-elle. N'est-ce pas, Armand, que nous ne nous boudons pas, au contraire !

Et un très léger appel de la bottine qui semblait dire :
— Comme il se trompe ! — fut une invitation à se montrer un peu plus hardi.

Et il osa à partir de ce moment.

La course n'était pas longue ; il ne s'enhardit que bien peu, mais Fernande en descendant de la calèche était de la couleur d'une cerise ; M. Lenoël s'écria :

— Voyez, ma chère petite, comme se lever matin est d'une bonne hygiène. Vous voilà toute rouge !

— C'est l'effet de l'aurore ! dit Armand. Le ciel est pourpre au levant.

— C'est probable ! dit naïvement M. Lenoël en regardant l'orient.

Puis il reprit :

— Armand est comme un coquelicot.

Armand avait ses raisons pour ressembler à cette fleur des champs.

M. Lenoël conclut :

— Je dois avoir une tête d'écrevisse cuite, moi qui suis très monté en couleur ordinairement.

Il embarqua avec des précautions minutieuses, comme un vrai batelier qui ménage son embarcation et qui évite toute secousse.

Il tendit la main à Fernande et celle-ci sauta légèrement sur la levée.

— Mignonne, dit-il « Asseyez-vous à l'arrière. « Vous êtes toujours notre capitaine et vous tiendrez la barre pour gouverner. « Nous allons nous placer à dix mètres en avant de ce réverbère. Il y a juste sous lui un égout.

— M. Lenoël, dit Fernande, allons ailleurs ! les égouts cela gâte le paysage.

— Celui-là est sous-marin, dit en riant Lenoël, on ne le voit pas et on ne le sent pas.

Armand lança la Belle-Poule si vite que bientôt M. Lenoël cria : — Stoppe !

Il lança son ancre ; puis il pétrit de la terre, la roula en pelotte avec force blé cuit et lança une vingtaine de boules en amont.

Il s'interrompit :

— Mes enfants, dit-il, un coup de chapeau pour l'ami soleil ! « Le voici levé !

Et M. Lenoël, moitié grave, moitié souriant, retira son panama; Armand et Fernande regardèrent à l'orient, ils se laissèrent aller à la contemplation; M. Lenoël mit sa ligne à l'eau et murmura :

— C'est poétique la jeunesse, mais moi je suis pratique, et au lieu de rêvasser, je pêche.

La scène cependant était charmante et digne d'intéresser même un homme pratique; aussi M. Lenoël finit-il par oublier peu à peu sa ligne; il regarda lui aussi.

Au-dessus de la colline de Montmartre, versant ses torrents de lumière, le disque d'or du soleil éclairait Paris, les campagnes et les forêts avoisinantes; à travers les éclaircies des arbres, vers l'orient, le regard plongeait jusqu'aux cimes que couronne le Mont-Valérien, géant de pierres, gardien de la Seine; plus à gauche, s'ouvrait la trouée du Val-Fleuri et au loin les bois verdoyants s'escarpaient aux flancs des collines de Meudon. Serpentant au milieu de l'amphithéâtre décrit par la chaîne de mamelons autour de Paris, la Seine déroulait ses rubans d'argent, moirés à cette heure par les vapeurs du matin. Tout s'éveillait doucement. La fauvette de roseaux chanta la première sur la rive, mêlant sa note aux roulades des rossignols de muraille et au sifflement du merle. Un peu plus tard le pépiement des moineaux renforça le concert, les pies jetèrent des appels retentissants et les corbeaux pêcheurs descendirent sur l'eau en coassant, tandis que les hirondelles laissaient tomber en rasant la rivière leur petit cri plaintif et doux. La rosée perlait les feuilles, les herbes et les fleurs; les grands arbres bruissaient aux caresses de la brise et les joncs se balançaient avec grâce sous la double action de l'air et du courant. Sur l'eau, les nénuphars et myosotis formaient des nappes d'émeraude trouées de topaze et de turquoise, au-dessus desquelles, passant comme un trait, le martin-pêcheur faisait miroiter ses couleurs métalliques.

Peu à peu, lentement, le paysage s'anima; les vaches laitières montrèrent leurs mufles écumants à travers les taillis et la chaude buée de leurs naseaux se mêla aux froides évaporations du fleuve. Les chèvres envahirent les rives, grimpant partout et broutant les bourgeons; les chiens les poursuivaient avec des aboiements sonores; tantôt fuyant, tantôt faisant tête, les chèvres finissaient toujours par se réunir en troupeaux et par charger bravement, et ces luttes se poursuivaient à travers l'île avec des péripéties joyeuses. Le soleil devenait chaud; Fernande sentant ses rayons bienfaisants sur ses épaules ôta son châle avec un geste lent qui développa ses formes; Armand remarqua que depuis quelque mois la gorge se développait et que le sein révolté poignardait le peignoir. La jeune fille devenait femme; la hanche se révélait plus riche qu'autrefois et ses reliefs soulevaient la jupe avec une audace qui forçait le regard à se faire une fête de cette contemplation. A ces indices, on reconnaît que l'heure est venue où d'anges les filles pures aspirent à devenir madones; l'œil, toujours pur, se voile de langueur, les lèvres ont des sourires plus tendres, les poses sont plus abandonnées.

Jamais Fernande n'avait paru sous cet aspect à Armand; depuis la mort du docteur le chagrin avait jeté sur l'amour son crêpe noir. A cette heure, en ce lieu, sous le ciel bleu, sur l'eau verte, Fernande resplendissait dans l'épanouissement de sa beauté; elle était le bouton de rose que vous avez laissé la veille à peine entr'ouvert et dont le soleil du matin a brisé les enveloppes! A cet instant fugitif, la fleur offre encore des fraîcheurs de ton, des plissements soyeux de pétale qui lui conservent une grâce attrayante et naïve. Ainsi de Fernande! Elle éprouvait des sensations inconnues; elle avait des aspirations inconscientes; elle était femme enfin et ne le savait pas. Son regard rencontra celui d'Armand; ce fut comme un choc électrique. Ils se sourirent tous deux, se comprenant par la puissance de divination que l'amour met au cœur des jeunes gens puis ils jetèrent un coup d'œil furtif et rapide sur M. Lenoël qui semblait fort occupé de sa ligne à laquelle un gardon mordait; elle se pencha avec ivresse et ses lèvres reçurent un baiser passionné. Mais une vive raillerie les fit tressaillir.

M. Lenoël avait tout vu.

— Ça, dit-il, puisqu'on s'aime si tendrement, que l'on se marie! Je vais faire publier les bans. Il est temps de remplir les volontés de cet excellent docteur.

— Soit, mon ami! dit Fernande.

Et elle tendit la main à Armand.

Celui-ci, qui avait craint d'épouser une froide déesse, une statue de marbre, fut certain, de ce jour, que comme Pygmalion il l'animerait de son souffle.

— Mes enfants, dit M. Lenoël, me voilà tout joyeux : demain je fais les démarches, et je propose de partir pour l'Italie après la cérémonie.

— Nous visiterons les musées! dit Fernande. Je verrai les lacs, les Alpes, les Apennins.

— Mon idée est adoptée alors!

— A l'unanimité avec enthousiasme.

En ce moment M. Lenoël ferra un gardon et il le retira en disant :

— Attention! Ça va donner! La place est bonne. Cet égout...

— Mais quel égout? interrompit Armand. Je ne vois pas d'égout, moi.

— Il y en a un! dit Lenoël. Laissez-moi vous expliquer ça. Autrefois la Seine, qui aujourd'hui dans ce bras est surélevée de plus de deux mètres, la Seine, dis-je, coulait deux mètres plus bas. Les égouts étaient au niveau de la rivière à cette époque-là. Depuis, on a établi le barrage; l'eau a remonté et caché les bouches d'égouts. Rien d'étonnant, n'est-ce pas, à ce que l'on ne les voie plus? Mais moi je connais les emplacements. Le poisson aime les détritus qu'un égout apporte; de plus, dans le canal plein d'eau que forme l'égout submergé jusqu'à une certaine distance, il trouve un refuge où il se gare des filets et de la chasse que les brochets donnent en rivière.

« En nous plaçant en amont de l'égout, en amorçant comme j'ai fait, j'arrive à faire passer devant la retraite du poisson mon blé très odorant, grâce à une goutte de musc; les gardons, brèmes et chevennes sentent l'appât, sortent et remontent vers nous. Et hip là! je les pince.

Ce disant, M. Lenoël repiqua un henriot et le fit sauter dans le bateau.

— Vous voyez que ça mord! dit-il.

Mais les jeunes gens n'étaient plus à la pêche ; ils se remirent à causer d'Italie ; seul M. Lenoël apportait de l'attention à sa ligne et la *boutique* s'emplissait. Survint une barque.

— Ah ! dit-il, des gêneurs ! Voilà des gens qui vont pêcher !

En effet dans la barque on voyait de longues gaules en roseau ; M. Lenoël n'aimait pas avoir de voisins et il se montra contrarié ; il se rassura un peu quand il vit les nouveaux venus s'arrêter à trente mètres au moins de lui ; les nouveaux venus parurent à M. Lenoël des pêcheurs émérites ; ils prenaient bien leurs mesures.

— Ces personnes n'ont pas de bonnes figures ! fit observer Fernande.

— Si l'on jugeait les gens à la mine, on se tromperait souvent ! dit M. Lenoël.

Au même moment une autre barque débarquait du port et descendait ; ceux qui la montaient se dirigèrent en aval de la Belle-Poule et M. Lenoël remarqua, qu'excellents confrères, les pêcheurs passaient à distance. Cependant Fernande dit :

— Quel drôle de monde !

— Ce sont des *ripeurs* ! répondit Armand. Ces gens-là sont des pirates d'eau douce.

— Voilà le mauvais côté de la pêche ! dit M. Lenoël ; on est exposé à voir près de soi de la canaille ! Mais on est quitte pour ne pas lui parler.

La dernière barque se posta à quarante ou cinquante pas au-dessous de la Belle-Poule.

— Encore de bons pêcheurs ! fit Lenoël. Nous n'avons pas des mazettes pour voisins : voyez comme ils savent lancer l'amorce.

Et il se remit à pêcher.

M. Lenoël, depuis une demi-heure, avait posé une ligne à carpes ; il y en a d'énormes dans le petit bras. Tout à coup M. Lenoël vit le bouchon de sa ligne à carpe filer à fond d'un seul trait brutal. Il ferra ; la gaule plia en deux.

— Vite ! dit-il ému. Lâchez les cordes qui tiennent le bateau et laissons filer.

C'était la tactique favorite de M. Lenoël quand il tenait une grosse pièce ; il devait cette excellente méthode à l'exemple de M. Pointot. Armand se hâta. Si M. Lenoël n'avait pas lâché de la soie à l'aide de son moulinet, le monstrueux poisson qu'il retenait aurait tout emporté. Enfin le chasse-canard fut libre et la carpe le promena en rivière. Désormais à peu près sûr de dompter son poisson, M. Lenoël respira; la carpe tirait, M. Lenoël résistait, s'arcboutant au bateau qui était entraîné en avant avec la vitesse d'un cheval au petit trot.

— Elle se lassera! dit M. Lenoël. Je parie pour vingt livres.

Si M. Lenoël n'avait pas été extraordinairement occupé il se serait aperçu que, sans bruit, les pêcheurs voisins semblaient se préparer à un incident qu'ils prévoyaient sans doute ; ils avaient placé leurs crocs à portée de la main et lâché leurs amarres.

Dans une des barques Ladrech disait à Siloch :

— Vous croyez que le fond va bientôt céder?

— Je m'y attends. Les autres sont comme nous,

— Il est de fait que les secousses doivent joliment ébranler le bateau.

— Paff! Ça y est! Rame ferme.

Et Siloch se tint à l'avant le croc en main pendant que Ladrech lançait la barque; le fond de la Belle-Poule venait de tomber dans la rivière et les trois personnes qui la montaient avaient disparu sous l'eau. Les débris du chasse-canard *noyés*, comme on dit en termes de marine, avaient coulé.

La catastrophe s'était produite à quelque distance de l'égout dont on avait parlé M. Lenoël et en amont; déjà la seconde barque venait, elle aussi, sur le lieu du sinistre.

Bientôt Armand qui nageait avec une vigueur incomparable reparut soutenant Armande ; peu après M. Lenoël revint à la surface tirant sa coupe avec sang-froid.

— Du calme! dit-il. Ce n'est rien. Voilà du secours!

Et aussitôt il se sentit pris par un croc; Armand fut saisi par un autre.

Les deux barques avaient fait force de rames et portaient le secours... que nous savons; Armand et Lenoël se sentirent attirés sous l'eau loin d'être hissés.

Un sourire sinistre de Siloch que le jeune homme vit avant de disparaître lui donna un premier soupçon; avec sa force herculéenne Armand déchira facilement ses pans de vêtement dans lesquels le croc avait mordu et, sans lâcher Fernande, il plongea, fila entre deux eaux et revint à la surface.

Il se trouva que M. Lenoël avait pu, lui aussi, se débarrasser du croc; il avait vu, sous l'eau, Armand nager dans le sens du courant, il le suivit. Bientôt ils reprirent l'air.

Fernande était étourdie, mais elle respirait.

Les barques se trouvaient à quelque sept ou huit brasses et M. Lenoël entendit Armand lui dire rapidement et avec une conviction profonde:

— Ces gens veulent nous noyer!
— Ils ont décloué le bateau! dit M. Lenoël.
— Personne sur les rives! fit Armand.

En ce moment Lenoël voyant que les barques venaient rapidement à eux dit à Armand.

— Vite! vite! à terre!

Mais Ladrech manœuvrait à couper la retraite; par un hasard fatal personne en ce moment ne paraissait ni sur le quai, ni dans l'île; les noyeurs avaient beau jeu. Il fut bientôt impossible aux naufragés de conserver un doute sur les intentions de leurs adversaires; les gaffes s'allongeaient cherchant à crocher.

— Laissez-nous donc aller à terre! cria Lenoël, vous voulez donc nous assassiner?

Des ricanements lui répondirent; à force de nager, de plonger pour éviter les crocs, de faire des efforts surhumains pour déchirer les habits que les fers avaient saisi, Lenoël et Armand parurent être à bout; le vieux pêcheur dit quelque chose que les nageurs crurent être un dernier adieu, d'une voix basse et étranglée, au jeune homme et il se laissa couler. Armand épuisé ou découragé, désespérant sans doute, disparut à son tour, avec Fernande; alors les noyeurs jugeant la partie gagnée se regardèrent en riant.

Leur tâche sinistre semblait finie; ils se mirent en observation pour voir si leurs victimes reparaîtraient. Cinq minutes s'écoulèrent. Rien. Dix minutes. Toujours rien. Une demi-heure encore. Rien, absolument rien!

Alors ils hélèrent du monde.

Tous les gens de l'île vinrent les uns en bateaux, les autres sur la rive. Partout la rivière fut sondée; impossible de retrouver les cadavres!

Comme le barrage arrêtait tout à deux cents pas de là, les corps devaient être dans un espace assez restreint facile à fouiller; on jeta les filets! Pas de résultats.

Le pêcheur Fabius, expert en pareilles occasions, déclara qu'il fallait que quelque chose d'extraordinaire se fût passé, car ayant barré tout le bras avec son filet à ablettes, il aurait évidemment ramené les cadavres s'ils avaient été encore dans l'eau, des plongeurs explorèrent le lit du fleuve; ils ne virent rien.

Cette triple mort laissa dans Neuilly et dans tout Paris une pénible impression.

## XXI

### SOUS L'EAU

Ellora attendait ce jour même avec impatience le retour de Jallisch; celui-ci présidait aux recherches des scaphandres; il y apporta un soin minutieux. Ravelet avait mis trois plongeurs à l'eau; le baron en fit descendre six. Toutes les heures, Ellora envoyait demander des nouvelles et recevait même réponse : Rien! Enfin Jallisch vint lui-même :

— Ma chère Ellora, dit-il, nous sommes en face d'un problème insoluble. La police m'avait précédé. Elle n'a réussi à rien. J'ai doublé les scaphandres. Point de résultats. Il n'y a pas un coin large comme la main qui n'ait été visité. Partout la vase a été remuée, sondée et je suis sûr, sûr à mettre ma tête en jeu, que les corps ne sont point en rivière.

— Mais où seraient-ils?

Jallisch eut un geste de découragement :

— J'ai questionné Siloch! fit-il. Il a vu, bien vu les noyés disparaître et ils ne sont pas revenus à la surface. La mort est certaine.

— Mais cette mort des trois héritiers, il faut la constater, ce qui est difficile sans les cadavres. Il ne me reste qu'une ressource c'est de faire cette nuit une expérience.

— Ne serait-ce pas imprudent !

— Pourquoi imprudent ? Nous sommes des héritiers, parents, et il est bien naturel que nous cherchions à connaître ce mystère qui nous intéresse au plus haut point. Nul ne peut me blâmer de la tentative que je ferai cette nuit.

— Seul.

— Oui, seul. A quoi bon du monde ?

En ce moment un exprès arrivait : c'était Harruch. On l'introduisit. Il était minuit. Il apportait une étrange nouvelle.

M. Lenoël avait conseillé de réaliser en rentes sur l'État au porteur toute la fortune du docteur ; on avait mis les scellés dès le jour même de la noyade dans la maison des victimes et l'on venait de s'apercevoir que les scellés avaient été brisés. Toutes les valeurs avaient été enlevées ! Le concierge de la maison avait tiré deux coups de feu sur l'auteur du vol et l'on avait suivi ses traces au sang qu'il répandait. Mais on n'avait pu l'arrêter.

Jallisch était assailli de doutes.

— Je ne vois pas là-dedans une preuve de l'existence de notre ennemi ! dit-il.

Harruch sourit.

— Il vit ! répéta-t-il. Il est très habile et très rusé. J'ai connu sa mère qui était de la famille des Hirotelas, connus pour leur adresse. Il a combiné un plan.

— Lequel ? fit Ellora.

— Il veut laisser croire à sa mort, se sentant menacé par nous. Il va vivre loin de la France. Au jour de l'héritage il reviendra et il vous accusera après avoir réuni des preuves. Il vient de se voler lui-même.

— Ce serait lui qui aurait enlevé les valeurs ? demanda Ellora.

— Certainement ! dit Harruch.

L'exprès, un des parents d'Ellora, écoutait et semblait approuver Harruch.

— Il y a des détails ! fit-il. Le concierge racontait

que les chiens de la maison au lieu d'aboyer, avaient pleuré de joie comme s'ils avaient reconnu une personne aimée.

— Vous voyez ! fit Harruch. Ils gémissaient de plaisir en retrouvant leur maître. Ellora dit à Jallisch :

— Vite ! Des ordres à tout le monde. Il faut que l'on suive cette piste de sang.

— Inutile ! dit Harruch. N'importe où il ira, les tribus le signaleront ; il ne saurait se cacher.

— C'est vrai ! dit Ellora. La seule mesure à prendre est d'envoyer à tous nos frères son signalement.

— Moi je doute encore ! dit Jallisch.

Et il se prépara à sortir.

— Où vas-tu? demanda la comtesse. Tenter l'expérience dont j'ai parlé ! dit il.

Et il fit atteler.

Quand il fut sorti Ellora causa longuement encore avec Harruch ; les prédictions que celui-ci lui avait faites en forêt, il les répéta.

— Tu me prédis la mort, s'écrie-t-elle. Soit, je me risque. Mais tu me prédis aussi qu'il m'aimera ; je te demande s'il sera longtemps fidèle à cette passion pour moi.

Harruch eut un geste négatif :

— Non ! dit-il. Il ne t'aimera même jamais comme tu veux l'être !

Ellora cacha sa tête dans ses mains.

Harruch baisa le pan de la robe de sa jeune reine et regagna la chambre qu'on lui donnait dans l'hôtel.

## XXII

### MYSTÈRE

Deux hommes venaient, vers deux heures du matin, d'arriver au bord de l'eau ; ils portaient la blouse. L'un était Ravelet qui, sous ce costume, avait l'air d'un aimable voyou ; l'autre était un agent. Celui-ci se nommait Passe-Partout et il était renommé pour son ingéniosité. Ils s'installèrent sur la berge, causèrent pendant quelques instants, et Ravelet demanda :

— C'est bien ici, n'est-ce pas, presqu'en face de ce réverbère que l'affaire s'est passée ?

— Oui! dit Passe-Partout. J'ai pris mes renseignements et c'est devant nous qu'ils ont coulé.

— Alors mettez-vous à l'eau.

Passe-Partout se déshabilla, roula ses légers vêtements en paquet et il entra dans la Seine par un plongeon qui eût acquis l'approbation d'un connaisseur.

— Fouillez la rive! lui dit Ravelet quand il reparut et sondez le talus.

Passe-Partout fit comme on le lui commandait et il replongea ; au bout d'une demi-minute il reparut.

Ravelet lui demanda :

— Qu'avez-vous vu ?

— Rien qu'un égout.

— Comment il y a un égout ?

— Oui.

Ravelet se demandait pourquoi il y avait là un égout noyé par l'eau.

— Ah, j'y suis! fit-il. C'est un égout qui a été submergé quand le barrage a fait remonter le niveau du fleuve.

Et il ajouta :

— Voilà probablement la solution de l'énigme tant cherchée. A quelle hauteur se trouve l'égout ?

— Il y a six mètres de fond d'eau et l'égout se trouve à quatre mètres du fond.

— Voilà pourquoi les plongeurs des scaphandres ne me l'ont pas signalé! dit Ravelet.

Ils exploraient le creux de la Seine et ils ont négligé ce détail qui a échappé à leur vue.

— Peut-être l'ont-ils aperçu et ne s'en sont-ils pas préoccupés ! dit Passe-Partout !

— Avez-vous repris haleine? demanda Ravelet.

— Oui! dit l'agent.

Alors fouillez l'égout. Passe-Partout repiqua une tête. Ravelet l'attendit encore. Au bout d'une demi-minute, il parut au jeune commissaire que son agent restait longtemps sous l'eau et, tirant sa montre, il se mit à compter les secondes à la lumière du réverbère.

Une autre demi-minute s'écoula ; Ravelet commença à s'inquiéter. Une minute encore se passa et cette fois Ravelet se dit que son agent avait perdu respiration et courait un grand danger, sans hésiter, sans se déshabiller, il plongea à son tour cherchant l'égout.

En ce moment une ombre se redressa sur les bords du quai ; c'était un homme qui, à pas de loup, s'était approché au moment où pour la seconde fois, l'agent disparaissait sous l'eau.

Il vit aussi très distinctement plonger Ravelet, mais il ne le vit point revenir.

Cet homme était Jallisch. Il attendit pendant un quart d'heure et, pâle, tremblant, lui aussi, sur sa montre, il compta les minutes, ne voyant reparaître personne, il fut saisi d'épouvante.

— Décidément, murmura-t-il, Harruch a raison ; il y a des mystères sous les eaux.

Il examina le paquet de vêtements laissés sur la rive ; la carte d'agent de Passe-Partout lui révéla sa qualité.

— Ce sont, pensa-t-il, des hommes de police. Et ils sont sous cette eau ! Et ils ne reviennent pas décidément ! Que peut-il donc y avoir ?

Il n'eut pas le courage de sonder ce problème et de plonger ; il s'éloigna, serrant le manche de son revolver et murmurant :

— Nous ne pourrons rien contre lui !

## XXIII

### L'ÉGOUT

Si Jallisch avait su quel était l'homme qui restait indéfiniment sous l'eau et qu'il avait mille raisons de croire noyé, il eût été stupéfait de le voir le lendemain debout, bien portant, frais, dispos et joyeux dans le cabinet du préfet de police. Il y attendait celui-ci.

Quand le préfet arriva, il vit à la mine du commissaire que la nuit avait été bonne.

— Eh bien ? lui demanda-t-il, après avoir fermé avec soin la porte du cabinet.

— Monsieur le préfet, dit Ravelet, nous avons la clef du mystère. M. Lenoël est sauvé, avec les deux jeunes gens.

— Vous connaissez l'affaire des scellés ?

— Oui, monsieur.

— Vous jugez que c'est ou M. Lenoël ou le jeune homme qui a fait le coup.

— C'est Armand.

— Quel indice vous fait supposer cela ?

— M. Lenoël est bourgeois, respectueux de l'ordre et de la loi. Armand est un bohême ou plutôt était un bohême insoucieux des préjugés. Jamais, même pour prendre son bien, M. Lenoël n'aurait brisé des scellés. Ce ne peut-être que l'autre.

— Pourquoi sauvés, ne sont-ils pas tout simplement revenus à leur maison?

— Mais, M. le préfet, voilà deux fois que leur vie est menacée. Ils auront pensé à se laisser pour morts.

— Et de la sorte ils ont la sécurité.

— Alors, dit le préfet, il serait bon de savoir où ils se retireront et ce qu'ils se feront..

— Inutile de nous déranger.

— Parce que ?...

— Parce que où ira la comtesse, nous irons et notre monde ne sera pas loin. La comtesse aime M. Armand.

— Et elle a voulu l'assassiner!

— Cette contradiction inexplicable s'explique cependant, M. le préfet : La comtesse a un but, des associés; elle se trouve entre ce que j'appellerai son devoir qui est de tuer Armand comme les autres héritiers, et son amour qui a débuté par de la haine. Elle est dédaignée. Elle a des heures de tendresse et des jours d'énergie farouche où elle agit.

Mais Ravelet impatient enfin de raconter sa nuit, rompit le cours que suivait la conversation et il demanda au préfet.

— Ne voulez-vous pas entendre mon rapport sur les faits de cette nuit?

— Je vous écoute.

Ravelet reprit la parole et il raconta comment il en était venu à plonger pour repêcher Passe-Partout qui ne remontait point.

— Je descendis donc, dit-il ; je trouvai l'ouverture de l'égout dont je vous ai fait la description et qui se trouve submergé depuis l'établissement du barrage. Je m'engage en nageant toujours dans l'égout et je m'aperçois que sa pente remonte rapidement ; au bout de 5 ou 6 mètres l'eau n'atteignait plus la voûte et je respirai. J'entendis dans l'égout un bruit de pas et je ne doutai pas que ce fût Passe-Partout qui explorait les lieux après avoir pris terre. Si je ne me suis pas insuffisamment expliqué, vous avez compris, M. le préfet, que la pente de l'égout étant rapide, le fond, d'abord submergé, se relevait promptement et que la Seine cessait à peu de distance de remplir ce conduit. Bientôt même on était tout à fait à sec et je trouvais Passe-Partout prêt à revenir. Il avait fouillé l'égout et il restait convaincu comme moi que M. Lenoël et les deux jeunes gens s'étaient sauvés de cette façon-là.

— A part les probabilités, avez-vous pu trouver une preuve du fait.

— Oui, monsieur. Au lieu de sortir de l'égout par l'eau, j'ai résolu de passer une inspection. J'ai toujours, en expédition, l'indispensable rouleau de bougie, dit rat de cave, qui rend tant de service, et la boîte imperméable d'allumettes chimiques. Celle-ci se fermait par bonheur hermétiquement et je pus allumer mon rat de cave. J'éclairai le sol vaseux de l'égout.

— Vous avez trouvé des traces.

— Oui, monsieur. Tout d'abord, dans la boue, des empreintes de pied qui ne peuvent appartenir qu'au jeune colosse qui doit épouser la pupille de M. Lenoël

— Ceci devient très probant.

— Plus, dit Ravelet, une paire de gants tombée d'une poche et dont l'un n'a que quatre doigts. Ce sont des gants légers en soie que la jeune fille ne mettait qu'au fort du soleil pour empêcher ses mains de noircir au hâle et à la chaleur. Ce gant à quatre doigts prouve bien qu'il vient de Mlle Fernande.

— En effet ! dit le préfet. Elle a subi l'amputation.

— Enfin, M. le préfet, dernière preuve, et celle-là concluante aussi, nous avons ramassé un mouchoir aux initiales de M. Lenoël.

— Donc ils sont sauvés tous trois ! dit le préfet.

— Nous n'en étions pas sûrs encore ; la jeune fille pouvait avoir été asphyxiée et ne pas être revenue à la vie dans l'égout. Mais nous avons trouvé l'endroit où les deux hommes l'ont placée pour lui donner des soins. Quand elle a repris connaissance, elle s'est levée et elle a marché. Son petit pied est encore empreint sur le sol.

— Comment êtes-vous ressortis ?

— Près le regard d'égout, le même qui avait servi d'issue à M. Lenoël. Les pas s'arrêtaient à cet endroit.

Le préfet prit le rapport que lui tendait Ravelet et il lui commanda une dernière fois :

— Ne perdez pas de vue la comtesse. Si elle part, suivez-la.

— Je serais heureux d'emmener Passe-Partout ! dit Ravelet.

— Prenez-le ! dit le préfet.

— Je saurai toujours quand la comtesse quittera Paris ! fit observer le jeune homme. Une femme comme elle ne voyage pas sans faire et recevoir des visites d'adieu.

Et il prit congé du préfet qui commençait à prendre espoir.

## XXIV

### SOUS TERRE

Tout ce que venait de dire l'habile agent était vrai.

Lenoël, voyant qu'on cherchait à le noyer, eut l'heureuse inspiration de songer à l'égout ; il dit rapidement à Armand :

— Sauvons-nous par l'égout. Plongez et suivez-moi.

Le jeune homme avait obéi, mais Fernande avait failli ne jamais revenir à la vie après ces immersions prolongées.

Une fois en sûreté Armand et Lenoël l'avaient frictionnée et lui avaient insufflé de l'air dans les poumons : elle avait respiré, retrouvé ses forces et avait marché, soutenue par son fiancé. Armand et Lenoël, se voyant à l'abri pour le moment, avaient tenu conseil. Comme l'avait si bien compris Ravelet, M. Lenoël avait eu une idée fort naturelle ; il en avait fait part à Armand.

— Voilà ces misérables, avait-il dit, convaincus que nous sommes morts. Disparaissons donc. Nous tâcherons de gagner l'étranger.

— L'Italie ! avait dit Fernande.

— L'Italie, soit ! Nous y attendrons le dénoûment de ce drame et nous viendrons un beau matin, comme le spectre de Banquo, nous dresser devant la comtesse.

— Voilà un bon plan, dit Armand.

Puis il avait proposé d'attendre la nuit pour sortir de l'égout ; mais la faim se fit entendre. Armand calcula qu'il se trouvait dans le parc, sous le boulevard Eugène, peu fréquenté et qu'il y avait chance de sortir sans être vu ; il leva le couvercle de fer du regard d'égout et, ne voyant personne, il se hasarda dehors et engagea Lenoël et Fernande à monter ; puis il leur montra un terrain clos, mais non habité et couvert de taillis épais comme il s'en trouve encore dans ce quartier ; il les passa par-dessus la grille et se hissa derrière eux. Ils se cachèrent. Fernande ne faisait aucune protestation, elle était terrifiée par le péril couru.

Armand dit alors à M. Lenoël :

— En peu de temps nos vêtements seront secs en les étalant au soleil. « Tâchons de les approprier un peu et de nettoyer nos souliers. Vous n'êtes pas aussi connu que moi ; vous êtes moins remarquable comme taille. Vous irez à Levallois et vous y achèterez du pain, de la charcuterie et du vin. Vous vous procurerez aussi des vêtements d'ouvriers pour vous et moi. Fernande se déguisera en ouvrière et nous quitterons la France ainsi.

— Et de l'argent ! dit Lenoël ?

— Nous avons, pour le moment, nos porte monnaie, dit Armand. Ce soir, j'escaladerai les murs de la maison et les chiens, me flairant, n'aboieront pas. Je m'emparerai des valeurs qui sont où vous savez et qui composent notre fortune.

M. Lenoël ne vit pas d'objection à faire, seulement il murmura :

— Qui eût jamais songé que j'aurais des aventures

aussi compliquées. J'ai commis deux meurtres. Je nage en plein roman !

Et, mû par l'amour des choses terre à terre, revenant sur son idée, il reprit :

— Si nous rentrions tout bêtement chez nous ; cette fuite que nous allons exécuter me paraît invraisemblable et chimérique. C'est du roman.

Fernande se récria :

— Oh ! partons ! dit-elle. A Paris, j'ai peur...

— Gagnons donc l'Italie, dit Armand. M. Lenoël, je vous en prie, voilà vos chaussures dans un état présentable, votre pantalon et votre paletot sont secs ; allez à Levallois.

— Je cours et je reviens ! dit le bonhomme.

Mais il fit ces réflexions :

— Quand vous allez me faire passer par-dessus la grille, si un agent de police me surprenait, je serais bien humilié d'être pris pour un voleur. Moi, Lenoël, me cacher comme un scélérat, alors que je suis persécuté par des assassins ! C'est inouï ! C'est à maudire la société. C'est...

— M. Lenoël, le jour où nous verrons couper le cou au baron Jallisch, vous ne direz plus ça ; partez et revenez vite, j'ai faim.

— Et dire que nous avons un si bon déjeuner dans le panier aux provisions. Il est au fond de l'eau !

— Bien heureux de ne pas y être avec lui.

Et Armand cueillit M. Lenoël, le hissa sur la grille et aida à redescendre en le soutenant.

— Quand vous reviendrez, lui dit-il, vous vous assurerez qu'il n'y a pas de sergents de ville dans l'avenue et alors vous me donnerez le signal... Vous crierez pi iiiiit !

— Nous voilà réduits à employer des cris de reconnaissance comme les brigands ! Quelle situation !

Et, en levant les bras au ciel, M. Lenoël se mit en marche ; au fond M. Lenoël n'était pas aussi désolé qu'il le paraissait ; il trouvait un âpre bonheur à se trouver acteur dans ce drame. Il le dit plus tard :

— Certaines gens vont à l'Ambigu voir jouer des assassinats ; l'Ambigu était entré dans ma vie et j'étais l'assassiné :

Ce bon bourgeois, sans énergie, n'était pas fâché de tâter des aventures. Le voyage en Italie, la mer surtout la mer qu'il n'avait jamais vue, exerçait une fascination sur lui; il n'était pas fâché de faire les grands bras et de se poser en victime ; mais il se voyait en route pour Naples. Il savourait d'avance les jouissances qu'il se promettait ; il avait surtout des espérances de pêche fantastique.

Il fit ses achats avec adresse, parvint à ses fins et se procura très habilement ce qu'il lui fallait. Il n'oublia ni une paire de ciseaux, ni un dé, ni du fil et des aiguilles ; il revint très chargé.

Avec un soin minutieux, il s'assura que le boulevard était désert, puis, non sans une certaine émotion, il lança ce qu'il appelait le signal de la bande :

— Pi iiiiiit !

Armant parut. Il prit les paquets d'abord, puis il fit passer l'homme par-dessus la grille; il transporta vêtements et provisions dans le fond du terrain. Là, en sûreté et bien cachés, on pouvait causer; M. Lenoël s'aperçut que Fernande semblait tout attristée et préoccupée.

— Qu'y a-t-il donc ? demanda-t-il. Tout va bien pourtant. D'ici à ce soir, nous ne bougeons pas ; donc pas de danger. Cette nuit nous trouverons bien à coucher près du chemin de fer. Demain départ.

Fernande soupira.

— Qu'a-t-elle ? demanda M. Lenoël à Armand. Le savez-vous ?

Fernande répondit :

— Je croyais que nous pourrions nous marier et Armand vient de m'apprendre que les formalités à remplir dénonceraient notre existence... Il faut que nos noms soient affichés à la porte de notre mairie de Neuilly, quand même le mariage aurait lieu à l'étranger.

— Ma chère mignonne, dit M. Lenoël, consolez-vous; on avisera. Je trouverai bien une combinaison qui permettra de célébrer vos noces.

— Est-ce bien sûr ?

— Je suis persuadé qu'il y a moyen de tourner ces sortes de difficultés.

Fernande se rasséréna.

— Quel bonheur, si vous dites vrai ! fit-elle en battant des mains avec joie. Je ne sais pourquoi je m'imagine qu'une fois la femme d'Armand, je serai en sûreté et que j'aurai conjuré tout péril.

— Et moi, dit Armand, je meurs d'envie de me promener vous ayant au bras, pour femme, ma chère Fernande, il me semblera que je suis un Titan ayant conquis une déesse dans l'escalade de l'Olympe.

— De la mythologie ! s'écria M. Lenoël. De la mythologie avant déjeuner ! Ce n'est pas le moment. Vite, mettons la table.

Et M. Lenoël étala les provisions qui furent dévorées avec appétit.

L'après-midi se passa assez gaiement : mais il y avait un point noir à l'horizon prochain ; c'était la nécessité d'enlever les valeurs ; Armand s'en était chargé.

Fernande avait ajusté sa robe et s'était costumée en paysanne ; elle aurait voulu un bonnet,

— Moi je vous conseille la *fanchon*, avait dit M. Lenoël ; c'est plus paysanne.

Et elle s'était coiffée à la mode de Nanterre ce qui lui allait fort bien.

Quand Armand la vit si jolie sous ce nouvel aspect, il profita de ce que M. Lenoël s'était écarté pour endosser ses nouveaux vêtements ; le jeune homme saisit Fernande avec enthousiasme dans ses bras et il lui donna deux baisers qu'elle lui rendit. A son tour il eut à se déguiser...

Si grands que M. Lenoël eut choisi les vêtements d'Armand, ils se trouvèrent trop  rts et il eut l'air gauche d'un grand dadais de campagne qui ayant grandi trop vite montre les chevilles de ses mollets ; Fernande rit de tout son cœur en le voyant ainsi. Il s'amusa à imiter Brasseur dans ses rôles de campagnard, et la gaieté de Fernande redoubla ; on n'eût jamais pensé à les voir si joyeux, qu'ils venaient d'échapper à un guet-apens et qu'ils allaient s'exiler.

On n'emporte pas, dit-on, la patrie à la semelle de ses souliers ! Rien n'est plus vrai ; mais quand on emmène avec soi une jeune et belle fille que l'on aime, on s'occupe trop d'amour pour avoir des regrets et tourner la tête en arrière en passant la frontière.

Le soir vint. Les naufragés quittèrent le terrain et M. Lenoël proposa d'aller dîner chez quelque marchand de vin où l'on aurait la chance de ne pas être reconnu; il recommanda d'employer sans affectation le langage des paysans. Fernande eut bien de la peine à s'y mettre, mais enfin elle arriva à faire quelques cuirs et à se servir de locutions vulgaires.

Au dîner, rien de nouveau. On se promena à la recherche d'une distraction quelconque; jamais le temps n'avait paru si long à M. Lenoël.

Enfin après avoir visité des cafés-concerts et s'être fait promener en voiture, il trouva que l'heure d'agir était venue... On regagna Neuilly.

Armand obtint que M. Lenoël et Fernande l'attendraient sur l'avenue de Neuilly, et il partit seul pour son expédition.

Il savait comment entrer; il apporta au pied du mur du jardin plusieurs grosses pierres qu'il trouva devant une maison voisine en construction il monta sur cette espèce de piédestal improvisé, il atteignit ainsi de la main le crête du mur, il se hissa et fit taire à voix basse les chiens qui pleuraient des gémissements en le sentant. Du faîte, il se laissa glisser sur le sol et il pénétra dans la maison en traversant le jardin et en se dissimulant derrière des massifs. Il connaissait trop bien les êtres pour être embarrassé et il ouvrit les portes par des pesées de sa lourde épaule; c'est ainsi qu'il put s'emparer des valeurs en cherchant sans lumière le coffret qui les contenait.

Il était déjà dans la cour, quand il reconnut que le gardien avait pris l'éveil; le sol était en contre-haut dans le jardin, le mur, par conséquent, facile à franchir de l'intérieur à l'extérieur; il bondit par-dessus. Il reçut deux plombs dans le dos; mais c'étaient des blessures légères.

Il s'assura qu'il n'était pas suivi et regagna l'avenue où il retrouva M. Lenoël et Fernande; en chemin, le sang s'était arrêté; par malheur, la blouse d'Armand et son pantalon en étaient tachés.

— Eh bien! demanda M. Lenoël.

— J'ai réussi, dit-il. Seulement il faut que nous gagnions les bords de la Seine pour laver mes vêtements. J'ai reçu deux égratignures qui ne sont absolument rien, mais qui ont saigné.

Fernande se désola de ces blessures; mais M. Lenoël, lui-même, après inspection, assura que ce n'était rien. Ils durent se diriger vers la rivière, ce qui leur fit faire fausse route dans la direction de Courbevoie: Armand voulut porter Fernande.

— Non! non! disait-elle.

Mais il n'écouta pas ses protestations; il la prit dans ses bras et l'enleva. Quand elle se sentit bercée ainsi par la marche, elle posa doucement sa tête sur l'épaule de son fiancé; il eut cette joie de l'enlacer et de lui donner cent baisers dans le trajet, pendant que M. Lenoël éclairait la marche.

L'honorable pêcheur commençait à éprouver une certaine fierté de son rôle; il y a chez le bourgeois paisible, à côté de la haine pour le crime, une certaine admiration pour l'audace des grands criminels. M. Lenoël résumait plus tard ses impressions en disant à ses amis :

— Il me semblait quand je marchais ainsi, craignant la police, protégeant la marche de la bande (car il tenait à ce mot : la bande !) il me semblait, disait-il, que j'étais un brigand... sans l'être. Et ça ne me déplaisait pas !

Il signala une ronde, indiqua à sa *bande* qu'il fallait prendre une rue à gauche, il la ramena ensuite sur la droite et finalement on arriva sans encombre sur le bord de l'eau. Armand fit sa lessive pendant que Fernande, brisée par tant de fatigues, s'endormait sur l'herbe; M. Lenoël proposa au jeune homme de ne pas la réveiller.

Il fut fait comme le voulait M. Lenoël; on arriva à la gare, une fois là on prit les billets pour Lyon.

Le but du voyage était Naples.

# DEUXIÈME PARTIE

## LE FULMINANTE

### I

#### NAPLES!

Nous sommes à Naples!
Naples, la plus grande ville de l'Italie, Naples qui s'étend au pied du Vésuve, au fond de la baie la plus pittoresque de l'Europe, sous le plus beau ciel du monde.

Naples, la ville étrange, la cité des contrastes, où s'agite la population la plus ardente, la plus violente, la plus sanguinaire au jour de l'enthousiasme, de la révolte et du carnage; la plus nonchalante, la plus molle, la plus douce aux heures de la sieste, du farniente et de la plate soumission à toutes les tyrannies!

Rien ne saurait rendre l'impression qu'éprouve l'étranger en posant le pied sur les quais du port: un monde grouillant, déguenillé, bistré, demi-nu, hurlant, gesticulant, se jette sur le voyageur et sur ses bagages.

Vous hélez une voiture; dix, quinze, vingt lazaroni hissent vos paquets en geignant comme des damnés; on les dirait écrasés par un poids de mille kilos quand ils sont trois à tendre au cocher un carton à chapeau; et ils réclament la *bonne main*. C'est le pourboire. Vous leur jetez dix sous. Bataille entre eux! Cris d'injures pour vous! Ils vous interpellent.

— Tu n'as donc pas le sou, misérable *forestiero*

(étranger)! Tu pouvais rester chez toi sans venir exploiter les Napolitains.

—Ta mère était une laie !

—Ton père a fait de la fausse monnaie et tu viens du bagne.

Votre cocher vous dit :

— Jetez-leur encore quelques sous !

Vous le croyez et vous renouvelez la bonne main ; nouveau combat presque sous les roues de la voiture, jusque sous les pieds des chevaux ; nouvelles insultes ; quelquefois le voyageur novice intimidé se laisse aller à une troisième distribution, alors il devient la cause et le centre d'une émeute ; de toutes parts les lazaroni accourent, crient, tempêtent et menacent... Enfin, sur un ordre énergique, le cocher part et... tout change. C'est un concert de bénédictions ; tous ceux qui ont empoché quelques sous vous expriment leur gratitude avec exubérance et vous êtes stupéfait de ce revirement soudain. A chaque pas, vous avez de ces aventures et de ces étonnements. C'est au milieu d'une pareille cohue que M. Lenoël et ses deux compagnons débarquent ; comme toujours, ils furent entourés, tiraillés, harcelés, mais cela dura peu. Armand, qui eût montré quelque patience pour lui-même, se fâcha en voyant Fernande pâlir au milieu de cette foule ; il saisit un des lazaroni par le milieu du corps et l'envoya rouler à dix pas. C'était dangereux ! Ce peuple s'enflamme vite ; un cri, un immense cri s'éleva contre le voyageur assez audacieux pour avoir protesté de cette façon énergique contre l'exploitation dont il était l'objet ; cette clameur se prolongea le long des quais en un interminable écho.

On eût dit que cette foule prenait feu comme une traînée de poudre. — A mort ! à mort ! Telle était la note qui se détachait glapissante et sinistre sur les bruits menaçants.

Et les lazaroni se ruaient, mais à la vue d'un revolver aux mains tranquilles de M. Lenoël qui restait fort calme, ils s'arrêtèrent, toutefois ils formaient un demi-cercle épais, impénétrable et ils emprisonnaient les trois voyageurs entre eux et la mer. Ils s'exaspéraient et hurlaient :

— Vous voyez que ce sont des assassins; ils nous menacent du revolver. Ils ne passeront pas. A l'eau!

Mais Armand s'exaspéra de voir Fernande livide et prête à défaillir. Il s'élança, saisit un lazarone de chaque main, lança ces deux braillards par-dessus le cercle et ils retombèrent sur les têtes de la foule compacte; il renouvela avec une rapidité et une vigueur inouïe cette manœuvre de force qui plongea les lazaroni dans une stupeur profonde et changea leurs dispositions en un clin d'œil.

Le peuple adore le courage, il a le culte de la force parce que physiquement il est faible; puis il lui reste un vieux souvenir des temps anciens où il encensait Hercule dont les statues sont encore debout au seuil des temples et des palais ruinés.

Quand cette multitude eut vu en moins de deux minutes plus de cinquante lazaroni décrire dans les airs des courbes terminées par des chutes, si bien qu'on aurait cru contempler une pluie d'hommes, quand elle se sentit en face de ce beau garçon, superbe en ce moment de courage et d'énergie, elle se sentit en face d'un demi-dieu. Les plus rapprochés s'enfuyaient, faisant refouler les autres. Les plus éloignés riaient et applaudissaient, criant à tue-tête : «Evviva! »

Un large vide se fit autour d'Armand qui s'arrêta faute de trouver quelqu'un sous sa main; alors il se fit un certain silence. M. Lenoël, qui ne manquait pas d'un certain esprit d'à-propos, mit son revolver dans sa poche, puisa de la monnaie dans son gousset et la lançant sur les lazaroni cria : — Voilà pour les blessés! Puis montrant une pièce de cinq francs, il cria encore : — Pour ceux qui amèneront une voiture!

Ce fut une inspiration heureuse. A peine la promesse était-elle faite que tous les lazaroni se jetèrent vers les voitures; ils en amenèrent de tous côtés. Les trois voyageurs montèrent dans celle qui leur fut présentée la première et M. Lenoël allait lancer la pièce, quand on lui cria : — Non! non! la monnaie! Il se rendit à ce désir intelligent et il prit une poignée de petites pièces qu'il envoya au plus loin possible derrière la voiture; ceux qui étaient devant coururent du côté où tombait cette monnaie, si bien que le cocher put fouetter son cheval et filer sur promesse d'une *bonne main* généreuse; la voiture s'engouffra dans les rues de la ville; mais l'écho lui apportait des exclamations affaiblies attestant l'admiration et l'enthousiasme des lazaroni...

Ceux-ci étaient domptés, conquis, fascinés par la puissance musculaire prestigieuse d'Armand, par ce beau sang-froid de M. Lenoël et sa présence d'esprit et surtout par l'admirable beauté de Fernande; ils en causèrent jusqu'à deux heures du matin — car le lazarone veille tard, attendu qu'il fait la sieste tout le jour, le soir ceux qui avaient vu la scène la racontaient aux autres sur les marches des palais qui servent de lit à la populace habituée à dormir en plein air, on entendait des dialogues animés.

Dans les salons, même chant sur un autre air; on recevait ce soir-là chez la marquise de Medecapo; il y avait foule. Dans les groupes on devisait :

— Savez-vous au vrai, colonel, demandait la jeune baronne de Manzini, ce que peut être ce beau garçon qui a débarqué ce matin?

— Quel qu'il soit, signora, il a épargné au poste de bersaglier une besogne désagréable et fort rude; les lazaroni étaient furieux et dans ces cas-là ce ne sont pas dix soldats qui leur font peur. Mais l'étranger a dissipé lui-même un rassemblement dont trente carabiniers à cheval ne seraient pas venus à bout.

— Vous l'avez vu, colonel?

— Je passais quand l'affaire a commencé; sur ma vie, c'était superbe!

— Est-il aussi bien de sa personne qu'on le dit?

— Il m'a paru magnifique.

— Où est-il descendu?

— A l'hôtel de...

— Ce sont des voyageurs fort riches alors?

— Je le crois.

« On affirme qu'ils veulent louer un palais pour toute une saison.

— Merci de vos renseignements, colonel.

Et à deux pas de là, un groupe de jeunes gens parlaient de Fernande; c'était un petit abbé mondain, galantin et fort élégant qui renseignait cette jeunesse dorée :

— Vous me demandez si elle est jolie! Mais elle est

adorable, divine. La Madone avant la visite du Saint-Esprit en eût été jalouse.

— C'est une Française?
— Elle est Parisienne.
— Comment avez-vous eu ces détails?
— Elle a demandé une femme de chambre et on lui en a procuré une que je connais pour... l'avoir confessée.
— Votre pénitente a-t-elle coiffé déjà cette étrangère.
— Certainement! Il paraît qu'elle a des cheveux si longs qu'ils tombent jusque sur ses genoux ; c'est merveilleux.
— Et la main, vous ne nous dites rien de la main, ni du pied.
— Deux perfections.
— On reproche aux Françaises de n'avoir pas la taille aussi bien faite que les Napolitaines.
— Il faut croire que celle-ci fait exception ; elle est moulée à l'antique, et, ce qui est un charme tout particulier, c'est que toutes ces formes ravissantes viennent à peine d'éclore.
— Je crois qu'il faut s'attendre à mourir d'amour pour elle.
— Et mourir sans espoir; son frère ne paraît pas badiner sur les questions d'amour.
— Ce Français aurait-il le mauvais goût de se fâcher par hasard.
— J'en répondrais.
— Eh mais tant mieux!

Celui qui acceptait si gaillardement l'éventualité d'un duel était un de ces jolis spadassins, brillants et dangereux tireurs comme il y en a tant à Naples où l'on est passionné pour l'escrime. Il était résolu à faire ce qu'il avait dit.

Une nouvelle se répandit dans le salon et chacun s'en émut.

— Vous savez que le chevalier Nello envoie demain un sonnet à la belle Parisienne!
— Si le jeune homme n'est pas plus endurant avec les chevaliers qu'avec les lazaroni, il y aura certainement duel!

— Quel malheur ! dit une dame. Le chevalier est ridicule de tuer ce jeune homme avant qu'on l'ait vu.

— Que le chevalier renonce à sa folle idée pour l'amour de Dieu ! dit une autre.

— Et pour l'amour des dames ! fit un jeune homme.

Il ne fut bruit que de cela pendant toute la soirée.

Ainsi la folie d'un gentilhomme napolitain allait encore remettre en question la vie d'Armand si miraculeusement disputée jusqu'ici à tant de périls.

## II

### LE SONNET

Le lendemain matin, quelques instants après le déjeuner, à l'heure de la sieste, le majordome de l'hôtel annonçait à M. Lenoël que le valet de chambre du chevalier Nello désirait remettre une lettre de son maître. Le majordome ne disait pas à qui particulièrement était adressée cette lettre.

— Qu'est-ce que cela veut dire ! fit M. Lenoël assez étonné.

— Qu'il entre ! dit Armand.

Le valet de chambre était en grande livrée ; il se présenta gaillardement ; s'inclinant devant Fernande, il lui présenta un bouquet, et sans mot dire, avec force saluts et révérences, il se retira.

M. Lenoël fronça le sourcil ; Armand se mit à rire :

— Déjà ! fit-il.

Et à Fernande il dit :

— Lisez donc le sonnet, l'inévitable sonnet que doit contenir ce bouquet.

Fernande était troublée.

— C'est la coutume ici d'envoyer des fleurs et des vers aux jolies femmes ! dit Armand. On m'en a prévenu, et il n'y a pas à s'en fâcher.

Puis, prenant le sonnet, il en lut la traduction française que le chevalier Nello avait eu soin de placer à côté du texte italien ; vraiment ce sonnet était remarquable. Nello le devait au petit abbé qui avait si bien décrit la beauté de Fernande.

— Pas mal! fit Armand.

Il mit le sonnet dans sa poche de l'air du monde le plus indifférent; et il n'en fut plus question. On se sépara pour aller dormir jusqu'à trois heures de l'après-midi; mais Armand, avant de siester, appela le majordome dans sa chambre.

— Je désire savoir si ce Nello n'aurait pas des ennemis mortels qui seraient enchantés de le voir mort ou tout au moins gravement blessé. Il s'agit de m'indiquer deux personnes qui seraient enchantées de me servir de témoins contre ce chevalier Nello que je veux corriger.

Le majordome baissa la tête et dit avec la plus profonde humilité :

— Je suis persuadé que les chevaliers Beljioso et Fremonte, qui sont gens de bonne réputation et bien posés, seraient ravis de rendre à votre Excellence le service qu'elle demande. Et si j'osais, je...

— Vous vous proposeriez pour aller leur porter ma carte avec demande d'entretien.

— Oui, signor.

— Et je suppose que vous tiendrez votre langue sur ce que vous supposez que je suis!

— Je le jure sur le sang du Christ.

— Contentez-vous donc de présenter ma carte, de demander rendez-vous et de dire deux mots sur mes intentions.

Armand donna sa carte au majordome enchanté et il le gratifia encore une fois.

Mais il lui dit :

— Si ma sœur n'entend pas parler du duel avant qu'il ait lieu, je vous mettrai à même de comparer un *marengo*, maître Paolo. Allez.

Le marengo est un napoléon.

Nous avions oublié de dire que le majordome s'appelait Paolo; le bonhomme se retira en bénissant dans son cœur ce saint patron auquel il attribuait les bonnes chances de cette journée.

## III

### LE DÉFI.

Ayant ainsi pris ses mesures, Armand s'endormit du lourd sommeil de midi qui vous accable dans les pays chauds et vous jette dans une torpeur sans rêves; vers trois heures et demie, le jeune homme sentit sur sa figure une fraîcheur délicieuse qui chassait le sang de son front. Il ouvrit les yeux. Devant lui se trouvait, l'éventail à la main, le majordome qui, en ingénieux Italien, se servait de l'éventail pour éveiller le jeune homme.

— Vous m'apportez une réponse, maître Paolo? demanda Armand qui s'étirait paresseusement et bâillait à se démonter les mâchoires.

— Oui, signor, fit le majordome; les deux chevaliers sont dans la joie; ils vont avoir l'honneur de se présenter ici vers trois heures et demie; vous avez le temps, si vous le voulez, de vous jeter dans une voiture, de prendre un bain et de revenir frais et dispos vous habiller ici.

— Vous pensez à tout, maître Paolo.

Armand fit appeler une voiture. Une heure après, en effet, frais et dispos, il recevait la double visite attendue. Ils avaient bon et intelligent visage tous deux; ils gagnèrent la confiance d'Armand.

— Parlez-vous français? messieurs, demanda le jeune homme.

— Oui, monsieur, répondit Fremonte.

— Veuillez donc vous asseoir, je vous prie, dit Armand offrant des chaises.

Et en riant :

— Je vous reçois bien mal; mais je suis ici pour si peu de temps, que j'ai pris le premier appartement libre dans ce que l'on m'a dit être le premier hôtel de la ville.

Ici le lecteur nous permettra d'ouvrir une parenthèse

et de lui dire qu'Armand avait pris un faux nom pour la circonstance.

Il s'appelait en Italie Lucien Raymond; M. Lenoël s'était qualifié Toussaint, Fernande se nommait Louise; mais le lecteur nous saura gré, pour ne mettre aucune confusion dans le récit, de garder à tous nos personnages leurs véritables noms.

Armand aborda son sujet.

— Messieurs, dit-il, le chevalier Nello, votre ennemi, paraît-il, s'est permis d'envoyer à ma sœur un bouquet et un sonnet; je trouve que ce gentilhomme est fort impertinent, et si vous partagiez mon opinion, je vous prierais d'être mes deux témoins contre lui.

— Pour mon compte, fit Beljioso, j'accepte avec le plus grand plaisir.

— Et moi aussi! dit Fremonte.

— Nous devons cependant, observa Beljioso, vous avertir que ce Nello est d'une telle force à l'épée, que ne pas se battre avec lui n'est point considéré comme une lâcheté; il tue tout le monde.

— Le provoquer dit Fremonte, c'est se montrer téméraire et jouer sa vie à quatre-vingt-dix-neuf chances contre cent.

— Oh! fit tranquillement Armand, je blesserai ou je tuerai ce bretteur.

Les deux amis se regardèrent; la calme assurance de ce jeune homme produisait sur eux un effet profond. Armand reprit :

— Ne savez-vous pas, messieurs, où je pourrais rencontrer ce soir ce chevalier?

— Mais chez la marquise de Medecapo.

— Je n'ai pas l'honneur de la connaître.

— Nous pouvons vous présenter; elle nous y autorisera très certainement.

— Vous voudrez bien alors, messieurs, me prévenir et je me tiendrai à votre disposition.

— Nous à la vôtre et de grand cœur.

— A quelle heure dois-je aller à cette soirée? demanda Armand.

— Vers dix heures, si vous le voulez bien.

— J'irai prendre l'un de vous chez lui, si vous le permettez, messieurs.

— Je crois, dit Fremonte, que Beljioso étant au mieux avec la marquise, c'est à lui qu'est réservé l'honneur de vous conduire au palais des Medecapo.

— Vous, chevalier, dit Armand à Beljioso, vers dix heures, je passe chez vous...

Et il ajouta :

— Je partirai d'ici quand ma sœur sera endormie, il importe qu'elle ne se doute de rien.

— Nous avions compris cette nécessité, dit Fremonte.

Les deux amis se levèrent.

— Messieurs, leur recommanda Armand, pas un mot, n'est-ce pas? de cette affaire.

Et il reconduisit ses deux témoins.

## IV

### LA PROVOCATION

Vers dix heures, dans les salons du palais des Medecapo, il y avait beaucoup de monde, comme toujours : ce soir-là plus que jamais. Pourquoi? Les Italiens bien élevés sont discrets; les deux témoins d'Armand n'avaient point parlé de ses intentions de duel, mais il avait bien fallu demander à la marquise si elle accueillerait avec plaisir celui qui était à cette heure l'idole des lazaroni et le lion de Naples. La marquise avait été fort joyeuse de recevoir Armand, si joyeuse qu'elle avait prévenu ses fidèles. Donc le bruit s'était répandu que le jeune Français dont tout le monde parlait, que tout Naples avait vu à la promenade et dont tout Naples raffolait, que ce héros de l'aventure des lazaroni serait chez la marquise. Tous ceux qui avaient leurs entrées au palais des Medecapo s'étaient empressés de s'y rendre.

L'aventure des quais, des hommes jetés en l'air, de la bravoure et de la force, cela ne suffisait pas à justifier l'enthousiasme des Napolitains; mais, nous l'avons dit, Armand avait un charme particulier, une physionomie heureuse et typique, une nonchalance gracieuse, un je ne sais quoi d'indéfinissable qui le faisait aimer dès qu'il paraissait ; il produisait sur ces natures méridionales restées païennes l'effet d'un demi-dieu.

Le chevalier Nello savait comme tout le monde qu'Armand devait venir ; il s'était posé cette question : Vient-il pour moi ?

Il n'avait certes pas peur d'une rencontre à l'épée, il se considérait comme sûr de vaincre ; mais il éprouvait cependant une vague inquiétude. Maître de lui, il la dissimulait à force de volonté.

Son entrée fit quelque bruit ; la foule est subtile, elle s'imprègne de tous les souffles, s'agite sous toutes les secousses ; elle recueille les plus faibles rumeurs ; Naples s'attendait à quelque chose. Que le jeune étranger eût voulu se faire présenter à la marquise qui était la reine de l'aristocratie napolitaine, rien de plus naturel, mais il s'était beaucoup hâté. On savait l'histoire du bouquet, on observa Nello dès qu'il eut mis le pied dans les salons ; après avoir salué la marquise, il s'en fut à un groupe formé de ses amis.

— Il paraît, dit-il, que nous aurons l'occasion d'admirer ce soir cet Hercule Farnèse qui jongle avec les lazaroni ; on affirme qu'il doit venir.

— Oui ! dit-on. Ne l'as-tu pas vu déjà ?

— Non, fit Nello.

— Ce n'est pas le type de l'Hercule ; c'est plutôt une statue d'Apollon un peu plus grande que nature ; il est admirablement fait et de gracieuse figure.

— Oh ! fit Nello d'un air contrarié qu'il dissimula mal.

Et il demanda :

— Sait-on qui le présente.

— Beljioso ! répondit-on

— Je crois, dit Nello en souriant, que ce jeune homme aura mal pris l'affaire du bouquet.

— Du moment qu'il est en relation avec tes ennemis, cela paraît très probable.

Nello secoua la tête et dit en riant :

— L'occasion est charmante. Je ménagerai le frère, la sœur saura qu'à cause d'elle, je l'ai épargné et elle m'en saura beaucoup de reconnaissance.

— Pensez-vous, demanda-t-on, que ce jeune homme ose vous provoquer ici ?

— Peut-être... d'une façon indirecte.
— Ce serait inconvenant.

On annonça le chevalier Beljioso et Armand.

Armand simple, élégant, irréprochable du claque au talon de la bottine, parfait enfin, séduisant, vint s'incliner devant la marquise qui le fit asseoir près d'elle; il se montra si galant homme, selon l'expression italienne, qu'il souleva des chuchotements admiratifs; on envia fort la marquise qui pouvait causer avec ce beau garçon jugé spirituel à la mine. Questionné sur Paris que la marquise connaissait bien et qu'elle regrettait toujours, Armand fut intarissable de verve: il conta des anecdotes piquantes avec tant de tact, que le petit abbé au sonnet lui-même proclama qu'Armand avait infiniment d'esprit.

Enfin la marquise dut laisser à son invité la liberté de sa personne; le petit abbé Delmondi s'empara de lui et il se fit un malin plaisir de le conduire vers le groupe au milieu duquel se trouvait Nello.

— Venez, cher monsieur, avait dit l'abbé; je veux vous présenter à la jeunesse dorée de Naples.

Il produisit Armand au milieu du groupe des amis de Nello avec cette emphase méridionale qui nous paraît un peu choquante, mais qui est le ton ordinaire des Napolitains; Armand se mit au diapason de ces jeunes gens et l'on put tout croire d'abord qu'il n'avait aucune intention hostile contre Nello. Mais voilà qu'après une demi-heure de conversation brillante et fort animée, Armand entendit quelqu'un interpeller le chevalier sous son nom; il se donna l'air d'un homme qui jusqu'alors a parlé à quelqu'un sans le connaître et qui, s'apercevant tout à coup à qui il a affaire, affecte pour cette personne le plus profond mépris et montre par son attitude le regret de s'être commis avec elle.

— Comment, c'est là le chevalier Nello? dit Armand à l'abbé Delmondi.

— Lui-même! dit l'abbé.

— Que ne l'ai-je su plus tôt! dit Armand.

Et comme Nello lui adressait presque aussitôt une question, non seulement il n'y répondit pas, mais il affecta de tourner la tête.

— Pardon, monsieur, dit Nello pâlissant, j'ai eu

l'honneur de vous demander votre avis sur la musique de Verdi; ne vous plairait-il pas de me le dire?

Armand répondit tranquillement :

— Non, monsieur.

— Vous avez sans doute des raisons?

— D'excellentes.

— Que vous pouvez expliquer sans doute?

— Oh! d'un mot?

— Et ce mot?

— Je préférerais vous le dire ailleurs qu'ici.

— En dehors de ces messieurs, personne ne nous entend; en conséquence, vous pouvez parler.

— Soit, puisque vous m'y forcez.

Et regardant Nello en face.

— Le mot, monsieur, est celui d'assassin; je vous l'applique en toute justice, car tout homme qui abuse de sa force à l'épée pour imposer à une société ses insolences et ses vices, tout homme comme vous, monsieur, est un misérable!

— Assez! dit Nello d'une voix étranglée.

— Vous avez voulu me faire parler; je continue et vous rappelle que nous devons à la marquise d'éviter le scandale. Écoutez donc, puisque vous m'avez obligé à vous dire ce que je pense; mais quittez ces airs de panthère furieuse.

Nello fit un effort violent pour se contenir et Armand reprit :

— Je vous ai trouvé, monsieur, ridicule et impertinent, et je hais fort les fâcheux, les spadassins, les roués qui se font un jeu et un plaisir de troubler le repos des jeunes filles et des femmes par leur fatuité et qui placent de braves jeunes gens entre une mort certaine, déplorable, des plus tristes, et un affront à dévorer. Ceci dit, monsieur, vous trouverez bon sans doute que je mette à la disposition de vos témoins les chevaliers Frémonte et Beljioso; vous recevrez demain matin la leçon que vous méritez.

— Je vous jure, moi, de vous en donner une qui vous dispensera d'en recevoir d'autres! dit Nello.

— Parole de fanfaron! fit dédaigneusement Armand en tournant les talons.

Et il s'éloigna du groupe des amis de Nello, suivi de

ses témoins et de l'abbé de plus en plus engoué de son nouvel ami.

Bien entendu toute cette scène de provocation avait eu lieu sans éclat.

Nello avait sur-le-champ désigné deux de ses amis qui s'abouchèrent immédiatement avec les témoins d'Armand; les conditions furent réglées rapidement.

Les chevaliers Beljioso et Fremonte, accompagnés du petit abbé Delmondi, vinrent rendre compte à Armand de la mission dont ils étaient chargés.

— Vous vous battez demain, à l'épée, dans un petit champ fort propice aux duels, bien connu des jeunes gens de Naples et situé à 2 kilomètres (en italien un mille) de la ville.

— On est là très-bien ! fit l'abbé. Et si vous êtes vainqueur, comme je l'espère, vous serez le roi de Naples.

— A quelle heure, messieurs, faut-il partir pour arriver sur le terrain ?

— Rendez-vous à sept heures ! dit Beljioso. Il y a déjà du soleil à ce moment, mais, à cause du Fulminante, il ne faut pas sortir de Naples avant quelques heures de grand jour; il faut donner aux carabiniers (gendarmes italiens) le temps de faire patrouille.

— Qu'est-ce que le Fulminante ?

— Comment, vous êtes à Naples depuis vingt-quatre heures et vous ne savez pas ce que c'est que le Fulminante, cher monsieur Armand !

— Ma foi, non !

— C'est un bandit qui est en train de devenir si fameux, qu'il se place déjà à côté, sinon au-dessus de Fra-Diavolo lui-même.

— Oh ! oh ! fit Armand.

— Il a livré bataille à cinquante bersagliers, vingt-cinq carabiniers et cent sept miliciens ; il les a battus, leur a tué ou blessé trente-huit hommes, et le soir même de l'affaire,il venait prendre dans un bourg de trois mille âmes le syndic et le curé qui l'avaient dénoncé; en même temps, il se faisait payer une forte rançon par les notables pour ne pas incendier les maisons et égorger les habitants.

— Ce n'est pas mal, cela ! dit Armand, mais sans paraître très enthousiaste.

— Je n'en finirais pas s'il fallait vous citer les traits de bravoure de Fulminante. Parlons un peu de son caractère.

— Voyons l'homme sous le bandit ! dit Armand. Votre Fulminante me paraît assez remarquable.

— Un jour, dit l'abbé, il sut que la princesse Marguerite, cette charmante fille de Victor-Emmanuel, avait désiré le voir ; elle était ici, à Naples. Savez-vous ce que fit Fulminante ? Un matin que la princesse devait aller, sous bonne escorte, se promener en calèche hors la ville, notre bandit prit ses mesures, et la princesse fit rencontre d'une forte escouade de carabiniers menant prisonnier Fulminante. Elle fit arrêter son escorte pour regarder le captif, mais tout à coup les chevau-légers qui entouraient la princesse furent jetés à bas de leurs chevaux par les carabiniers, qui n'étaient autres que les hommes de Fulminante déguisés pour la circonstance. Vous savez ce que c'est qu'un cavalier à terre : si braves que fussent les chevau-légers, surpris, ils furent liés et réduits à l'impuissance. Fulminante salua gracieusement la princesse, lui offrit un bouquet de jolies fleurs de montagne, lui débita un sonnet et se montra du dernier galant. Puis il termina par un trait charmant. Il fit ses excuses à l'officier qui commandait les chevau-légers sur la nécessité où il s'était trouvé de lui jouer ce mauvais tour ; il lui était impossible de ne pas obéir au désir de la plus gracieuse personne de l'Italie.

— Voilà qui est parfait ! dit Armand. Un de ces jours, j'irai voir Fulminante !

— Messieurs, dit Armand, je prends congé de vous : à demain et croyez que je tiendrai ma promesse quant au chevalier Nello ; s'il n'en meurt pas, il n'en vaudra guère mieux.

Il invita ses témoins à venir souper à l'hôtel ; ce qu'ils acceptèrent. Il se retira laissant de lui la meilleure opinion du monde d'élite qui peuplait les salons de la marquise de Madecapo.

## V

### DEUX ARTISTES

Nous sommes à Naples et nous avons besoin de le constater. Le lecteur saura pourquoi tout à l'heure ; qui mieux est, nous sommes à la Pension suisse, il est minuit. Deux voyageurs viennent d'arriver ; ils ont été amenés par une barque et ils viennent, disent-ils, de l'île de Capri. Cette île s'élève au milieu de la baie de Baïa, elle est constamment fréquentée par des artistes français, des peintres surtout.

Les deux voyageurs annoncèrent qu'ils étaient l'un sculpteur et l'autre paysagiste ; tous deux Espagnols ; ils affectaient de parler l'italien avec un accent catalan très prononcé. Ils savaient le français du reste, car l'un d'eux fit une observation en cette langue à son compagnon ; ils demandèrent à souper au moment où Armand rentrait avec ses convives ; l'hôte parut embarrassé, s'attendant peu à donner un repas à pareille heure, pour six personnes. Après avoir réfléchi, il fit une offre :

— Messieurs, dit-il, j'ai une poularde froide qui peut faire le fond d'un souper ; voulez-vous souper en *table d'hôte*? Cela vaudra mieux que de découper cette remarquable volaille en deux parts, ce qui ne serait plus présentable.

Armand regarda les voyageurs qui de leur côté l'examinaient ; ils avaient des figures spirituelles et semblaient gens bien élevés ; Armand eut un sourire qui était un acquiescement ; les voyageurs saluèrent de leur côté.

— Ma foi, messieurs, dit Armand, il me semble que vous avez bonne envie d'accepter ; moi aussi, mes amis de même, et nous avons grand faim. Les sorbets italiens donnent appétit. A table, si vous voulez bien.

Le souper fut servi rapidement et la conversation s'entama au champagne ; les deux artistes restaient un peu sur la réserve, écoutant, souriant, approuvant, très affables, mais ne disant pas grand'chose. Toutefois, le sculpteur ayant entendu faire une allusion au duel d'Armand avec Nello, il demanda :

— Suis-je indiscret, messieurs, en vous priant de me dire si c'est bien du chevalier Nello qu'il s'agit comme adversaire de monsieur ?

Il montrait Armand.

— Oui, monsieur, dit Beljioso.

— Et monsieur sait quelle est l'adresse inouïe de Nello à l'épée ?

— Nous serions impardonnables de la lui avoir laissé ignorer.

— Et vous vous battez quand même, monsieur ? demanda l'artiste.

— Mais oui ! dit Armand.

Le sculpteur se leva et s'inclina profondément devant Armand, qui lui rendit son salut ; mais il semblait si profondément étonné, que le sculpteur lui dit :

— Monsieur, j'admire les supériorités en tous genres. Or, vous êtes ou aussi fort à l'escrime que le chevalier Nello ou d'une bravoure insensée. Dans les deux cas, je vous félicite.

— Monsieur, dit Armand, je suis tout simplement un frère qui veut faire respecter sa sœur.

A partir de ce moment les deux artistes observèrent Armand avec la plus grande attention ; ils s'informèrent du lieu du combat et des conditions, puis on en vint à parler de Fulminante.

— S'il allait venir interrompre notre duel ! fit Armand.

— Pourquoi cela ? demanda le sculpteur. Dire qu'il serait enchanté d'y assister, cela est probable, mais vous troubler, étant donné son caractère, cela m'étonnerait beaucoup, moi qui le connais.

— Vous le connaissez ? fit-on.

— Beaucoup.

— Mon ami a fait son buste et moi son portrait ! dit le peintre.

— Dans les montagnes ? demanda-t-on.

— En pleine montagne !

— Voilà une singulière aventure ! fit Armand.

Puis il ajouta :

— Et moi qui souhaitais le voir !

— Je vous donnerai, si vous voulez, une lettre de recommandation, dit le sculpteur.

— Volontiers et mille grâces ! répondit Armand.

Puis il demanda :

— Mais comment votre rencontre s'est-elle faite ? je vous prie, messieurs.

— Oh ! très simplement ! dit le sculpteur. Nous avons été invités par lui-même ; un jour, à Capri, dans la campagne, nous avons été abordés, au moment où nous prenions des croquis, par un jeune homme qui nous a semblé bien élevé. Nous avons causé d'un paysage que mon ami voulait peupler de brigands. Notre interlocuteur nous a demandé :

— Voudriez-vous voir de vrais brigands et les peindre au naturel ?

— Oui certes ! avons-nous dit.

— Messieurs, a-t-il fait, je suis le Fulminante : si vous trouvez que moi et ma bande en valons la peine, je vous ferai prendre un de ces jours par un homme sûr et vous serez mes hôtes pour quelques semaines. Ainsi fut fait.

— Est-ce un beau garçon, ce brigand ? demanda Armand très intéressé.

— Ni beau, ni laid ; un type !

Et les deux artistes racontèrent leurs pérégrinations avec la bande. Toutefois le récit fut écourté sur les observations de Beljioso ; il fallait qu'Armand dormît. On se sépara en se donnant rendez-vous sur le terrain.

## VI

### UNE AUBERGE NAPOLITAINE

Le terrain dont on avait parlé pour ce duel était un petit enclos appartenant à un aubergiste dont l'établissement se trouvait non loin de là ; cet aubergiste sachant la jeunesse de Naples très batailleuse avait eu l'idée d'offrir ce champ pour les duels moyennant une contribution. Or, avant l'aube, les deux artistes que nous avons vus à la Pension suisse réveillaient l'aubergiste qui s'empressa d'ouvrir mais parut fort étonné en reconnaissant ses clients.

— Vous ici, maître ? fit-il en s'adressant au sculpteur. Quelle imprudence !

— Ne tremble pas, vieux poltron ! dit le sculpteur. Est-ce que l'on me connaît ?

Puis il demanda :

— As-tu dans ton auberge une chambre d'où l'on pourrait voir à l'aide d'une lorgnette le duel qui va avoir lieu ce matin dans ton enclos ?

— Il va donc y avoir un duel ? demanda l'aubergiste tout radieux.

— Oui, maître Culumerlo ! fit le sculpteur. Et un joli duel, je t'assure. Mais hâte-toi de répondre. As-tu la chambre en question ?

— Certainement, maître.

— Hâte-toi alors de nous la donner.

L'aubergiste fit monter ses clients sur le toit de l'auberge en forme de terrasse et les plaça dans une petite chambre construite en belvédère.

— Voilà ! fit-il.

— C'est bien ! fit le sculpteur. Sers-nous ton meilleur vin blanc.

Quand ils furent seuls, bien seuls, les deux artistes se mirent à causer.

— Me diras-tu enfin, demanda le paysagiste, pourquoi nous sommes venus à Naples ?

— Et pourquoi nous sommes ici ? fit le sculpteur.

— Oui, je suis fort intrigué.

— Caro mio, dit le sculpteur qui oubliait de donner un accent catalan au dialecte napolitain, si tu étais arrivé à être le dieu de Naples et que tu visses un autre dieu élever autel contre autel, tu te préoccuperais un peu, n'est-ce pas, de cette concurrence ?

Et il reprit :

— Au fond, je ne serais pas fâché de savoir qui de moi ou de ce Français est le plus audacieux ; toutefois tu as raison, il ne s'agit pas de cela.

— Ah ! ah !

— En même temps que je le voyais, je voyais aussi la sœur, mio caro.

— Par Vénus, tu en es amoureux !
— Comme tout Naples.
— J'ai hâte de la voir.
— Ça ne peut tarder. Vers dix heures elle paraîtra au salon de l'hôtel si son frère n'est pas tué.
— Et s'il est tué ?
— Je le venge...
— Tu te battras avec Nello ?...
— Naturellement.
— Mais si le jeune homme est vainqueur ?
— Je prendrai d'autres mesures.
— Dans vingt minutes nous saurons à quoi nous en tenir !

Tous deux se levèrent et examinèrent ce qui allait se passer, des voitures amenaient les adversaires, leurs témoins et leur chirurgiens ; les deux partis gagnèrent l'enclos, les préliminaires se passèrent comme d'habitude. Nello était sûr de lui. Armand paraissait certain de triompher.

On croisa le fer ; celui qui eût revu Armand sous les armes eût été stupéfait du changement qui s'était opéré dans son jeu depuis son duel avec Jallisch ; il avait mis à profit par l'étude les avantages que lui donnaient sa taille, sa force et son agilité, tous les jours, deux fois, il avait pris leçon du maître le plus dangereux de Paris. Négligeant les finesses académiques, les poses de salle, le clinquant de l'art, il avait uniquement tiré en vue du terrain, toujours sur le sol et comme si, à chaque leçon, il se fût agi de sa *peau*.

Nello s'attendait à trouver un adversaire solide, mais lourd, il était en face d'un tigre ; Armand avait un jarret qui lui donnait l'agilité d'un félin, et il était étourdissant ! Le pauvre Nello, si supérieur qu'il fût, se trouva déconcerté ; tous ses calculs étaient renversés, et, sur le terrain, c'est une cause de démoralisation. Un homme dont le sang-froid est entamé est un homme perdu ; en deux ou trois minutes le chevalier fut hors d'haleine. Tout à coup Armand, qui tenait dans sa main gauche un papier que tout en tirant il avait pris dans la poche de son pantalon, Armand, qui avait encore toute sa vigueur, Armand sûr de son homme, fit trois pas de retraite, piqua le papier dans son épée et retomba avec furie sur le chevalier.

Dix secondes après, Nello tombait sur un genou, percé à la poitrine; on s'empressa autour de lui. Armand lui avait laissé l'épée dans le corps, et reculant de dix pas il endossait sa redingote.

Le chirurgien retira l'arme et aussi le papier qui, engagé dans l'arme, s'était teint de sang; l'abbé reconnut le sonnet...

Nello n'était pas mort; le chirurgien déclara que l'on pouvait conserver quelque espoir. Maître Culumerlo, qui savait son état, avait toujours une chambre prête pour ceux qui étaient grièvement blessés; il s'empressa de l'offrir; Nello y fut installé.

Déjà les deux artistes espagnols étaient partis, et ils galopaient vers Naples.

En chemin, l'un, Carlo, disait à son compagnon:

— Voilà une de tes espérances anéanties; tu ne peux te présenter à la sœur comme le vengeur du frère.

— C'est vrai! Mais j'ai d'autres cordes à mon arc!

Et ils entrèrent dans la ville.

## VII

### OVATION

Il serait difficile de dire quel effet foudroyant produisit à Naples la nouvelle que le chevalier Nello avait enfin trouvé son vainqueur. Comment! ce spadassin, cet invincible, ce terrible qui tenait la ville sous son épée, comment Nello avait un maître coup d'épée dans le ventre? Et qui l'avait ainsi porté à terre? Un tout jeune homme!

Plus de cent familles à Naples avaient Nello en horreur, ayant subi de lui des affronts.

Lorsque le cocher qui apportait une lettre d'Armand à M. Lenoël eut raconté les détails de ce duel, le bruit en fut répandu dans un instant; du marché aux poissons, il courut au marché des légumes et dans tous les quartiers; les domestiques se hâtèrent d'informer leurs maîtres, Naples descendit dans la rue. On vit ce jour-là ce que l'on voit bien rarement dans une ville italienne: les femmes les plus aristocratiques, faisant mander leurs amants en toute hâte, montaient en voiture avant neuf heures du matin; les équipages sillonnaient les rues. Nombre de jeunes gens louaient des voitures; un plus grand nombre de piétons sortaient de Naples. Tout ce monde se dirigeait vers l'albergo du signor Culumerlo. On eût dit d'un pèlerinage; la route se couvrait de gens qui s'avançaient joyeusement en procession.

En tête et bien avant tous, M. Lenoël était arrivé, accompagnant Fernande. Armand fut mandé…

— Soyons durs pour lui! dit M. Lenoël en prenant un air digne et sévère.

— Oui! dit Fernande d'une voix étouffée.

Et quand il parut, elle sauta bas et courut l'embrasser en pleurant.

— Oh! les femmes! les femmes! dit M. Lenoël. Elle m'avait pourtant bien promis…

Armand vint à lui.

— Monsieur… commença M. Lenoël… monsieur… Je dois vous exprimer… mon cher enfant… vous comprenez bien, n'est-ce pas?…

Et comme l'émotion l'étouffait, il embrassa, lui aussi Armand qui riait; ainsi se termina la longue mercuriale que l'on devait adresser à l'enfant prodigue. Armand eût bien voulu s'en retourner avec M. Lenoël, mais il ne pouvait planter là ses deux témoins au milieu d'un déjeuner.

— Dans une heure, dit-il, je serai à l'hôtel.

— Nous vous attendons! dit Fernande.

Comme le cocher se lançait sur la route, la tête de la procession apparut.

— Que de monde! fit M. Lenoël.

Et il demanda au cocher.

— Est-ce que d'habitude, à Naples, on se promène ainsi tous les matins?

— Jamais, Excellence.

— Qu'y a-t-il donc aujourd'hui.

— Mais, Excellence, il y a le duel. Votre neveu est l'idole de Naples.

— Je pourrai dire à l'avenir mon coquin de neveu ! fit M. Lenoël à mi-voix en clignant de l'œil à Fernande.

Mais celle-ci semblait préoccupée.

— Mon cher oncle, dit-elle, regardez donc.

— Je vois bien ! fit M. Lenoël.

— C'est scandaleux ! dit Fernande.

— Hein ! Vous dites, Fernande ?

— Je dis que c'est honteux !

— Je ne comprends plus.

— Mais, mon oncle, ces équipages sont remplis de dames, et il est révoltant de voir des femmes qui paraissent bien élevées s'afficher ainsi.

— Ah ! vous êtes jalouse, Fernande ? dit M. Lenoël.

— Non certes ! dit-elle. Je suis scandalisée, voilà tout !

M. Lenoël sourit, sachant à quoi s'en tenir; mais les dispositions de Fernande changèrent vite; elle cessa de s'indigner lorsque, des équipages, les dames lui envoyèrent les plus gracieux saluts, les plus charmants sourires; les cavaliers ôtaient respectueusement leurs chapeaux; les gens du peuple qui survinrent bientôt, montrant plus d'enthousiasme encore, poussèrent des vivats, mais avec une certaine discrétion.

Ils auraient craint d'embarrasser Fernande par des démonstrations trop vives; la jeune fille traversa de la sorte au pas du cheval les rangs de plus en plus pressés de la foule, et elle recueillit les hommages touchants de l'admiration d'une ville éprise de sa beauté. En rentrant à l'hôtel, elle vit le trottoir, la rue même, le vestibule, l'escalier jonchés de fleurs.

— Sac à papier, dit M. Lenoël, c'est comme le jour de la Fête-Dieu.

Fernande n'aurait jamais cru que rien de pareil pût lui arriver.

— Oh ! dit-elle, les Napolitains me traitent comme si j'étais la Madone, et c'est à Armand que je dois ces honneurs !

— Aussi à vous ! dit M. Lenoël. Vous êtes divinement belle ce matin.

En ce moment, deux personnes se rencontraient sur

l'escalier avec M. Lenoël et Fernande ; c'étaient les deux artistes qui avaient assisté au duel ; ils saluèrent sans affectation ; une fois au bas de l'escalier, le sculpteur poussa le coude au paysagiste.

— Eh bien ! demanda-t-il.

L'autre répondit :

— Tu avais raison ; elle est au-dessus de tout ce que j'imaginais.

Ils sortirent.

A peine étaient-ils dehors qu'ils furent suivis par un mendiant obstiné. L'homme tendait la main. Il semblait murmurer une prière. Le sculpteur le repoussait en paraissant lui dire des injures comme on fait à un importun qui vous assomme de ses quémanderies.

Or, voici ce que disait le sculpteur :

— Que tout soit prêt pour ce soir et que chaque soir on renouvelle les mêmes préparatifs.

— Ai-je bien compris ? disait le mendiant. Quatre hommes à l'auberge de Culumerlo à partir de la tombée de la nuit ; deux chevaux dans les écuries ; des relais d'heure en heure.

— Et quatre autres hommes au premier relais ! fit le sculpteur.

— C'est entendu.

Le sculpteur reprit :

— Que tout soit bien en ordre là-bas ; il faut des vivres pour un mois.

— C'est comme si cela y était !

Sur ce, le sculpteur envoya une rude bourrade au faux mendiant qui se mit à accabler le brutal d'invectives ; la comédie fut très bien jouée. Les deux artistes se promenèrent pendant quelque temps, puis ils revinrent à l'hôtel. Ils trouvèrent M. Lenoël dans le salon.

Le bonhomme avait compris que Fernande, après les émotions de la matinée, aimerait à être seule ; il l'avait laissée dans sa chambre, à ses rêveries.

Au salon, M. Lenoël était entouré ; on le questionnait sur les détails du duel. Il les ignorait. Les deux artistes saluèrent le bonhomme, et le sculpteur se mêla à la conversation.

— Si vous voulez le permettre, dit-il, ayant assisté au combat, je vous dirai ce qui s'est passé. Hier le hasard nous fit souper avec votre neveu, et nous sûmes ainsi qu'il devait se battre; nous nous intéressons beaucoup à lui. Ce matin nous avons loué la terrasse Culumerlo et nous avons tout vu. Sur ce, le sculpteur s'empara littéralement de M. Lenoël, et ils causèrent tant et si bien qu'ils devinrent les meilleurs amis du monde.

Depuis ce moment, M. Lenoël fut dominé, fasciné par les deux artistes qui flattèrent toutes ses manies; le bonhomme aimait jouer aux échecs, les jeunes gens firent avec lui deux parties brillantes; il causa pêche, le paysagiste, qui paraissait très fort sur ce sujet, lui proposa de harponner des thons. Enfin M. Lenoël fut enchanté de ses nouvelles connaissances, et quand le déjeuner sonna, vers onze heures et demie, le bonhomme présenta les deux artistes à Fernande qui descendait pour prendre place à la table d'hôte.

— Armand, dit M. Lenoël, n'est pas encore revenu; voici ma chère enfant, deux voyageurs avec lesquels il a soupé hier et qui ont vu l'affaire ce matin. Ces messieurs vous donneront de curieux détails.

Fernande fit bon accueil aux deux étrangers; vers le milieu du repas, grand bruit dans la rue.

— Voici Armand qui revient sans doute ! dit M. Lenoël en courant à la fenêtre.

C'était en effet Armand qui rentrait au milieu des applaudissements enthousiastes; lorsque Garibaldi fit son entrée à Naples, il n'y eut pas plus de vivats. Les lazaroni raffolaient si bien de leur nouvelle idole, qu'on en voyait, après des trépignements insensés, rouler épileptiques sur le sol; la voiture d'Armand était remplie de bouquets; elle était portée par la multitude.

Les équipages avaient dû céder devant la poussée des piétons; le peuple s'était emparé d'Armand qui descendit au milieu de cris assourdissants; il fallut fermer la porte de l'hôtel pour contenir la foule qui eût envahi la maison et Armand fut obligé de se montrer plusieurs fois à la fenêtre pour saluer le peuple.

Enfin, vers une heure, la foule s'écoula peu à peu et Naples reprit sa physionomie habituelle, mais comme l'avait prédit Beljioso, les bouquets et les sonnets ne cessèrent de s'amonceler sous le vestibule de l'hôtel; après le déjeuner, Armand, très fatigué, se coucha : Fernande, avait, même à Paris, l'habitude de la sieste ; elle se retira dans sa chambre.

M. Lenoël, qui ne dormait jamais dans le jour, retomba aux mains des deux artistes; ceux-ci lui proposèrent d'aller au café et M. Lenoël accepta.

## VIII

### EN BONNE FORTUNE

M. Lenoël connaissait trop peu Naples pour avoir un café de prédilection. Il se laissa donc guider.

— Mon cher ami, dit le sculpteur à Carlo, le paysagiste, j'ai une petite course à faire, dix minutes à peine ; je saute en voiture et je vous rejoins sur le port chez Fontana où les sorbets sont exquis.

Et il laissa M. Lenoël avec le paysagiste ; chose assez singulière.

Il donna pour adresse au cocher :
— Chez Fontana.

Pourquoi donc voulait-il précéder M. Lenoël dans cet établissement ?

Le sculpteur sauta rapidement de la voiture quand il fut devant le café, et il héla :

Antonio !...

Un garçon accourut.

— Mon ami, lui dit le sculpteur à voix basse, *il fait jour la nuit, n'est-ce pas ?*

— *Quand les allumettes flambent !* dit le garçon qui devint pâle tout à coup.

En italien les allumettes s'appellent des *fulminantes*.

Et le cocher, clignant de l'œil, laissa le sculpteur au milieu de la chaussée.

— Je crois qu'il y aura des lueurs cette nuit dans la montagne, *les allumettes flambent...* dit tout bas le cocher !

Et il fouetta ses deux chevaux qui partirent au galop.

Le sculpteur revint ensuite au café; il y trouva M. Lenoël et le paysagiste, qui avaient déjà commencé une partie d'échecs.

Devant M. Lenoël, se trouvait une tasse de café, demi-vide.

Voyant M. Lenoël plongé dans les méditations de son jeu, le sculpteur se mit à dessiner sur son album des croquis de matelots et de femmes du peuple; à vrai dire, il montrait un rare talent dans ces esquisses. Une bonne demi-heure se passa, à la fin de laquelle M. Lenoël, tout joyeux, put enfin s'écrier :

— Mat! vous avez perdu, cher monsieur.

— Revanche! demanda le paysagiste.

— Dans un instant, si voulez! dit M. Lenoël en se frottant le front. Je suis alourdi.

— Vous avez bu un verre de Marsala de trop, le café va dissiper cela.

— Je vous assure que je n'ai pas vidé mon verre sans avoir mouillé mon vin.

Regardant le carnet du sculpteur : Oh! que c'est joli! fit-il. Quelles ravissantes petites femmes.

Le sculpteur lui tendit le carnet.

M. Lenoël feuilleta l'album et il poussa bientôt de petites exclamations joyeuses; il voyait des faunes et des satyres se livrer à des poursuites amusantes contre des bacchantes et des nymphes; il y avait des chutes si charmantes et si élégantes, des baisers si bien donnés, si bien reçus, des enlacements si gracieux et si savants, que M. Lenoël s'allumait à vue d'œil au feu dangereux de la luxure.

En ce moment, il se fit quelque rumeur, et M. Lenoël levant la tête dit :

— Dieu! la jolie bouquetière.

— Eh! fit le paysagiste, c'est la Zinzinetta.

— La belle, lui cria le sculpteur, venez par ici si vous voulez voir flamber comme une allumette ; venez ma chère, nous offrir une fleur.

La Zinzinetta était une admirable fillette de seize ans au teint mat, lisse comme le plus fin satin, aux yeux noirs et fendus de façon à simuler un arc légèrement tendu ; des yeux si grands, si beaux, si étranges que l'on ne voyait d'abord qu'eux dans le visage. La Zinzinetta était petite, mais faite à rendre jalouses les statues des palais de Naples et les nymphes de marbre perdues dans les parcs au milieu des bouquets ; inutile de parler des pieds, ces méridionales chaussent des souliers d'enfants et leurs mains gantent des numéros dans lesquels les doigts de nos premières communiantes n'entreraient pas. Avec tout cela Zinzinetta avait encore le prestige de la voix, elle zézayait l'italien avec le timbre d'une fauvette et soulignait ses mots de petits airs de tête mutine et de choses fort coquettes. Aussi était-ce une femme irrésistible.

A peine eut-elle entendu parler de fulminante qu'elle devina que c'était M. Lenoël et elle s'assit devant lui. M. Lenoël pâlit, puis rougit ; le regard de la Zinzinetta produisait déjà sur lui l'impression accoutumée.

— Eh, petite, lui dit le sculpteur, tu ne nous offres donc pas de fleurs?

— A vous ce laurier, dit-elle ; j'y joins une immortelle et je vous salue, vous qui *savez parler et agir comme on le doit et comme il le faut.*

Et au paysagiste.

— A vous la violette et le bluet.

Elle allait donner un petit bouquet banal à M. Lenoël, mais elle s'arrêta :

— Tout à l'heure! fit-elle.

M. Lenoël conçut d'ardentes espérances.

— Ma petite, lui dit-il, voulez-vous prendre un sorbet avec nous ?

— Oui ! dit-elle, j'ai à vous questionner.

M. Lenoël commanda un sorbet ; la Zinzinetta le goûta délicatement, réfléchit, regarda longuement M. Lenoël et dit :

— Vous devez être bon, vous !

— Oh! dit M. Lenoël, je suis une excellente pâte d'homme : un peu jaloux, voilà tout.

— On est jaloux, quand on aime,

— Que venez-vous faire en Italie?

— Je voyage pour mon plaisir, et si Naples me plaisait, je m'y fixerais.

— Ah vraiment, dit-elle, vous resteriez ici ! Que faudrait-il donc pour que notre ville vous plût ?

— Que vous m'aimiez, Zinzinetta ! dit avec une grande simplicité M. Lenoël.

La jeune fille sourit.

Et de sa voix de cristal :

— Du champagne ! dit-elle.

Le sculpteur et le paysagiste battirent des mains joyeusement ; pour ceux qui étaient dans le secret, c'était un hommage à l'artiste. La Zinzinetta avait joué son rôle en grande comédienne. M. Lenoël, lui, crut à un simple accès de gaieté de ses compagnons ; il était chauffé à blanc. La Zinzinetta décoiffa elle-même le champagne et on versa la liqueur d'or dans les coupes.

— A nos amours ! dit-elle en tendant son verre. A nos amours, si tu es un brave homme !

Et elle enivra M. Lenoël d'un long regard.

— A nos plaisirs ! dirent les deux artistes en trinquant ; Monsieur Lenoël, que nous avions-vous dit ?

— Messieurs, je vous porte dans mon cœur.

Et M. Lenoël vida sa coupe d'un trait.

La Zinzinetta le poussa avec des mines charmantes et le champagne coula pendant plus de deux heures à larges flots, mettant M. Lenoël en rutilante humeur ; peu à peu même il sentit sa tête s'embarrasser ; il avait sans doute montré un charmant caractère, car la Zinzinetta vint se placer à côté de lui ; elle le regarda longuement cette fois avec un air de pitié indéfinissable et elle lui dit enfin :

— Tu avais raison, je t'aime !

Elle prit une rose parmi ses fleurs et la lui présenta en souriant d'un air triste ; M. Lenoël était trop gris pour s'apercevoir de ces nuances.

— Merci ! dit-il en suffoquant.

Il mit triomphalement la rose à sa boutonnière.

— Emmène-moi maintenant ! dit la Zinzinetta. Je veux dîner avec toi chez Culumerlo.

M. Lenoël maudit les fumées du vin, car il sentait bien qu'une ivresse combattait l'autre.

— Je suis honteux ! balbutia-t-il. Je devrais vous dire des choses charmantes et je n'en trouve pas.

— Ceci te reviendra à dîner. Commande une voiture.

M. Lenoël appela le garçon et commença, en bourgeois sérieux qu'il était et faisant bien les choses, par mettre sur la table un billet de cinq cents francs.

— Payez-vous, dit-il. En rapportant la monnaie, vous me donnerez un verre d'eau frappée. Commandez aussi une voiture !

Le garçon n'avait pas grand'peine à en trouver une ; le cocher qui était l'oncle de Zinzinetta attendait à la porte ; lorsque M. Lenoël eut ramassé sa monnaie, il se leva un peu chancelant. Toutefois il se raffermit sur ses jambes, offrit son bras à la Zinzinetta, serra la main de ses compagnons et sortit fier comme un roi qui vient de remporter *un beau triomphe.*

## IX

### PRIS AU PIÈGE

M. Lenoël se promena en voiture avec la Zinzinetta jusqu'à la tombée de la nuit ; il était vraiment dans un état à faire pitié ; le grand air et le soleil lui firent le plus grand mal ; il sentit qu'il perdait la tête.

— Dors ! lui dit la Zinzinetta avec indulgence. C'est moi qui t'ai fait boire ; je ne puis t'en vouloir et je te trouve bien ainsi.

Elle accompagna cette phrase d'un fin sourire que M. Lenoël ne comprit point ; en vain lutta-t-il contre le sommeil ; il fut vaincu et s'endormit. L'air frais du soir l'éveilla ; la Zinzinetta surveillait son réveil.

— Comment vas-tu ? lui demanda-t-elle affectueusement. Tu as encore la tête lourde, n'est-ce-pas ?

— Oui ! dit-il. Je suis confus !...

— Laisse donc, interrompit-elle. Nous allons dîner et le vin du Vésuve te guérira du champagne.

M. Lenoël était ainsi violemment jeté en dehors de ses habitudes paisibles. On était devant l'auberge de Culumerlo qui, voyant la voiture, se précipita, bonnet en main, pour recevoir les hôtes qui lui arrivaient.

Culumerlo salua la jeune fille à la fois famillièrement et respectueusement. Celle-ci lui dit :

— Occupe-toi de ce pauvre homme et dégrise-le en lui donnant de l'eau tiède pour son visage et du vin du Vésuve pour le mettre en appétit.

Culumerlo fit l'office de valet de chambre.

Déjà Culumerlo avait vidé son gobelet d'étain; M. Lenoël but à son tour.

— Excellent cru ! dit-il.

La Zinzinetta causait avec une espèce de mendiant qui se trouvait dans la cuisine de l'auberge.

— Tout est donc prêt? demandait-elle.

— Oui, disait l'homme.

— Tu nous laisseras dîner; mais au dessert vous agirez; je n'aime pas cet homme, moi! S'il devenait hardi, je le poignarderais.

— Zinzinetta, ma fille, tu es d'une vertu farouche ? Serais-tu par hasard une Lucrèce.

— Je suis vierge, et n'aime qu'un homme au monde et je n'aimerai que lui.

— Il se nomme...

— Le Fulminante !

Le mendiant la regarda avec étonnement.

— Tu as vu le Fulminante? fit-il.

— Jamais! dit-elle.

— Alors comment peux-tu l'aimer?

— Parce que c'est un héros.

— Beaucoup prétendent connaître le Fulminante ; mais en dehors de la bande des douze qui sont ses préférés, personne ne l'a jamais regardé en face.

— Il y a donc plusieurs bandes?

— Ainsi personne ne peut dire quel est cet homme qui règne dans la montagne?

— Personne.

— Je le verrai, moi !

— Tu serais la première. Il a refusé l'amour des plus grandes dames.

— Je vaux les reines...

Le mendiant jeta un long regard sur la Zinzinetta et ne contredit point à son affirmation.

La nuit était venue. La Zinzinetta avait voulu que l'on préparât le dîner dans une chambre ayant vue sur la mer; de là, le regard s'étendait sur un splendide paysage, éclairé par la lune étincelante; la ville se déroulait tumultueuse et brillante sous la fumée et la flamme du Vésuve; à l'horizon se dressaient les montagnes où le Fulminante avait établi son royaume.

M. Lenoël contemplait cette scène grandiose, lorsque la Zinzinetta entra; quoiqu'il eût dans les yeux les splendeurs de cette nature merveilleuse, M. Lenoël fut ébloui par l'aspect de cette fille dont il se croyait aimé.

— Ah! dit-il, vous êtes encore plus belle la nuit que le jour.

— Asseyons-nous, dit-elle, et dînons. Je meurs de faim, mio caro.

Le vin du Vésuve n'avait pas encore produit son premier effet: M. Lenoël avait retrouvé sa verve; il dîna en débitant des fadaises de vieux galantin; la Zinzinetta eut l'air de l'écouter. Mais peu à peu le bonhomme sentit encore une fois son cerveau s'embrouiller. En vain mit-il de l'eau dans son chianti; l'ivresse regagnait le terrain perdu. La Zinzinetta en suivait les progrès avec plaisir; au dessert M. Lenoël divaguait. Déjà la jeune fille donnait des signes d'impatience, quand la porte s'ouvrit, livrant passage à quatre hommes portant le costume légendaire et traditionnel des brigands napolitains.

Ils étaient armés jusqu'aux dents.

Le damné vin du Vésuve paralysait complètement M. Lenoël, sans quoi il eût peut-être fait la folie de résister; mais il ne se sentait pas de volonté.

— Descendez tous les deux! ordonna le chef.

Ils obéirent.

Dans la cour, des chevaux étaient préparés; on fit monter en selle les deux prisonniers.

Toute la troupe se dirigea au trot vers la montagne.

M. Lenoël faisait de tristes réflexions.

Toute la nuit, on voyagea; on changeait de chevaux à des relais préparés d'avance.

M. Lenoël, dégrisé peu à peu, calcula que l'on avait fait au jour de vingt-cinq à trente lieues. Quand le soleil se leva, il s'aperçut qu'il était en pleine montagne, sur de très hautes falaises bordant la mer et l'on fit une halte dans la rosée.

— Signor, dit le chef de la bande, vous venez de faire un long voyage et fort peu commodément; mais il fallait traverser l'Italie en largeur et éviter les villes, bourgs et villages. Nous avons dû prendre nos précautions; heureusement nous voilà sur le territoire qui appartient sans conteste au Fulminante, et je suis aise de vous offrir à déjeuner ainsi qu'à la Zinzinetta.

— Devons-nous donc rester ici? demanda M. Lenoël.

— Non, signor, répondit le chef. « Je dois vous conduire à la grotte; là vous serez gardé par nos invalides, qui sont de vieux serviteurs retraités, débris vénérables des plus anciennes bandes. Oh! vous serez là parfaitement; nos vieux camarades ont conservé bonnes et saines traditions des convenances.

M. Lenoël ne pouvait en croire ses oreilles; il pensait que les brigands n'étaient polis que dans les opéras-comiques.

Il abandonna ses membres endoloris à Canino, qui se montra masseur expert. D'un sac on tirait des provisions pillées chez Culumerlo; d'un panier pris dans sa cave on exhiba, enveloppées dans de la paille, des bouteilles de vin du Vésuve que M. Lenoël reconnut.

— Ma foi, dit-il en faisant contre mauvaise fortune bon visage, voilà un vin traître, mais il est si agréable que je ne lui en veux pas.

— A table alors, signor.

On avait étalé les vivres sur l'herbe; mais la Zinzinetta et M. Lenoël s'assirent seuls.

— Vous ne mangez donc pas? demanda M. Lenoël.

— Après vous, signor! fit le chef.

— Ah! dit M. Lenoël avec une bonhomie toute française, mettons les cérémonies de côté. A table.

M. Lenoël avait une préoccupation; il se demandait ce que pouvait être cette grotte dont on parlait, et qui servait de repaire aux bandits. Il questionna le chef à ce sujet.

— Signor, lui dit celui-ci, l'Italie est une terre volcanique, travaillée par les éruptions souterraines; ce que nous appelons la grotte est tout simplement une immense excavation qui a plus de dix lieues d'étendue et qui se prolonge encore: il y a là des galeries sans fin s'en allant dans toutes les directions, sous les montagnes.

Comme le déjeuner était fini, il se leva, les brigands ayant mangé les restes qu'on leur passait.

— Nous partons ! demanda M. Lenoël.

— Oui, dit Galli, mais nous allons avoir le regret de vous bander les yeux.

— Faites ! dit M. Lenoël.

Mais montrant la Zinzinetta :

— Avouez que c'est un malheur de cacher ces beaux regards sous un foulard.

— Hélas ! dit Galli, notre état a des nécessités cruelles ; il faut s'y soumettre.

Et il aveugla M. Lenoël en lui bandant une ceinture sur les yeux...

On arrive.

— Faites mettre pied à terre aux voyageurs, dit Galli.

On donna la main à M. Lenoël et à la Zinzinetta ; celle-ci fut conduite par Galli, celui-là par le frère du chef. Ils marchèrent pendant un quart d'heure, et ils s'aperçurent qu'ils respiraient un air frais et vif à mesure qu'ils descendaient sur le chemin en pente que l'on suivait.

— Sommes-nous donc dans la grotte ? demanda M. Lenoël.

— Oui, dit Galli. Otez vos bandeaux.

Les deux prisonniers obéirent, et ils poussèrent tous deux un cri d'admiration.

Le spectacle qui se déroulait devant eux était féérique ; M. Lenoël crut rêver, il se trouvait sous une voûte si élevée que l'on ne pouvait l'apercevoir, si large, si longue que l'œil se perdait dans les lointains, sans voir la fin du vide, excepté à droite où une muraille bordait la grotte. A droite, la lumière pénétrait par de nombreuses trouées faites sur la mer que l'on voyait lumineuse et calme se dérouler sous le soleil d'Italie ; les barques passaient, noires de coque, déployant comme des ailes de mouettes leurs grandes voiles triangulaires que gonflaient les plus légers souffles. Le gouffre intérieur dégageait une odeur sulfureuse, et M. Lenoël, s'en approchant, s'aperçut qu'il s'en échappait une fumée chaude et empourprée. Il se pencha sur les bords et vit un lac de feu bouillonnant qui roulait les flots de lave en fureur ; de la gauche venaient des bruits sourds, des grondements redoutables et souterrains. On voyait courir dans la pénombre des lueurs étranges, semblables à des éclairs ébauchés; une âcre senteur passait par bouffées et s'échappait par les fenêtres naturelles donnant sur la mer qui renvoyait des courants d'air pur et frais.

— Qu'y a-t-il donc de ce côté? demanda M. Lenoël.
— Vous pouvez voir cela par vous-même, dit Galli; la chose en vaut la peine.

M. Lenoël se dirigea vers le point que lui indiquait le chef, et il arriva au bord d'un abîme: c'était un volcan qui se formait ou qui s'éteignait, les deux hypothèses étaient admissibles.

M. Lenoël ne pouvait s'arracher à la contemplation de cette masse de lave liquéfiée et qui semblait de l'or en fusion; par intervalle, ce lac, qui avait plus de trois lieues de tour, semblait agité par une rafale subite; de toutes parts des vagues se soulevaient avec fracas en dégageant des gerbes de feu, en se frangeant d'une écume étincelante; un tourbillon se produisait, toutes ces vagues se fondaient en une seule lave qui montait à une hauteur prodigieuse, qui balayait toute la surface du lac de l'est à l'ouest invariablement et qui allait s'abattre contre le granit du bord occidental de ce gouffre effrayant. M. Lenoël vit plusieurs fois cette terrible lame se reformer, et il commençait à éprouver l'attraction du vertige quand Galli l'arracha à cette fascination.

— Signor, dit-il, venez. Rester serait dangereux.
Et avec un sourire gracieux :
— Je suis sûr que vous serez bien logés. La Zinzinetta a sa beauté superbe, et le Fulminante respecte tout ce qui est beau. Vous, signor, il paraît que vous valez cher, car vous aurez l'appartement des banquiers. Ce sont ceux que nous considérons le plus.

Lorsque l'on eut tourné la saillie qu'avait désignée Galli, M. Lenoël vit le campement des bandits.

Jamais M. Lenoël n'aurait imaginé que l'on pût rassembler sur le même point une quarantaine de têtes aussi effrayantes que celles-là!

Qu'on s'imagine des visages énergiques de vieillards qui ont vécu cinquante ans sous l'eau des orages, au feu des bivacs, dans le sang des batailles et dans l'orgie du pillage ; qu'on se représente ces figures sur lesquelles les passions les plus violentes ont buriné des rides profondes, sillons des vices les plus terribles ; que l'on encadre ces faces de tigres, de panthères et de lions avec des barbes longues et de longs cheveux blancs, qui donnent à ces brigands un air de dignité patriarcale ; que l'on relève encore l'expression féroce et criminelle des traits par les mâles stigmates des cicatrices ; que l'on jette sur les épaules et les reins de ces hommes le costume pittoresque des mal-vivants, et l'on aura une idée de ce que vit M. Lenoël !

Les armes en faisceau offraient cette particularité que les fusils se chargeaient tous par la culasse ; c'étaient des martini enlevés aux soldats ; les revolvers étaient tous de même calibre ; il y avait dans cette troupe une grande uniformité. Dans les armes blanches seulement la fantaisie se donnait carrière ; de longs couteaux, de courts poignards, des haches de main, de minces stylets, chacun garnissait sa ceinture à son gré.

Comme capitaine, un géant, Cascarillo, qui avait été l'homme de confiance de Fra-Diavolo. A cette époque, Cascarillo avait quatre-vingt-deux ans, et il redressait encore si bien sa taille de six pieds qu'il n'en avait perdu qu'un pouce avec l'âge, il semblait qu'on eût taillé ce géant en plein cœur de chêne.

Ayant une tête qui semblait ébauchée à coups de hache, une de ces têtes primitives qui ne paraissent pas finies ; Cascarillo, que l'on eût pris d'abord pour une brute inintelligente, avait deux yeux ardents, fins, vifs et parfois adoucis par un regard bienveillant ; ses deux prunelles d'un jaune gris rappelaient celles du chien de berger, dont Cascarillo, avait quelque peu les oreilles pointues. C'était, du reste, un fort brave homme, le meilleur, le plus loyal de la bande.

Cascarillo, à la vue des prisonniers, se leva et vint, avec une grâce incomparable, baiser la main de la Zinzinella à laquelle il dit :

— Sois ici la bienvenue, petite. J'ai beaucoup connu ta mère, qui était charmante comme toi.

La Zinzinella regarda Cascarillo avec de grands yeux étonnés, le vieillard sourit.

— Tu demanderas à ton oncle, le cocher, si je n'ai pas un peu protégé ton enfance?

Puis, laissant la Zinzinetta fort surprise, il se tourna vers M. Lenoël.

— Mille pardons, Excellence, dit-il; cette petite me rappelle de chers souvenirs; mais je suis tout à vous et vous prie de vous regarder ici comme chez vous.

Il prit son sifflet, et l'on entendit une modulation retentir sous la voûte. Partant d'une sorte de chambre formée dans le roc, deux hommes parurent, dont l'un, à la grande stupéfaction de M. Lenoël, portait le tablier blanc des cuisiniers; l'autre était facile à reconnaître pour un valet de chambre.

— Excellence, dit Cascarillo en présentant ces deux officieux, vous pouvez donner vos ordres; voici votre chef et votre valet; vous prendrez vos repas à vos heures, vous êtes libre de vos actes, et ces deux hommes sont vos serviteurs.

Sifflant encore, il appela par une certaine modulation une femme qui, toute paysanne qu'elle fût, avait fort bonne mine.

— Maria, lui dit-il, suppose que cette signora soit ma fille et traite-la en conséquence.

Puis ces premières dispositions prises, laissant la Zinzinetta à Maria, il dit à M. Lenoël.

— Vous plaît-il, Excellence, de voir les chambres et de vous en choisir une.

Il conduisit M. Lenoël dans une suite de cellules, aménagées dans le roc en partie naturellement, en partie par la main de l'homme; toutes ces chambres avaient vue sur une vaste ouverture qui permettait de contempler la mer. M. Lenoël fit son choix.

Un coup de sifflet appela le chef, auquel M. Lenoël demanda ce qu'il pouvait lui offrir pour le soir.

— Excellence! dit le cuisinier, j'ai comme poisson du rouget, de la truite et de l'anguille. Comme viande, du filet de bœuf, un gigot d'agneau et un cuissot de veau. Comme gibier, j'ai des cailles, des perdrix, du lièvre et du coq de bruyère. Comme légumes, j'ai tout ce qu'un jardin peut donner en cette saison. Enfin je prépare un potage à la bisque ou au riz à la tomate.

— Mon ami, dit M. Lenoël, je m'en rapporte à vous.

— Vous vouliez pêcher ? dit Cascarillo.
— Oui, capitaine.
Ramèje ! appela le capitaine.
Ramèje se présenta.
C'était un petit homme ratatiné, cassé, laid, de figure chafouine.
— Tu vas t'emparer de Son Excellence ! lui dit Cascarillo, tu lui apprendras à pêcher en mer ; je veux qu'aujourd'hui même son Excellence tire au moins quelques poissons de l'eau.
— Le vent est assez bon ! dit Ramèje. Que Son Excellence me suive.
Et il emmena M. Lenoël.
Tous deux descendirent à l'aide d'une échelle de corde sur des rochers au pied de la fenêtre ; nous disons fenêtre, et ce n'était qu'une trouée, bien entendu. Ramèje avait ses lignes sous un coin de rocher. Il initia M. Lenoël à ses pratiques, et, après quelques leçons rapidement comprises, ils mirent à l'eau leurs engins ; un quart d'heure plus tard, M. Lenoël retirait de l'eau une énorme dorade. Il en oublia sa captivité !

X

QUESTION D'ARGENT

A Naples cependant, vers minuit, Armand était réveillé par le maître d'hôtel.
— Signor, lui dit celui-ci, voici une lettre pour vous que m'a remise un commissionnaire.
— Merci ! dit Armand.
Et il lut :
« Le Fulminante a l'honneur de vous prévenir qu'il vient d'enlever votre oncle. Avec lui, une autre personne sur l'identité de laquelle il n'a pas à s'expliquer. Ayez l'assurance de ma haute considération.

« Fulminante. »

Armand, aussitôt après avoir lu cette lettre, courut

pour éveiller le sculpteur et son ami; mais il les trouva debout.

— Messieurs, dit-il, voyez ce qui m'arrive.

Et il montra sa lettre.

— Je pense, dit-il, que vous pourrez m'être utiles, connaissant le Fulminante.

Madejo secoua la tête et tendit à son tour une lettre ainsi conçue :

Monsieur,

« J'apprends que vous croyez avoir fait mon buste et crayonné mon portrait. C'est une erreur. Un petit chef de bande s'est donné le plaisir de se faire passer pour moi; c'était un certain Servio qui devait mal finir, étant fanfaron et impudent. Je dis c'était. Vous devez comprendre que le drôle méritait une corde et une potence; les rieurs ne seront pas de son côté, mais du vôtre; il est châtié de sa plaisanterie. Je vous prierai, monsieur, de détruire le buste et le portrait sur-le-champ; si un seul exemplaire en était vendu, je serais forcé de protester en vous tuant, ce qui serait fâcheux, car vous avez beaucoup de talent. Personne ne m'a jamais vu en dehors de mes douze amis, et je ne veux pas qu'un faux portrait de moi coure le monde. Agréez, monsieur, l'assurance de ma haute considération.

« LE FULMINANTE. »

Le sculpteur dit à Armand quand il eut terminé :

— Vous me voyez très inquiet. Il faut que je me hâte, demain matin, de télégraphier à Rome et dans toutes les villes; car on a déjà expédié des photographies du Fulminante d'après le buste que j'en avais fait; je suis tout à votre disposition, mais je doute que ma recommandation ait quelque valeur.

Armand comprit parfaitement que, de ce côté, il n'y avait rien à espérer.

Cependant Madejo lui dit :

— Nous connaissons Naples; nous vous sommes tous deux très sympathiques, utilisez-nous.

— Que dois-je faire ? demanda Armand.

— Payer la rançon. Si, par hasard, vous n'avez pas ici les crédits nécessaires pour réunir la somme, nous avons bien à nous deux quarante ou cinquante mille francs à vous prêter.

Armand fut touché de cette offre.

— Messieurs, dit-il, vous êtes de francs cœurs d'artistes; merci mille fois! Si besoin était, j'aurais recours à vous; mais remarquez qu'il n'est pas question d'argent dans la lettre, et que le Fulminante n'en dit mot.

— Demain! peut-être, entamera-t-il la négociation; il vous fixera somme et délai.

— S'il allait avoir enlevé mon oncle à cause de la Zinzinetta, fit Armand. Peut-être le Fulminante aime-t-il cette fille et en est-il jaloux.

— Voilà qui est peu probable? dit Madejo.

— En somme, la petite est prisonnière aussi! fit observer Carlo. Somme toute, malheur d'argent n'est pas mortel; tout se résumera par une rançon.

— Oh! certainement. C'est la coutume.

— Et j'aurai droit de faire des remontrances à mon oncle; ça ne saurait se payer trop cher.

— Je crois, n'est-ce pas, fit Armand, qu'il serait absurde de prévenir l'autorité? Elle est impuissante.

— Oh! radicalement.

— Messieurs, bonsoir. Demain quand ma sœur sera levée je lui apprendrai doucement la vérité.

Et il serra vigoureusement les mains des deux jeunes gens.

Fernande fut instruite de l'accident avec tous les ménagements possibles; elle pleura beaucoup, mais quand on lui eut dit que ce n'était qu'une question d'argent, elle se consola vite.

Une lettre de M. Lenoël vint rassurer les jeunes gens; elle expliquait son enlèvement, son voyage, sa captivité dans une grotte; bien entendu elle ne disait mot, nide la direction, ni de la situation du souterrain. M. Lenoël se contentait d'affirmer qu'il se portait bien et il insistait beaucoup pour que l'on ne fût pas inquiet de lui; il ne disait à propos des exigences de Fulminante que peu de chose. « On a, écrivait-il, des intentions sur mon compte; je m'en expliquerai, paraît-il, dans une quinzaine de jours avec le Fulminante. »

Un peu plus tard, autre lettre; elle venait du chef de la montagne lui-même et portait en substance, que, dans une quinzaine de jours, il ferait savoir ce qu'il aurait décidé. Depuis, *tous les matins*, on reçut de M. Lenoël une lettre qui annonçait chez le prisonnier beaucoup de gaîté et de tranquillité d'âme. Armand, qui connaissait à fond le caractère du bonhomme, crut à la vérité de ses lettres.

— Ne craignez-vous pas, demanda un jour Fernande, que M. Lenoël soit contraint de nous écrire ainsi; on le menace peut-être.

— Sûrement non! dit Armand. Les lettres portent bien le cachet d'un esprit libre; il n'y a aucune pression.

— Je m'inquiète, disait Fernande, de ce que le Fulminante ne fait pas demander cette rançon. Pourquoi tarder?

— Ce chef des montagnes a fort affaire? répondit Armand. Il est, dit-on, haut placé dans l'État, et il mène de front deux existences. Probablement n'a-t-il pas encore eu le temps d'aller rendre visite à votre tuteur.

Et le temps se passait ainsi.

## XI

### UNE FAMILLE POLONAISE

Depuis quelques jours, une famille était descendue à l'hôtel; elle se composait d'abord d'une jeune fille, brunette, vive, pétulante, gentille, charmante, gracieuse, folle, bien élevée, bonne, aimante, ayant visage spirituel et franc d'expression; une de ces petites femmes qui ont le diable au corps et qui sont faites pour plaire aux caractères calmes. On l'eût choisie pour être remarquée et aimée par Fernande, pour qu'elle devînt son amie et qu'une tendre affection en fît deux sœurs, on eût combiné leur rencontre dans ce but que l'on aurait pu complimenter l'habile personne qui dirigeait ainsi le hasard. Ensuite venait la mère de Léontine (ainsi se nommait la jeune fille); c'était une dame du meilleur monde; elle était polonaise et baronne; elle avait le grand ton, les manières du faubourg Saint Germain; elle semblait avoir beaucoup souffert; elle parlait d'un mari regretté. Toujours triste, mélancolique, digne, elle portait fièrement ses cheveux gris déjà quoiqu'elle n'eût que quarante ans; elle regardait souvent Armand, et celui-ci la surprit à pleurer. Elle ne pouvait se consoler de la mort d'un fils qui avait péri pendant la dernière insurrection de la Pologne; elle fit la conquête d'Armand, qui se laissa prendre aux airs de Mme Wadzivill et se montra pour elle très attentif et très respectueux; une douce intimité s'établit entre la mère et la fille d'une part, Fernande et Armand de l'autre. On s'apitoyait sur les malheurs dont la baronne avait été frappée. Fils et mari tués, fortune confisquée, exil, la baronne avait tout subi. Le tzar cependant lui avait rendu sinon ses biens, du moins une rente sur le revenu; mais elle était affligée d'un beau-frère atteint d'une maladie mentale singulière et elle soignait ce beau-frère rachitique, idiot, muet, avec un soin touchant. Un domestique polonais, un grand gaillard, de formes athlétiques, surveillait du reste sans cesse ce beau-frère qui était le chevalier Wadzivill. Par abréviation on l'appelait Wadi.

Vraiment, cet idiot était admirablement dressé; par un prodige d'éducation, à force de dévoûment, la baronne avait réussi à le faire se tenir, manger et se présenter poliment; qui l'eût vu à table d'hôte se serait figuré être en face d'un petit vieillard malingre et souffreteux, un peu bossu, difforme et taciturne, car le chevalier n'avait pas le regard atone des muets. Son œil au contraire brillait d'un tel éclat que tout le monde s'en apercevait. On pouvait déclarer sans se tromper, après avoir vu une fois le chevalier manger, qu'il était gourmand; car sa prunelle s'allumait surtout quand le rôti paraissait sur la table.

Son domestique, toujours derrière lui, le surveillait surtout à ce moment. On voyait le chevalier faire des grimaces, s'agiter, flairer l'odeur du gigot et du poulet; il ne se calmait que quand on lui en avait servi une formidable tranche.

Décent, du reste, découpant bien ses morceaux, il n'avait que cette petite manie de se trémousser en présence d'une viande saignante, on souriait doucement.

La baronne était si bonne, elle sollicitait l'indulgence pour son beau-frère avec tant de grâce, que le bonhomme eût-il été pire, on eût passé là-dessus; mais c'était très supportable.

Enfin, dans cette famille, il y avait le grand-père de Léontine, père de la baronne; c'était un grand gentilhomme, mince, sec, élancé, comme un sapin du Nord : aux dires de sa petite-fille, c'était un héros il avait promené sa bravoure sur tous les champs de bataille du monde où l'on luttait pour la bonne cause.

Peu causeur, il savait dire un mot à propos ; peu complimenteur, il sut capter Armand par une phrase d'éloge bien dite et bien conçue.

Les choses avaient été un peu vite ; mais la jeunesse est ardente. M. Lenoël aurait modéré quelque peu, s'il eût été là, cette belle confiance enthousiaste pour ces étrangers ; mais M. Lenoël et son bon sens pratique étaient prisonniers.

Quoi qu'il en fût, les Polonais s'étaient montrés très affectés de savoir que leurs jeunes amis avaient un oncle prisonnier dans la montagne.

Ils avaient offert leurs services au cas où il eût fallu de l'argent pour compléter la rançon.

Ce trait avait définitivement conquis les cœurs d'Armand et de Fernande. Mais de rançon, il n'était point question dans les lettres de M. Lenoël.

## XII

### DANS LA MONTAGNE

Peu de temps après, dans la montagne, la nuit, cheminaient deux cavaliers, c'étaient le Fulminante et son lieutenant.

De temps à autre ce dernier interrogeait d'un léger cri d'oiseau les échos de la montagne qui répondaient par d'autres cris de significations diverses. Selon ces avertissements, des sentinelles apostées par les brigands, le lieutenant prenait tel ou tel sentier; le Fulminante, pensif, suivait son éclaireur. Celui-ci questionna son chef avec lequel il vivait sur le pied de la familiarité, car il le tutoyait.

— Pourquoi, lui demanda-t-il, voulant t'emparer du neveu comme de l'oncle, tardes-tu à lui tendre un piège ?

— Mon cher, j'ai mon projet ! dit le Fulminante d'un air sombre, projet difficile à réaliser ; il me faut du temps pour en préparer la réussite.

— Oh ! fit le lieutenant, je comprends.

Mais il demanda tout à coup :

— As-tu étudié ces gens qui entourent le jeune homme et capté la confiance de la sœur ?

— Oui ! dit le Fulminante avec un sentiment de colère. Évidemment cette famille joue un certain jeu.

— Est-ce toi qui lui as tracé un rôle ?

Le Fulminante regarda son lieutenant.

— Étrange question ! fit-il.

— Mon cher, dit le lieutenant, j'ai supposé que la baronne polonaise était une de tes créatures et que tu la destinais à servir tes intérêts.

— Je te l'aurais dit !

— Alors ce n'est pas cela.

— Tellement peu cela qu'il nous faut à tout prix savoir ce que sont ces gens-là ?

— Je les surveillerai ! dit le lieutenant.

— Ils agissent pour d'autres, en vue d'un but mystérieux ! dit le Fulminante.

Et il ajouta :

— La première chose à connaître, c'est la vérité au sujet du chevalier. Est-ce un idiot ?

— J'en doute.

— Si cet homme dont les yeux s'allument en regardant Fernande allait en être amoureux. S'il jouait une comédie de maniaque. Il y a dans ses allures un je ne sais quoi de louche.

Il continua de rêver et de méditer, toujours guidé par son lieutenant ; on atteignit ainsi un bouquet de bois où le lieutenant fit signe à son maître de s'arrêter.

— Nous sommes arrivés ! dit-il.

Le Fulminante tira de sa ceinture un magnifique chronomètre à répétition ; après en avoir fait jouer le ressort et compté les tintements :

— Nous sommes en avance d'une demi-heure au moins ; mettons pied à terre.

Ainsi fut fait. Sur un appel très léger, à peine perceptible du chef, deux hommes sortirent d'un bouquet de bois et se présentèrent pour tenir la bride des chevaux que les deux cavaliers leur jetèrent aux mains.

En ce moment un cri d'avertissement montant de loin, répété de distance en distance, vint apporter la nouvelle que la personne attendue s'engageait sur ce que les bandits appelaient leur territoire ; le Fulminante écouta des bruits qui allaient peu à peu grandissant.

— Celle que j'attends vient accompagnée ! dit le Fulminante.

— En effet, elle est suivie d'un cavalier, car je distingue le pas d'un second cheval.

Bientôt une femme parut, précédée de deux guides, escortée par un homme enveloppé d'un long manteau et coiffé d'un chapeau de feutre rabattu sur les yeux ; elle portait elle-même un voile. Lorsque le Fulminante, fit un pas en avant pour la recevoir, elle le salua gracieusement et descendit de cheval avec une habileté d'écuyère consommée ; le Fulminante remarqua ce détail.

Le cavalier se montra non moins remarquable par son aisance à cheval ; la monture, au moment où il allait quitter la selle, se cabra violemment ; il la dompta avec beaucoup d'adresse et d'après les procédés de l'école allemande. Le Fulminante, auquel rien n'échappait, nota ce fait dans sa mémoire, et saluant la jeune femme.

— Soyez la bienvenue, signora ! lui dit-il. Je suis heureux de vous recevoir.

— Et moi charmée de vous rencontrer ? dit-elle.

Mais elle demanda :

— Est-ce bien au Fulminante que je parle ?

— En voici la preuve ! dit le Fulminante.

Et il lui tendit l'anneau.

— C'est bien lui !... murmura-t-elle.

Puis tirant de son sein un autre anneau, suspendu au col par une chaînette d'acier, elle le montra au Fulminante qui dit :

— Oui, oui ! c'est bien cela.

Le Fulminanti était fort surpris.

— La vue de mon anneau vous a fait supposer que vous ne perdrez pas votre temps en causant avec moi? reprit la jeune femme.

— Je suppose, signora, que la reine des Bohémiens de France ne m'est pas venue trouver pour une question de mince importance.

Ce fut au tour de la baronne à tressaillir.

— Ah ! fit-elle, vous avez connaissance de la valeur des signes gravés sur l'anneau.

— Oui, signora.

— Inutile alors de vous rappeler que les Bohémiens et les bandits de tous pays depuis huit siècles sont frères et alliés.

— Madame, si je l'ignorais, je ne serai pas le Fulminante.

— Vous me devez aide, secours et hospitalité ; je viens vous demander tout cela.

Puis finement.

— Êtes-vous absolument pressé.

— Pour vous, maintenant, non ! dit le Fulminante avec un galant salut.

— Alors éloignez tout le monde, je vous prie ; j'ai à vous parler seul à seul.

Elle éloigna Jallisch, car c'était lui qui la suivait, et le Fulminante écarta son lieutenant.

Lorsque personne ne put entendre leur conversation, elle reprit :

— J'aborde franchement la question. Vous aimez la nièce ou du moins celle que vous croyez être la nièce de votre prisonnier.

— Non, signora !

— Vous dissimulez.

— Non, je n'aime pas cette fille. Chacun sait que ma maîtresse est la Zinzinetta.

— Cependant quand sous le nom de Madejo...

Le Fulminante se mit à rire d'un rire si franc que la baronne en fut confuse.

— Madejo ! s'écria-t-il. Mon pauvre Madejo confondu avec moi ! Ce sculpteur, signora, est mon ami et je le protège. Voilà tout.

Puis tout à coup :
— Avez-vous vu Madejo ?
— Oui ! dit-elle.
— Regardez-moi ! fit-il, en ôtant son masque.
Elle poussa un léger cri de surprise ; ce n'était pas Madejo.
Cependant elle hésitait encore.
— Parlez, signora ! dit le Fulminante. Tenez, pour vous encourager, je vous avouerai que j'ai besoin du concours de tous les Bohémiens d'Italie, et vous pouvez me le faire obtenir, n'est-ce pas ?
— Oui, certes.
— Ce sera le prix du service que vous me demandez.
La baronne se décida à tout dire.
— Je vous avoue, dit-elle, qu'il m'est pénible de vous avouer une faiblesse. Je croyais que vous aviez au cœur une passion au service de laquelle vous mettiez votre pouvoir, ce qui m'aurait justifiée d'en faire autant.
— Ah ! dit-il, je devine. Vous aimez ce Français.
— Oui, dit faiblement la baronne.
— Il aime cette Fernande qu'aime Madejo et il s'agit de faire que Madejo soit le mari de cette jeune fille pour qu'Armand se décide à vous aimer.
— C'est l'esquisse de mon plan.
— Si j'enlevais le jeune homme ?
— M'en aimerait-il plus pour cela ?
— Peut-être.
— Il me connaît et me hait.
— Parce qu'il aime l'autre ; mais supposez qu'elle soit la femme ou la maîtresse de Madejo et il se vengera en vous aimant.
— Essayons ! dit-elle.
— Tout à vous, signora.
— Je vais vous développer mon plan. Il me connaît, mais il me connaît grande dame ; il me connaît brune, il me connaît avec le teint pâle et je puis devenir la fille d'un de vos bandits avec des cheveux blonds. Nous autres, bohémiennes, nous savons nous rendre méconnaissables.
— Je ne l'ignore pas ! dit le Fulminante souriant d'étrange façon sous son masque. Je suis convaincu que

moi-même, vous revoyant, et prévenu cependant, je ne pourrais qu'admirer votre transformation et vous faire mes compliments.

— Ainsi, je pourrais vivre dans votre grotte et me donner comme la fille d'un des vôtres.

— Comme celle de Cascarillo. C'est mon plus fidèle.

Puis avec intérêt :

— Vous comptez sans doute que l'isolement, des marques de pitié, une surprise, vous livreront ce jeune homme et qu'il vous aimera.

— Oui ! avoua-t-elle. C'est lâche... mais je l'aime !

— Evviva la donna ! s'écria le Fulminante. Il n'y a qu'elle pour savoir aimer. Je vous admire, signora.

— Est-ce sincère ?

— Oh ! je parle net ! A tout dire, je regrette d'être ainsi fait que je ne puisse éprouver de pareilles passions ; on doit en ressentir des joies infinies et de mortels chagrins, ce qui fait que l'on vit plus que d'autres.

— Vous acceptez donc ma requête ?

— Oui, si vous prenez l'engagement d'honneur de me donner l'aide des Bohémiens d'Italie.

— Je vous le jure.

Le Fulminante parut enchanté ; elle lui tendit la main pour sceller le pacte ; il baisa les doigts gantés de la baronne.

— Quand j'aurai pris cet Armand ! dit-il, je vous ferai conduire auprès de lui. D'ici là, je vais tout préparer pour que Cascarillo parle beaucoup de sa fille, et manifeste le désir de l'avoir près de lui.

— En sorte que l'on ne s'étonnera pas de ma venue. Je vous remercie, monsieur.

— Signora, je suis votre obligé. Depuis longtemps je me demandais où je trouverais le personnel considérable d'affidés dont j'ai besoin pour mener à bien une grande affaire, la plus grande qu'ait tenté un chef de bandes.

— Entre nous, monsieur, c'est maintenant et toujours, je suis loyale et je vous serai fidèle alliée.

— Vous aurez en moi le plus dévoué de vos serviteurs ! dit le Fulminante. A bientôt, signora.

Ils se séparèrent et la jeune femme, redescendit vers la plaine avec Jallisch et ses guides.

## XIII

### CONFIDENCES

Lorsque la baronne fut hors de portée de la voix, le Fulminante dit à son lieutenant :

— Tu viens de voir une souveraine plus puissante que la reine d'Italie. Elle a dans sa main tous les Bohémiens de France, elle est au-dessus des lois : de plus, elle tient son pouvoir de l'élection.

— Et que veut-elle ?

— L'amour.

— Tu disais qu'elle ne venait pas pour cela.

— Il ne s'agit pas de moi, mais du fiancé de Fernande.

Puis de l'air le plus bizarre :

— Croirais-tu qu'elle supposait que ce pauvre Madejo était le Fulminante ?

— Alors son ami Carlo aurait été moi, ton lieutenant ! fit le bandit.

Et il rit.

— Tu l'as détrompée ! fit-il.

— Oui ! dit le Fulminante.

— Elle n'en croit plus un mot.

— Oh ! elle a des preuves.

— Te serais-tu démasqué.

— Mais oui.

Ils se mirent tous deux à rire.

— Ce qu'il y a de joli, dit le Fulminante, c'est qu'elle va se grimer.

— Vraiment oui.

— Se faire aimer d'Armand sous un autre nom, sous une autre figure.

— Et cet Armand est le fiancé de Fernande.

— Par le diable ! voilà du nouveau.

— Tu comprends que j'ai laissé tout dire et provoqué les confidences. De moi, elle ne sait rien. C'est une femme forte, mais la passion lui enlève ses moyens.

Et ils rirent longtemps, causant ainsi, et celui qui eût entendu le Fulminante, eût frémi pour Armand.

Dans la plaine, courant vers la ville au trot de leurs chevaux, la baronne et Jallisch échangeaient leurs observations.

— Est-ce le Fulminante? demandait Jallisch.

— C'est lui! répondit la comtesse. J'ai vu son visage. Nous nous étions trompés; le sculpteur n'est que son ami, j'en suis certaine.

— Enlèvera-t-il le jeune homme?

— C'était son projet.

— Tu ne peux plus tuer la fille!

— Pourquoi donc ne la tuerai-je pas?

— A cause du Fulminante.

— Mais pour lui, comme pour tout le monde, elle mourra d'anémie. Le chevalier Wadi n'est-il pas là?

— Jouons serré! dit Jallisch.

Et ils entrèrent dans un bourg où un hôtelier attendait leur retour.

Revenons au Fulminante.

— Cher, dit-il à son lieutenant, je retourne à la grotte.

— Pourquoi?

— Un oubli...

— Tu vas retourner à Naples et tu veilleras sur les amours de Madejo.

— Que dire à propos de M. Lenoël? Que faudra-t-il écrire, en ton nom, à la famille de ce brave homme?

Le Fulminante parut frappé d'une idée subite, et il dit à son lieutenant:

— J'avais besoin d'un prétexte, le voici! Tu écriras que je me décide à garder mon prisonnier, parce que c'est un homme de la plus grande importance, voyageant incognito; que je l'ai appris et que je ne le rendrai que contre six millions. Que je sais que le neveu est aussi une excellence de haute volée et que je ne lui conseille pas de se faire prendre, parce que j'exigerais six autres millions pour sa rançon. Tu ajouteras que si dans deux mois la rançon n'est pas payée, le supplice de la torture commencera.

— Bien! dit le lieutenant.

Et tous deux prirent des directions différentes.

## XIV

### COUP DE TÊTE

Trois jours s'étaient écoulés, Armand avait reçu de M. Lenoël une lettre, et du Fulminante une autre, les deux lettres l'avaient mis au désespoir.

Il eût voulu consulter Madejo ou Carlo ; mais ni l'un ni l'autre ne se trouvaient là ; ils étaient partis tous deux pour une petite excursion ; mais une demi-heure à peine s'était écoulée depuis que les lettres étaient arrivées lorsque Carlo arriva seul.

Armand l'apprit et courut à sa chambre.

— Comme vous avez l'air bouleversé ! s'écria le paysagiste. Je suis effrayé de vous voir ainsi.

Armand, si calme quand il ne s'agissait que de lui, était épouvanté.

— Cher ami, dit-il à Carlo, voici deux lettres ; lisez-les.

Le paysagiste lut et secoua la tête :

— Mauvaise affaire ! murmura-t-il.

Puis tout à coup :

— Bien réellement n'êtes-vous pas riche demanda-t-il avec un peu de défiance.

— Je vous jure que non ! s'écria Armand. Si j'étais un personnage aussi riche et aussi important que le croit le Fulminanti, je payerais et tout serait dit. Que faire ?

— Détromper le Fulminante !

— Comment !

— Par notre ami Culumerlo l'aubergiste. J'ai l'idée que cet excellent aubergiste consentirait à remettre au Fulminante la lettre que vous lui écrirez pour l'éclairer.

— Écrivons vite et partons.

Armand écrivit une lettre très pathétique au Fulminante et la porta à Culumerlo qui se chargea de la commission, moyennant finances.

Armand résolut de ne parler de rien à Fernande ; mais au bout de quarante-huit heures, il reçut une lettre de Fulminante qui mit le comble à son chagrin.

Voici la terrible conclusion par laquelle elle se terminait : « J'ai pris mes renseignements ; je sais à quoi m'en tenir. Rien au monde ne me fera changer de détermination quant au prisonnier. »

Armand rendit compte de cette lettre à Carlo, qui avait toute sa confiance.

— Je suis résolu, dit-il, à parler moi-même au Fulminante. Il ne croit pas à ma lettre, mais il me croira, moi, lui parlant.

Je pars ce soir même.

— Sans sauf-conduit ?

— Je n'en ai pas besoin. Je vais dire loyalement au Fulminante quelle est notre fortune et je le laisserai libre de fixer la rançon.

— Mais mademoiselle Fernande ?

— Je la laisse en bonnes mains. La baronne est une mère pour elle, et le père de la baronne, le comte de Terezinski, saura la défendre et la protéger pendant ma courte absence.

— Je crois en effet, dit Carlo, qu'elle sera bien gardée par cette famille honorable. Toutefois je n'approuve pas trop votre projet ; je n'irais pas là-bas.

— Le Fulminante est connu ! dit Armand. Jamais il ne voudrait se parjurer. Quel intérêt y aurait-il du reste ?

— Prenez garde.

— Ma résolution est prise.

— Alors bonne chance !

Carlo serra la main du jeune homme et s'éloigna.

Fernande cependant fut fort étonnée avant le déjeuner de voir entrer la baronne chez elle.

— Ma chère enfant, dit celle-ci, il y a dans la vie de graves circonstances où il vous faut montrer du courage ; vous allez avoir besoin de fermeté.

— Vous m'effrayez, madame, dit Fernande. Serait-il arrivé quelque malheur à mon oncle ou à mon frère ? parlez ; j'aime mieux tout savoir immédiatement.

— M. Armand, que j'aime comme un fils, dit la baronne, est parti sans me consulter, sans me dire au revoir, sans vous parler.

— Parti ?... s'écria Fernande.

— Il est allé dans la montagne pour parlementer

avec le Fulminante. Il faut cependant ne pas s'exagérer le péril ; ces bandits sont loyaux. Le Fulminante passe pour être extrêmement délicat dans les questions d'honneur. Voici du reste une lettre de votre frère.

Fernande ouvrit la lettre en tremblant et lut les larmes aux yeux :

« Chère sœur,

« Notre oncle doit être délivré et mon devoir est de me rendre à une conférence avec le Fulminante ; je serais lâche en agissant autrement que je le fais et vous me mépriseriez. Je serai parti pendant quatre ou cinq jours au plus et je vous laisse aux soins de la famille Wadziwill, qui vous protégera avec dévoûment. Je vais comme si j'avais des ailes et je reviens avec notre oncle sans perdre une seconde. Je vous embrasse et vous aime de tout mon cœur, laissant à votre droiture le soin de juger ma conduite en cette affaire.

« Votre tout dévoué,

« ARMAND »

Fernande eut un affreux serrement de cœur et fut torturée par un sombre pressentiment.

— Je ne le reverrai jamais ! dit-elle.

La baronne prodigua à Fernande des consolations qui laissèrent la pauvre enfant inconsolable ; dans la journée, madame de Wadziwill sortit et se fit conduire dans un quartier fort retiré de Naples ; elle sonna à la porte d'une maison de très simple apparence. Elle se fit connaître, et un instant plus tard, la baronne était en présence de la comtesse Ellora.

— Quelle nouvelle ? lui demanda celle-ci avec empressement.

— Il est parti.

— Qui donc ? Armand ?

— Oui.

— Parti, où cela ?

— Pour un rendez-vous convenu avec le Fulminante ; il s'est mis en route ce matin.

— C'est impossible ! fit la comtesse. Le Fulminante ne peut avoir pris de rendez-vous avec lui.

Et sonnant, elle dit au domestique qui accourut,

— Mon pupitre.

On le lui apporta.

Elle se mit à écrire un télégramme en signes conventionnels et le fit porter.

— Il y a réponse ! dit-elle au domestique. Tu attendras.

Et quand elle fut seule :

— Si le Fulminante est dans sa grotte, comme je le crois, nous aurons bientôt le mot de l'énigme.

Puis elle se fit raconter tous les détails que la baronne pouvait connaître ; celle-ci cependant s'étonnait que l'on pût télégraphier si facilement à un chef de bande ; la comtesse lui expliqua combien c'était simple.

— On a, lui dit-elle, le droit d'envoyer des dépêches chiffrées. Donc le secret est gardé. D'autre part le Fulminante a des affiliés chargés de recevoir les télégrammes. Ils savent où le trouver. Si, par hasard, il avait quitté sa grotte, j'en serais aussitôt avertie. La personne qui va recevoir mon télégramme m'indiquerait ce que je dois faire.

En effet, deux heures à peine s'étaient écoulées que le domestique rapportait la réponse. Voici sa teneur : « Attribuez l'action du jeune homme à un coup de tête de sa part. Il vient à moi sans sauf-conduit. »

Les yeux de la comtesse rayonnèrent.

— Enfin ! s'écria-t-elle, il est à nous ! Le Fulminante aura le droit de le retenir et je pourrai enfin le tenir sous ma main.

La baronne sourit, connaissant le secret d'Ellora ; elle lui demanda :

— Quand pourrai-je commencer à laisser agir le chevalier Wadziwill ?

— Quand tu voudras. Je te recommande la prudence.

— Sois tranquille. Pour plus de sûreté, je vais alarmer la jeune fille sur le danger de coucher seule dans son appartement ; elle prendra une chambre communiquant avec la mienne.

— Très bien ! dit la comtesse.

— Pendant la nuit, le chevalier Wadi aura tout le temps d'agir sous nos yeux.

— Pas de précipitation. Il faut que mon vampire lui suce les tempes que peu à peu, très lentement. Elle mettra deux mois à mourir. On attribuera cela au chagrin, à la consomption! Oh! j'ai bien compris.

— Quand ce sculpteur, Madejo, qui est amoureux d'elle, reviendra, veillez sur lui. Il ne faut pas que l'ombre d'un soupçon lui vienne; il ferait savoir ses craintes au Fulminante, et tout serait perdu, car ce bandit est un fin joueur qui devinerait tout. Je pars, moi.

— Pour la grotte?
— Oui! dit Ellora.
— Et ces prédictions?
— Qu'il m'aime... murmura-t-elle avec passion. Qu'il m'aime et que les destins s'accomplissent.
— Il est désolant, ma pauvre sœur, dit la baronne, que cette passion te soit venue!
— Est-on maîtresse de son cœur? Adieu, sœur.
— Ellora, au revoir! Crois-tu qu'il ne te reconnaîtra pas?
— Jamais! dit-elle! C'est impossible!
Depuis deux mois j'étudie les meilleurs moyens de changer ma tête en restant jolie.

Les deux sœurs s'embrassèrent et toutes deux se séparèrent.

L'une allait à ses amours; l'autre allait accomplir un épouvantable crime.


## XV

### LES BRIGANDS

Armand se dirigeait vers ce côté des montagnes qui était un terrain appartenant sans conteste aux brigands. Il ne lui fut pas difficile de se renseigner sur la route à suivre; tous les Italiens la connaissaient. Le jeune homme prit le chemin de fer tant que la voie ferrée le put mener; il monta dans les diligences tant que les diligences purent le rapprocher de la montagne; il loua des mulets tant qu'il trouva des gens qui consentaient à s'aventurer avec lui. Enfin il s'arrêta dans une auberge de mauvaise mine, mal famée, qui était réputée comme marquant la frontière entre le royaume du Fulminante et celui de Victor-Emmanuel.

Là il questionna l'hôte et les gens à mine patibulaire qu'il trouva chez lui. L'hôte le prit pour un espion; les hommes de mauvaise figure voulurent le battre; il les rossa d'importance; mais cela ne lui donnait pas de renseignements. Alors il acheta des vivres, un bissac, et il se mit en route au hasard.

— Je me ferai toujours bien arrêter ! dit-il.

Il le fut, en effet, mais par les bersaglieri qui menaçaient de le fusiller; Armand s'expliqua avec un sergent, qui en référa à son capitaine, qui en référa au commandant, puis au colonel, puis au général lequel, envoya l'ordre de lui amener le prisonnier; mais Armand, las d'attendre une décision, avait envoyé un poste tout entier au fond d'un ravin, et il avait continué sa route tranquillement. A mille pas du poste, un jeune homme sortant d'une broussaille et vêtu en chef de brigand l'aborde avec un sourire aimable.

— Par Bacchus, signor, dit le bandit, vous venez de vous débarrasser si galamment de cette escouade que je tiens à vous en faire mon compliment.

— Oh ! dit Armand, c'est peu de chose pour moi qu'une poignée de soldats. Mais, dites-moi, monsieur, pourriez-vous me conduire au Fulminante que je viens voir.

— Certes, signor, je le ferais avec plaisir, mais à des conditions que vous n'accepterez pas.

— Pourquoi donc.

— Vous allez en juger. Mais auparavant, présentons-nous l'un à l'autre pour bien établir qui nous sommes. Je me nomme Galli pour vous servir, et je suis avocat tout en malvivant.

— Ah ! c'est vous dont mon oncle m'a raconté l'histoire ! dit Armand en souriant. Il m'a écrit sur vous tout au long. Ne l'avez-vous pas arrêté ?

— Pour obéir aux ordres du Fulminante, signor.

— Oh! je ne vous en veux pas. Vous avez fait votre métier! Je vous dois des remerciments. Vous avez été extrêmement courtois avec mon oncle; je vous en suis reconnaissant.

— Signor, dit Galli, la première éducation ne s'oublie jamais; notre mère nous a bien élevés.

Armand répondit gravement :

— Vous êtes bien heureux d'avoir eu une mère; moi je suis orphelin depuis aussi longtemps qu'il me souvienne. Mais, dites-moi, monsieur, vous parlez de certaines conditions à accepter par moi.

— Pour voir le Fulminante?

— Je suis ici dans ce but.

— Eh bien, signor, le chef connaît votre dessein et nous avons consigne de vous prévenir qu'il ne veut en aucune façon vous accorder un sauf-conduit. Si vous persistez à passer et si vous tenez absolument à le voir, ce sera à vos risques et périls. Son intention formelle est de vous faire prisonnier.

— Et si j'insiste, si je dis que je ne regarde pas le Fulminante comme engagé vis-à-vis de moi, si je risque la prison, enfin, me conduira-t-on à lui?

— Vous l'aurez voulu.

— Je le veux.

Galli eut un mouvement de pitié.

— Prenez-y garde! ne put-il s'empêcher de dire. Le chef est très déterminé à vous garder. C'est une impression personnelle que je vous donne-là; il est encore temps de vous retirer.

— Je reste dit Armand.

Galli admira cette énergie de volonté, calme, froide et simple dans ses expressions.

— Vraiment, dit-il, votre oncle n'a pas exagéré en nous vantant votre courage. Vous jouez votre tête avec beaucoup d'indifférence. Venez, signor.

Et il siffla ses hommes.

— Un guide pour ce signor! dit-il.

Puis saluant avec grâce.

— Je souhaite, monsieur, fit-il, vous serrer la main quand vous redescendrez libre... si vous redescendez!

— Je l'espère! dit Armand.

— Et moi j'en doute, hélas!

Armand salua à son tour et partit.

— Pauvre garçon ! dit Galli.

Armand, d'un pas délibéré, tâlonnait son guide et s'engageait dans un sentier qui devait le mener à la mort, si Galli ne s'était point trompé dans ses prévisions.

## XVI

### TÊTE-A-TÊTE

Avant de raconter ce qui advint d'Armand, nous devons remonter à quelques jours en arrière.

Nous avons laissé le Fulminante se dirigeant vers la grotte ; pendant qu'il revenait sur ses pas, la Zinzinetta pleurait.

Folle d'amour pour le Fulminante, elle venait d'apprendre que le chef était parti sans consentir à la voir. C'était l'excellent Cascarillo qui avait dû lui annoncer qu'un homme du monde dédaignait une fille dont tout Naples était épris, fâcheuse mission !

Il la laissa toute en pleurs, elle s'abîma dans sa douleur.

Accoudée à une trouée de la grotte, elle rêva en contemplant l'immensité de la mer. Le patriarche savait que rien ne berce une grande douleur comme la vue des vagues passant et repassant devant les yeux ; il eut cette attention délicate de placer une sentinelle pour écarter tous ceux qui viendraient distraire la jeune fille. Il en résulta que celle-ci, à deux heures du matin, était encore à sa fenêtre.

Tout à coup elle se sentit touchée du bout du doigt et elle se retourna, le Fulminante était derrière elle.

Elle poussa un cri d'étonnement, d'espérance et de joie.

— Venez ! lui dit-il en lui offrant son bras.

Et il la conduisit dans la chambre qu'on lui réservait au fond de la grotte.

Lorsque la Zinzinetta y entra, elle poussa une exclamation d'admiration ; jamais elle n'avait vu plus charmant, plus luxueux, plus élégant réduit ; aux murs des tableaux de grands maîtres; ça et là, sur des consoles des statuettes antiques et modernes; partout des œuvres d'art et des objets précieux; sur le sol des tapis d'une valeur inouïe; comme tentures, des tapisseries des Gobelins. Une panoplie de guerre étincelait entre deux trophées de chasses, et la Zinzinetta admira l'éblouissante richessse de ces armes qui relevait, par son parfum de poudre et de sang, les raffinements de ce boudoir. Sur un guéridon de laque authentique, un service de vieille porcelaine de Chine disparaissait sous une collation improvisée par le *chef* intéressant dont nous avons entendu Galli raconter l'étrange histoire.

Un lit de repos à la romaine permettait de manger couché.

— Chère, lui dit le Fulminante, causons, si vous le voulez bien, en soupant. J'ai à m'excuser près de vous. Vous avez été charmante, j'ai dû vous paraître grossier, mais ma responsabilité est grande. Les affaires expédiées, je reviens.

— Pour m'aimer ? demanda-t-elle naïvement.

— Peut-être ? dit-il.

— Peut-être ?... est-il au pouvoir de le faire disparaître ! fit-elle en pâlissant.

— Oui ! dit-il.

Elle lui sauta au cou en s'écriant :

— Le *peut-être* est supprimé. Tout ce que tu voudras, je le voudrai.

— Ne t'engage pas Zinzinetta. Tu ne sais ce dont il s'agit.

Elle sembla le défier du regard et lui dire : demande l'impossible, je te le donnerai.

Lui, gravement reprit :

— Zinzinetta, avant toi, j'aime une autre femme et je ne puis te donner dans mon cœur que la seconde place; il faudra t'effacer devant ta rivale...

— Je la servirai, dit la jeune fille, je lui serai dévouée et... je l'aimerai !

Le Fulminante sourit.

— Est-ce là tout ce que tu voulais exiger de moi ? demanda-t-elle.

— Je veux, reprit-il, que tu sois souple comme une

liane, je veux que tu obéisse à un signe; je veux une discrétion à toute épreuve.

— Je serai ton esclave, ta chose, un objet que tu pourras briser.

— Il viendra une heure, dit le Fulminante, où je te demanderai peut-être la vie.

— Le jour où cette heure sonnera je prendrai ton dernier baiser et je mourrai joyeusement, fière de te laisser un souvenir qui te forcera à penser toujours à moi.

Elle se jeta à son cou et le dévora de cent baisers. Lui, pliant sous cette avalanche de caresses, chercha, riant et fuyant, à se dégager de cette folle étreinte; il l'écartait disant :

— Attends! mais attends donc!

Il voulait détacher son masque inutile: elle l'enlaçait irrésistiblement. Enfin il parvint à calmer cette bourrasque, et dénouant les cordons du loup de velours noir qui cachait ses traits, il lui demanda :

— Est-ce bien celui que tu aimes!

— Tu es beau comme un Dieu! dit-elle.

Elle l'avait vaincu par la naïveté et la sincérité de sa passion.

— Zinzinetta, lui dit-il, tu es la seule femme au monde qui connaisse le Fulminante. Ma tête tomberait sur un mot de toi.

— Si l'on torturait encore, comme au temps du feu roi de Naples, dit-elle, je cracherais ma langue au bourreau lorsque je me sentirais faiblir.

Puis le saisissant encore, elle l'enveloppa dans un tourbillon de feu; elle lui brûlait les yeux de ses regards, les lèvres de ses baisers; elle fut étrange, irrésistible, fascinatrice. Cette ivresse fut longue; plus longue qu'il ne l'aurait cru; elle durait encore quand il apprit qu'Armand partait pour arriver à lui. Il devait ce jour même quitter la grotte; il annonça à la Zinzinetta qu'il restait encore :

— Petite, lui dit-il, sois heureuse! Je retarderai mon départ.

— Oh, s'écria-t-elle en battant des mains, tant mieux. Nous allons encore passer de belles nuits.

Et le Fulminante attendit l'arrivée d'Armand en se

prêtant aux mille fantaisies passionnées de sa maîtresse. Elle était telle qu'il la voulait.

Plusieurs fois il lui parla de cette autre femme qu'il aimait; elle se montra curieuse, mais point jalouse : elle trouvait naturel qu'il eût plusieurs amours au cœur, et, venue la seconde, elle lui était reconnaissante de l'aimer par pitié, disait-elle. Par pitié, c'est trop dire. Le Fulminante pour rien au monde n'aurait renoncé à Fernande; il la mettait au-dessus de la Zinzinetta, mais il était épris de cette dernière. Deux femmes, était-ce trop pour un tel homme !

## XVII

### BIANCA

Cependant il surgit un incident avant l'arrivée d'Armand dans la grotte.

La comtesse, impatientée de le revoir, craignant que le Fulminante ne le retînt point, la comtesse irritée d'avoir tant attendu, impatiente de tenir sa proie, vint surveiller la conduite de son allié; on l'amena au Fulminante un soir, et en la voyant il fut surpris de la perfection avec laquelle elle s'était déguisée en paysanne italienne. Ses cheveux d'un blond roux, son teint bruni, deux signes admirablement placés, tout un ensemble de petits artifices de détail, rendait la comtesse méconnaissable en la laissant charmante.

— Mes compliments, signora, lui dit le Fulminante; vous êtes à ravir.

— Et changée ! fit-elle.

— Oh ! absolument.

— Avez-vous de ses nouvelles?

— Il n'est pas loin d'ici. Depuis vingt-quatre heures, il se heurte aux postes établis contre moi. Les bersagliers ne le laissent point passer.

— Ne vous a-t-il pas demandé à venir?

— Il est prévenu que je ne veux pas le recevoir; s'il

persiste, je suis libre de tout engagement avec lui et je vous le livre.

— Merci ! dit-elle.

— Voulez-vous que je vous présente votre père !

— Oh, oui ! fit-elle en riant. J'oubliais que j'ai ici un père.

— Cascarillo ! appela le Fulminante.

Le vieux bandit se présenta.

— Capitaine, lui dit le chef de la Montagne, ne vous est-il pas souvent arrivé d'aimer à tort et à travers dans le cours de votre existence ?

— *Per Dio*, je l'avoue ! fit le vieillard. J'ai promené mon cœur un peu partout en Italie.

— Eh bien ! mon cher, il résulte de ces escapades-là que l'on est père de bien jolies filles sans s'en douter le moins du monde.

— Diavolo ! fit Cascarillo en regardant la comtesse de travers.

Il la prenait pour une paysanne.

— Est-ce que vous ne trouvez pas cette jeune fille jolie, capitaine ?

— Elle est charmante ; mais...

— Ne seriez-vous pas fier de la nommer votre fille et de la reconnaître comme telle.

— Sans doute... mais...

— Enfin, Cascarillo, qu'est-ce que cela vous coûterait d'avoir un bon mouvement.

— S'il ne m'en coûte rien, dit Cascarillo d'un air défiant et si cette belle enfant ne réclame pas de dot, on pourrait s'entendre.

Le Fulminante et la comtesse se mirent à rire des craintes de Cascarillo.

— Vois donc, vieux coquin, comme tu es heureux ; ta fille est riche !

— Ah ! ah ! fit Cascarillo dont les yeux s'illuminèrent, voilà qui me plaît fort. C'est singulier combien un mot peut ouvrir l'entendement et faire revenir la mémoire : il semble que je reconnais dans les traits de cette belle fille ceux d'une femme que j'ai adorée il y a vingt-cinq ans.

— Excellent Cascarillo ! dit le Fulminante. Comment se nommait cette personne ?

— C'était une transtévérine, une superbe Romaine: elle s'appelait Teverina de son nom de famille et Bianca de son prénom.

— Va pour Bianca et pour Teverina.

Et le Fulminante s'adressant à la comtesse, lui dit en riant :

— Vous vous souviendrez de ces noms-là, n'est-ce pas, petite!

— Oui, signor, dit la comtesse, en jouant des doigts avec sa jupe comme une fille du peuple embarrassée devant un personnage.

— Et comment appellera-t-on la fille? demanda le Fulminante.

— Je serais heureux de l'appeler Eleonora! dit Cascarillo : j'aime ce nom-là.

— Soit ! dit la comtesse.

Puis à Cascarillo :

— Il s'agit de jouer notre rôle sérieusement ; vous me tutoierez.

— Naturellement ! dit le bandit.

— Moi, par respect pour votre grand nom et pour votre âge, je vous dirai vous.

— Très bien !

— Vous raconterez aux autres brigands que je suis venue ici par ordre du Fulminante qui, trouvant qu'une seule femme de chambre ne suffisait pas, ayant la Zinzinella ici, vous a engagé à faire venir une de vos nombreuses filles, que vous m'avez choisie.

— Très bien ! c'est plaisir d'avoir des filles qui parlent d'une façon aussi déliée ! dit Cascarillo.

— Maintenant, papa, reprit la comtesse, présentez-moi à vos camarades. Si vous êtes un père consciencieux, je veux vous laisser bon souvenir de moi quand je partirai d'ici.

— Mille grâces, chère enfant !

Et offrant son bras à la comtesse, il la promena dans la grotte.

— Holà, Grimaldi, Ferugino, Pensiere, disait-il, venez un peu ici. « Celle-ci est ma fille ! — Salue ces sacripants, petite ; ce sont les camarades de ton père. — Vous savez, mes gaillards, que je casse la tête à qui manquera de respect à Eleonora. Elle n'a qu'une maîtresse, ici, la

Zinzinetta dont elle devient chambrière. Toi, Vizenzini, je te charge d'aider Eleonora pour la grosse besogne. On peut te laisser auprès des dames, vu ton accident et si tu voulais te vendre au sultan, il te payerait cher pour la garde du harem.

Et tous les bandits de rire ; on rencontra M. Lenoel revenant de la pêche. Cascarillo, chapeau à la main, l'arrêta :

— Permettez, Excellence, dit-il, que je vous présente ce bel échantillon d'un sexe enchanteur que vous adorez puisqu'il vous a conduit ici. Maintenant que notre chef vous a enlevé la Zinzinetta, je suis certain que vous allez avoir des yeux pour cette enfant-là ; c'est morceau de prince.

« Salue, petite.

La comtesse fit la révérence.

— Je vous dirai que c'est ma fille ! dit Cascarillo. Si vous alliez lui faire la cour je me fâcherais, à moins, bien entendu, que vous ne la dotiez, auquel cas mon devoir de père serait de fermer les yeux.

— Comme je ne pourrai même pas payer ma rançon, dit M. Lenoël, je ne me permettrai pas de fantaisies aussi coûteuses.

Et il salua.

— Il est furieux ! dit Cascarillo en riant. Il a cru longtemps qu'il finirait par obtenir les faveurs de la Zinzinetta, et voilà qu'elle s'est donnée au Fulminante.

— Il ne m'a pas reconnue, fit la comtesse.

— Vous le connaissez donc.

— Oui... dit-elle. L'autre non plus ne me reconnaîtra pas.

— Quel autre ?

— Le jeune homme qui doit venir.

— Je suis curieux de le voir celui-là. On en dit le plus grand bien. C'est un colosse !

— Vous savez qu'il faudra fermer les yeux pour celui-là ! dit la comtesse en souriant.

— Ah ! vous... je veux dire : tu en tiens pour lui, chère petite.

— Oui ! dit-elle.

— La grotte va donc se transformer en nid d'amour, fit Cascarillo. Tant mieux, j'aime cela. Je ne suis pas un vieux grognard, moi ; j'aime la jeunesse, le bruit, les chansons.

En ce moment, un messager arrivait.

— Le Fulminante est-il ici? demanda-t-il à Cascarillo.

— Que viens-tu lui annoncer? questionna le vieux capitaine.

— L'arrivée du jeune Français, prisonnier du Galli.

— Par les cornes de Satan, ce Galli a de la chance ! s'écria Cascarillo. Il arrêta l'oncle, puis le neveu ! Quelles parts de rançon, il aura !...

— S'ils payent ! dit la comtesse.

— Ah ! fit Cascarillo, il y a anguille sous roche, du mystère, de l'intrigue, bravo, bravissimo !... Je te quitte, petite. Il faut que j'instruise le capitaine de ce qui se passe.

Le Fulminante, prévenu de l'arrivée d'Armand, renvoya la Zinzinella et il ordonna que le prisonnier lui fût amené dans son cabinet; une demi-heure après, Armand entrait accompagné de Galli et de Cascarillo.

— Laissez-nous ! dit le Fulminante à ces derniers qui se retirèrent.

## XVIII

### ENTREVUE.

Armand, en entrant dans le cabinet du chef, fut frappé du luxe que nous avons décrit.

Il promena, avec son flegme habituel, son regard autour de lui, admirant le bon goût qui avait présidé à l'arrangement de toutes choses; il se tourna ensuite vers le Fulminante et lui dit :

— Je vous souhaite le bonsoir, monsieur ; je vous demande pardon de vous déranger et je me permets de vous complimenter sincèrement sur la façon artistique dont vous avez meublé cette chambre, c'est ravissant :

— Mille grâces, monsieur, répondit le Fulminante.

— Veuillez vous asseoir ! dit-il en montrant un siège. Vous devez être fatigué.

— Pas trop ! dit Armand. J'avais cependant un très spirituel compagnon de voyage qui m'a raconté sur votre existence des choses merveilleuses fort au-dessus de votre réputation qui, cependant, est immense.

Le Fulminante salua.

— Monsieur, dit-il, vous êtes je ne dirai pas le bienvenu, mais le trop bienvenu.

— Pourquoi, de grâce ?

— Parce que je souhaitais vous prendre ? Vous valez cher.

— Voilà précisément ce qui m'amène. Je viens vous détromper.

Le Fulminante eut un geste de dénégation.

— Permettez ! dit Armand. Si je valais aussi cher que vous pensez, serai-je ici dans vos mains ? Je me suis dit que ma démarche vous prouverait ma sincérité.

— Monsieur, pour sauver un ami sans donner de millions on peut risquer sa vie quand on est aussi audacieux que vous l'êtes. Mais causons. Je vais vous questionner. Vous prétendez ne pas être très riche, n'est-ce pas ?

— J'affirme que je ne le suis point.

— Vous vous donnez toujours comme neveu de mon prisonnier, homme d'une fortune moyenne.

— Certainement.

— Eh bien, vous mentez.

— Moi !

— Oui... vous ! Vous faites passer pour votre oncle, un homme qui n'est même pas votre parent. Vous appelez votre sœur une jeune fille dont vous êtes le fiancé.

— Tiens ! fit tranquillement Armand, de qui diable avez-vous appris cela ? C'est la vérité, du reste.

— Et vous mentez !

— Non, je... ne... mentais pas ? Écoutez-moi.

— Je suis curieux, monsieur, de savoir comment vous allez vous tirer de là.

— Oh ! très franchement, très loyalement, très simplement, je vous assure. Je croyais qu'une seule chose vous intéressait ; ma position de fortune. Mes affirmations ne portaient que sur un point, le reste étant indifférent. Car que vous importe, si le prisonnier est mon oncle et si mademoiselle Fernande est ma fiancée ?

— Il importe énormément ! Tout ce mystère ne peut que confirmer les renseignements qui me sont donnés.

Armand haussa les épaules.

— On vous a trompé! fit-il.

Et il demanda :

— Etes-vous sûr que personne ne vous entend, personne, vous me comprenez.

— Ceci, je le garantis.

— Eh bien, je vais vous conter une histoire intéressante. Vous êtes bon prince ; je suis sûr qu'avec dix millions vous vous contenterez !

— Dix millions ! s'écria le Fulminante.

Il était profondément étonné.

Que le lecteur n'oublie pas que le chef ignorait l'histoire de l'héritage ; en demandant une rançon énorme, il n'avait qu'un but : rendre la délivrance impossible. Mais voilà qu'Armand parlait de dix millions avec un accent qui forçait la conviction ! N'y avait-il pas de quoi stupéfier le Fulminante.

— Monsieur, dit Armand, je vais vous mettre au courant de mes affaires et de celles de M. Lenoël. Car votre prisonnier s'appelle Lenoël.

— Je le sais ! dit le Fulminante.

— Ah ! vous le savez ! Mais alors, vous ne devriez pas ignorer que M. Lenoël, moi et ma fiancée, nous héritons de soixante et quinze millions à nous trois. La personne qui vous renseigné sur le reste, ne vous a point dit cela.

— Non ! dit le chef.

Nier eût été impossible.

— Eh bien, dit tranquillement Armand, vous vous faites flouer par cette personne-là !

Puis en riant :

— A votre place, je serais vexé.

Un éclair brilla sous le masque dans les yeux du Fulminante.

Armand reprit :

— Je viens vous proposer mieux que six millions : je vous en offre dix. Je vois votre jeu maintenant. Nous avons été découvert par une certaine personne qui veut nous faire disparaître pour être seule à hériter de cette fortune qui se monte en totalité à plus de cent millions bien liquidés. Cette personne est venue à Naples et elle a réclamé votre concours. Mais elle ne vous a pas confié le secret pour payer votre assistance moins cher. Je viens, moi, carrément, nettement, en galant homme, vous offrir large part. Voyez qui se conduit le mieux de cette femme ou de moi.

Le Fulminante paraissait frappé de ces révélations : il doutait encore cependant. Armand, pour le convaincre, lui raconta tout le drame dont nous avons successivement déroulé les phases sous les yeux du lecteur ; certain à cette heure d'avoir été découvert par la comtesse, il montrait une grande habileté en jouant franc jeu avec le Fulminante. Certes il eût gagné la partie si le chef n'eût pas été épris de Fernande ; par malheur, il l'aimait d'autant plus maintenant qu'Armand mort, la dot devenait colossale. Quand Armand eut terminé, il dit au Fulminante pour conclure :

— Il faut, monsieur, accepter mon offre et me renvoyer vite à Naples. Ma fiancée y est seule, exposée aux coups terribles que sait frapper la comtesse et...

Le Fulminante se leva précipitamment et dit d'une voix émue :

— Au sujet de Mlle Fernande, je vais donner des ordres ! Veuillez m'attendre. Rassurez-vous surtout ! Avant une heure bonne garde sera faite sur les jours de cette jeune fille.

Le Fulminante aimait Fernande d'un tout autre amour que celui qu'il éprouvait pour la Zinzinella ; mais, pour être plus tendre et moins ardente, cette passion n'en était pas moins plus forte. Il s'empressa de faire télégraphier à Naples.

Puis il demanda la comtesse et envoya Cascarillo prier Armand de l'attendre, il s'enferma avec Ellora dans une des chambres de la grotte. Entre ces deux rudes jouteurs, la lutte allait donc s'engager.

Le Fulminante invita la comtesse à s'asseoir, ce qu'elle fit en attachant son regard sur le masque de son adversaire dont elle cherchait à pénétrer la pensée.

— Signora, dit celui-ci, je vous prie de m'écouter attentivement et de me répondre nettement.

— Je suis prête ! dit-elle. Que voulez-vous de moi ?

— Est-ce bien l'amour, l'amour seul, qui vous pousse vers ce jeune homme ?

— Oui, dit-elle nettement.
— Vous n'avez pas d'arrière-pensée?
— Non certes.
— Et sous cette grande passion ne se cache pas le désir d'épouser ou de tuer un riche héritier?

Armand a parlé, se dit la comtesse.

— Je pose l'alternative! fit le Fulminante parce que vous pouvez avoir à le tuer, s'il n'épouse pas.
— Capitaine, dit Ellora, j'aime... voilà tout! Aimez de votre côté. Épousez si bon vous semble.
— Les millions existent-ils réellement? demanda-t-il brusquement.

Sans hésiter, elle répondit :
— Oui!

Ils trouvaient tous deux nécessaire de jouer cartes sur table.

— Nous sommes en face d'une situation parallèle! dit le Fulminante. Vous aimez un héritier qui ne vous aime pas et qui aime une jeune fille qui vous gêne.

La comtesse secoua la tête.

Le Fulminante reprit :
— De mon côté j'aime la jeune fille qui vous gêne, et celle-ci est fiancée de celui que vous aimez. Nous pouvons traiter à conditions égales.
— Soit! dit la comtesse.

Et en elle-même elle se demanda :
— Et Madejo!

Le Fulminante reprit :
— Vous vouliez la mort de cette jeune fille; laissez-la vivre et je vous donnerai Armand.
— Faut-il être franche? demanda la comtesse.
— On y gagne avec moi.
— Et bien, vous faites mauvais marché.
— Parce que?
— Parce que Fernande est condamnée. Elle est anémique et elle mourra dans l'année.
— Si vous en doutez, consultez un médecin.
— Serait-elle déjà empoisonnée?
— Je vous jure que non.

Puis avec une franchise si bien jouée que le Fulminante y fût pris, elle s'écria :

— Tenez, prenons confiance l'un à l'autre. Qu'importe l'or, quand on est déjà riche et que l'on a au cœur une grande passion. Pourquoi ferais-je périr votre Fernande du moment où elle serait à vous? Pour avoir sa part d'héritage? Eh! dès aujourd'hui, capitaine, je vous garantis cette part et je suis prête à signer l'engagement que les chefs de ma nation me forceraient bien à tenir, si j'y manquais.

— Madame, dit le Fulminante, je me ferais justice moi-même.

— Comme moi, dit-elle, si vous manquiez aux clauses de notre marché. Je reprends. Quel motif encore me pousserait à vouloir la mort de Fernande? Sa passion pour son cousin? Vous épousant ou étant en vos mains, je n'ai plus de raison pour la craindre. Pesez bien ce que je vous dis là et vous verrez que si avant l'année Fernande est morte, ce sera d'anémie; les médecins en feront foi. S'ils déclaraient par hasard que l'ombre d'une trace de poison a été trouvée dans son corps, vous pourriez vous venger de moi; votre coup de poignard serait bien donné. Mais je suis tranquille. Il est clair pour vous maintenant que je ne veux plus la mort de l'enfant. Le jour où vous l'enterrez, je vous dois sa part d'héritage, ce jour-là seulement. Donc l'intérêt, un intérêt de beaucoup de millions me pousse à la laisser vivre.

Le Fulminante creusa cette idée, n'y trouva rien qui ne sonnât clair et franc et il finit par accepter le marché; il dit à la comtesse :

— Nous allons rédiger les clauses de ce traité et les signer si vous voulez.

— Soit! dit-elle. Retournez près d'Armand. Je vais préparer ce contrat.

— Ayant chacun notre copie, dit le Fulminante, si vous manquez aux conventions, lorsque je me serai vengé, je pourrai montrer aux vôtres que c'était mon droit. Vous de même contre moi.

— Mon cher capitaine, dit-elle avec un sourire charmant, il n'y aura pas de querelles de vous à moi. Tout au contraire. Il vous serait difficile de réussir auprès de Fernande; ma sœur vous y aidera. Elle est femme! Elle est habile! Comptez sur elle. Elle saura mieux que personne vous faciliter votre tâche et elle vous donnera les moyens de réussir.

— Il n'y en a qu'un ! dit le Fulminante.

— Lequel?

— C'est qu'Armand passe pour mort. Aussi le fusillerai-je pour la forme, dans quelques jours, et cette enfant se sentira seule au monde.

— Et moi, je vous prierai de faire annoncer dans un journal la mort de Fernande. De la sorte, en mettant ce journal sous les yeux d'Armand, on arrivera à le désespérer d'abord, puis à le consoler ensuite ; notre moyen est bon. Mais, qu'allez-vous lui dire ?

— Je ne le reverrai pas. Il y a, je vous l'avoue, tant de franchise dans ses allures, il m'est si sympathique que je me sens faiblir devant lui et j'évite sa rencontre. Il est fâcheux qu'il se trouve comme un obstacle sur mon chemin. Au revoir, comtesse.

— Un instant ! dit-elle. Et Madejo !

— C'est moi ! dit le Fulminante simplement.

Il ôta son masque.

— Mais, l'autre nuit..., j'ai vu un autre visage.

— De même que je vois aujourd'hui en vous une autre femme que cette nuit-là. Je suis grimé même sous le masque, dans certaines expéditions, où je prévois, soit bataille, soit trahison. Aujourd'hui je vous tiens ici comme otage pour ma sécurité. Je puis donc vous répéter que Madejo, c'est moi ; seulement vous avez fait le bonheur de la Zinzinetta.

— Comment ! demanda la comtesse.

— J'ignorais l'histoire de l'héritage ; je ne savais pas que nous jouerions à jeu découvert. Alors, j'imaginais que, pour vous convaincre que je travaillais dans l'intérêt d'autre, de Madejo, je devais prendre une maîtresse. Ainsi, ai-je fait.

— Vous aimez moins Fernande que je n'aime Armand ! dit la comtesse.

— Détrompez-vous ! fit-il. Un homme peut aimer passionnément deux femmes.

Et il prit congé de la comtesse ; dix minutes plus tard, il partait suivi de la Zinzinetta. Cascarillo allait trouver Armand.

Le vieux bandit s'inclina profondément devant le jeune homme et lui dit :

— Excellence, je suis Cascarillo, capitaine des *malvivants* qui garde cette grotte. Je suis envoyé par le Fulminante qui vient prendre une décision d'autant plus rapide à votre égard, qu'un télégramme le rappelle à Naples. Il m'a chargé de vous dire qu'il allait pour faire vérifier vos assertions, qu'en attendant vous seriez prisonnier et qu'il aviserait lorsqu'il saurait à quoi s'en tenir sur toutes choses. Il m'a surtout recommandé de vous avertir qu'il protégerait votre fiancée, très menacée et que vous auriez été impuissant à sauver.

Puis, tout à coup :

— Ah, j'oubliais. La Zinzinetta qui est devenue la maîtresse du chef; lequel en est passionnément amoureux, mais amoureux fou, la Zinzinetta vous laisse sa chambre. Elle recommande de ménager son mobilier.

Le front d'Armand s'était d'abord assombri; mais il se dérida un peu. Le Fulminante amoureux de la Zinzinetta ne pouvait avoir des vues sur Fernande.

— Puis-je voir M. Lenoël, mon oncle? demanda-t-il.

— Oui, Excellence.

— Conduisez-moi près de lui.

— Pas moi, si vous permettez. Je suis mal avec lui. Il m'attribue la trahison de la Zinzinetta le délaissant pour le chef.

Armand sourit.

Cascarillo appela :

— Eleonora! Eleonora! ici petite!

La comtesse accourut non sans trouble.

— Excellence, dit Cascarillo avec un beau sang-froid, je vous présente ma fille. Elle a pour service ici, d'être la femme de chambre des prisonnières. Je vous la donne comme aussi sage qu'une sainte et martyre et je vous engage à ne pas la séduire; sinon, outre votre rançon, j'exige une dot énorme.

Cascarillo était inimitable quand il disait ces choses-là et naturel surtout. Armand eût bien ri, n'étaient ses inquiétudes.

— Eleonora! dit le capitaine, conduis le signor auprès de son oncle.

— Venez! dit la comtesse.

Et comme en sortant de la chambre, on tombait dans une demi-obscurité, la jeune femme prit en tressaillant la main d'Armand pour le guider ; elle eut cette force de résister à la tentation de presser cette main ; elle se domina. Armand, tout préoccupé qu'il fût avait remarqué cette fille qu'on lui présentait comme l'enfant d'un brigand ; il était prisonnier et les regards de cette femme lui annonçaient de la sympathie ; il fut comme tout captif qui dans sa prison trouve quelqu'un ayant commisération pour lui. Il résolut de cultiver cette naissante amitié.

— Signora, dit-il, vous êtes bien jeune, bien jolie et bien charmante pour vivre dans ce repaire.

— Eh ! fit-elle, ne faut-il pas s'amasser une dot ? Cascarillo, mon père, est riche ; mais il a tant de filles par le monde. Il se ruinerait à leur donner seulement à chacune une centaine d'écus. Je suis venue ici les yeux bandés, j'en sortirai de même dans quelques années ; mais j'aurai en poche de quoi choisir un mari dans mon village.

Armand savait la valeur d'un compliment :

— Vos beaux yeux n'auraient-ils donc pas suffi ? demanda-t-il galamment.

— En France, oui ! Ici, non !

— Vous êtes charmante, cependant !

— Prenez garde, signor. A ce train-là, vous seriez forcé d'ajouter bientôt ma dot à la rançon. Cascarillo n'entend pas la plaisanterie.

— Et vous ?

— Moi... cela dépend ! Si j'aimais... Mais je n'ai jamais aimé personne, voilà pourquoi je suis restée sage. Vous voici devant la chambre de votre oncle, signor ; bon coucher.

— Bonne nuit, petite !

Et il frappa.

— Entrez ! cria la voix de M. Lenoël.

Armand ouvrit et parut. M. Lenoël, qui écrivait une lettre, se dressa d'un bond sur ses pieds.

— Vous ! s'écria-t-il effaré. Ici...

Armand l'embrassa.

— Mais, malheureux, vous vous êtes donc fait prendre ?

— Oui.

— Et comment ?

— Je vais vous le dire ? Je croyais venir me mettre aux mains du Fulminante, pour lui dire : Nous avons à nous tant de fortune, ni plus, ni moins ; prenez ce que vous voudrez. Étant donné le caractère du chef, c'était bien calculé ; je vous assure. J'ai failli réussir. Mais il est survenu une difficulté qui dérangeait tous mes calculs.

— Laquelle ?

— La comtesse est à Naples.

— Est-il possible !

— Elle a vu le Fulminante !

— Grands dieux ?

— C'est pour le compte de notre ennemie qu'il nous a enlevés.

— Nous sommes perdus.

— Pas encore. J'ai offert des millions au Fulminante.

— Oh ! je tremble pour Fernande.

— Il m'a juré de veiller sur elle ; Fernande vaut cher pour lui maintenant. Puis, j'ai un espoir ?

— Lequel ?

Armand voulait fuir à tout prix avec M. Lenoël, rentrer à Naples, veiller sur Fernande. Il avait trouvé une idée. Il demanda :

— Monsieur Lenoël, serait-ce un crime de se laisser séduire par une femme pour sauver Fernande ? Aurais-je quelque chose à me reprocher, si je faisais cela ?

— Non ! dit M. Lenoël.

— Et si cette femme était la comtesse ?

M. Lenoël tressaillit.

— Je vous soumets un cas de conscience ! dit Armand. Jugez-le en honnête homme. Je puis obtenir ma liberté et la vôtre. Nous fuirons... Mais, vous voyez à quel prix.

— Êtes-vous sûr que la comtesse viendra ici ?

— J'en suis certain. Elle m'aime.

— Elle voulait vous tuer.

— N'importe, elle m'aime.

— Si elle vient, dit avec effort M. Lenoël, sauvez Fernande ; voilà votre devoir.

— Il sera toujours temps de poignarder la comtesse quand nous serons libres ! dit Armand.

— Êtes-vous certain que le Fulminante va protéger cette enfant.

— Oui, j'en suis convaincu. Il n'est parti brusquement à Naples que dans ce but ; il n'a pas même pris congé de moi.

— Et, dit en frissonnant M. Lenoël, s'il allait s'éprendre de votre fiancée.

— Il est fou de la Zinzinetta.

— Allons, fit monsieur Lenoël avec un soupir, ma faute aura donc servi à quelque chose

— Bonsoir, M. Lenoël.

— Bonne nuit ! Pensez à nous délivrer.

Et il serra la main d'Armand en murmurant :

— Pauvre petite Fernande ! Mais, elle ne saura rien.

— Ce n'est ni moi, ni vous qui le lui dirons.

Ils se séparèrent.

A la porte, la comtesse attendait.

— Je vous conduis à votre chambre, signor ! dit-elle.

— Je vous suis, ma toute belle ! dit Armand.

Et il se montra très aimable jusqu'à la porte de sa chambre ; là, il fut remis aux mains du valet de chambre qui s'occupa de lui avec zèle. Jusqu'à ce qu'il s'endormit.

Et bientôt, dans la grotte, tout fut silencieux !

Au loin seulement, on entendait gronder le volcan souterrain dont on apercevait les lueurs rougeâtres courant par intervalles au fond de l'immense souterrain.

Pendant ce temps, Fernande recevait la lettre suivante :

« Mademoiselle,

« Votre fiancé, malgré ma défense, a voulu venir à moi qui lui avais refusé tout sauf-conduit. J'use de mon droit, en le retenant prisonnier. Sa vie n'est pas menacée ; mais sachant quel héritage il doit faire, je m'arrangerai pour toucher sa rançon, et celle de votre tuteur, sur l'héritage. D'ici là je le garde. Mille regrets, mademoiselle, mais vraiment, c'était me braver trop audacieusement.

« Le Fulminante. »

Cette fois, Fernande s'évanouit si longuement, que la baronne la crut morte

Et bientôt après madame Wadzivill recevait de sa sœur un avis court, bref, concis, par un homme sûr.

Le bohémien apportait la recommandation suivante :

« Quoi qu'il arrive, quoi que j'écrive, suivez toujours mes premières instructions. »

C'était l'arrêt de mort de Fernande.

La baronne allait chaque nuit le faire exécuter. Et son œuvre de mort ne serait pas entravée, puisque le Fulminante se fiait à ses amours.

Ainsi tout abandonnait Fernande !

Tout se tournait contre elle !

Seule, elle avait à défendre sa vieentre un monstre épouvantable et son cœur contre le Fulminante !

## XIX

### LA MORTE

Le lendemain, M. Lenoël et Armand se rencontrèrent, à l'aube, cherchant tous deux l'air matinal à une fenêtre, c'est-à-dire à une trouée.

— Mon cher enfant, dit-il à Armand, je vous proposerai un jour peut-être un moyen de fuite si le vôtre ne réussit pas, ce qui peut arriver. Car, vous vous trompez peut-être. La comtesse ne vous aime peut-être pas.

— Vous verrez ! fit Armand. Mais comment compteriez-vous nous sauver.

— Nous nageons bien ! dit M. Lenoël. Nous nous munirions de liège, du reste, pour nous soutenir sur l'eau. Les dames-jeanne, nombreuses ici, sont couvertes de larges bouchons dont nous ferions des flotteurs. Une nuit, nous nous lèverions et nous fuirions.

— Le moyen est risqué ! dit Armand. Il faudrait rester dix heures en mer peut-être avant d'être recueillis, ou de toucher la terre sur un point qui ne serait pas surveillé par les bandits.

— Venez-vous avec moi ? demanda M. Lenoël.

— Où allez-vous ?

— Relever des palangres que j'ai tendus hier soir; je dois avoir fait belle pêche.

— Non, je vous laisse ! dit Armand,

Et il s'assit en regardant la mer.

Il était là, rêvant depuis une demi-heure quand une voix lui dit :

— Prenez-vous cette tasse de lait, signor.

Il se retourna.

C'était la comtesse qui était derrière lui.

— Bianca, ma chère, dit Armand, merci. Voilà une attention délicate. Comment la reconnaîtrai-je?

— En m'aidant à parfaire ma dot, signor.

— Alors tes politesses sont intéressées.

Elle fit mine de rougir.

— Voulez-vous vous asseoir un instant près de moi et causer? demanda Armand.

— Oui, signor! fit-elle.

Elle s'assit le plus près possible en femme amoureuse qu'elle était.

Armand n'avait qu'un but, obtenir des explications.

— Dites-moi, fit-il, n'attendez-vous pas ici une dame, l'alliée de Fulminante.

Elle tressaillit.

— Une dame ! fit-elle.

— Oui ! dit-il, une grande dame.

— Je n'ai entendu parler de rien ! fit-elle. Est-ce que vous la connaissez, cette dame ?

— Oui... trop!

— Pourquoi trop !

— Elle m'a voulu tuer plusieurs fois.

— C'est une femme qui vous aime.

— Non ! elle voulait me faire assassiner, pour hériter seule d'une fortune immense.

— Êtes-vous sûr qu'elle ne vous aimait pas.

— Oh ! dit Armand, si l'amour était le mobile de ses crimes, je lui pardonnerais.

Armand disait cela pour que ce fût répété au cas où la comtesse viendrait.

— Si cette dame arrive, je lui dirai cela.

— Gardez-vous-en bien.

— Qui sait? Vous pouvez vous être trompé. Elle

vous aime peut-être, et si vous l'aimiez elle vous ferait remettre en liberté.

— Moi, dit Armand, je ne veux pas être son amant, et je reste fidèle à ma fiancée.

— Il y a-t-il longtemps que vous attendez l'heure de votre mariage.

— Il y a six mois.

Bianca ou plutôt la comtesse se mit à rire.

— Qu'avez-vous ? demanda Armand.

— C'est que je ne crois pas possible, qu'un garçon de votre âge et de votre vigueur reste sage pendant six mois ; vous ne me le ferez pas croire.

Armand se mit à rire aussi.

— Vous avouez ! fit-elle.

— J'avoue que je me regarderais comme faussant mes serments, si j'aimais la comtesse ; car, avec elle, ce serait sérieux et je trahirais ma fiancée : mais quant aux amourettes de passage et de circonstance, c'est un besoin comme de boire et de manger ; je ne suis pas un anachorète.

— Au moins, vous êtes franc, vous.

— C'est ma meilleure qualité.

— Pourquoi avez-vous dit : *avec la comtesse ce serait sérieux ?* Vous sentez-vous donc pour elle un penchant.

— Un penchant très vif pour... l'étrangler ! dit Armand en riant Toutefois, elle est si belle, que si une fois je lui pardonnais, la haine deviendrait une passion.

— Si la dame vient, je lui conte tout cela, elle vous prend en vive amitié et...

— Jamais ! jamais !

Puis d'un air léger comme un homme qui craint de s'aventurer et voile un désir sous l'apparence d'une plaisanterie :

— Est-ce que vous croyez plus à la possibilité pour une Italienne de votre âge de se passer d'amour plus qu'un Français du mien.

— Signor ! fit Bianca.

— J'ai bien le droit de vous dire cela après ce que vous m'avez fait avouer. Un peu de franchise à votre tour. Et si un prisonnier que vous trouveriez beau garçon vous disait : Je m'ennuie, je ne parle pas de t'épouser, mais je te donnerai des preuves de ma reconnaissance si tu veux te désennuyer avec moi. Que répondrez-vous ?

— Je dirais à ce prisonnier, si je l'aimais, je lui dirais : consolez-moi et consolez-vous ; nous sommes captifs tous deux ; profitons des heures de jeunesse. — Et je refuserais son or !

Armand était dans une situation fausse ; il n'avait voulu en aucune façon obtenir un aveu de cette jeune femme. Mais la conversation avait pris un tour singulier ; il se trouvait que Bianca montrait trop clairement que le prisonnier ne lui était pas indifférent.

— C'est charmant, ce que vous venez de dire là, ma chère signorita ! s'écria Armand.

— Qu'ai-je dit ?

— Que vous m'aimiez un peu.

— Et la signora Fernande !

— Fernande ! dit douloureusement Armand, je l'aimerai toujours ! Vous avez raison, Bianca. Merci !

Il tendit la main à la jeune fille, se leva et dit :

— Je vais voir si monsieur Lenoël a pris du poisson.

Il laissa la comtesse confuse de la sottise qu'elle avait faite.

La comtesse se trouva nez à nez avec Cascarillo, quand après avoir suivi des yeux Armand, elle l'eut perdu de vue, cherchant M. Lenoël à travers les rocs.

— Eh ! fit le vieux patriarche. Des larmes ! Qu'avez-vous donc ?

— Je suis une sotte ! dit-elle.

— J'en doute ! fit le galant vieillard. Qu'y a-t-il ?

— J'ai jeté le nom de sa fiancée à ce garçon, au moment où il allait me dire : je t'aime ?

— Voilà bien les femmes !

— C'est qu'aussi...

— Oh ! fit Cascarillo, je connais le refrain ! On veut son amant surtout parce qu'il est à une autre, on veut triompher de l'autre... Diavolo ! Soyons raisonnable !

— C'est une faute ! dit-elle. Oui, vous avez raison ! Qu'il m'aime... n'importe comment ! Mais, qu'il m'aime !

— A la bonne heure ! dit Cascarillo. Eh bien, je sais ce qu'il faut faire.

— Quoi ! vous pourriez.

— Je peux vous le jeter cette nuit à vos pieds, ivre d'amour !

— Faites cela, Cascarillo, faites cela, et je vous assure que je vous serai reconnaissante.

— Ne me demandez pas, par exemple, que cela dure : le lendemain matin sera froid !

— Qu'importe ?

— Voilà une bonne parole !... fit le vieux bandit. D'autant plus qu'on peut recommencer.

— Chaque nuit !

— Ce serait peut-être beaucoup dire.

— Mais enfin, de quoi s'agit-il.

— Chut ! Il revient.

En effet, Armand revenait portant sur son dos la pêche de M. Lenoël Celui-ci triomphait ; jamais Ramèje, son professeur, n'avait fait si belle capture, ni si délicate, ni si abondante.

— Oh ! s'écria Cascarillo, mes compliments, mon maître vous avez réussi.

— N'est-ce pas ! s'écria M. Lenoël avec un naïf orgueil, n'est-ce pas que c'est réussi ?

— Ce cuistre de Ramèje, dit Cascarillo, se vantait d'être le premier pêcheur de palangres de la Méditerranée et ce n'est qu'un cancre auprès de vous.

— Je ne suis pas du littoral de la Méditerranée ! dit M. Lenoël fièrement. Je suis Parisien. Le poisson de Seine, très pêché, est le plus fin, le plus défiant du monde. Il faut, pour le prendre, une ruse extraordinaire et des engins d'une finesse extrême. Je me suis servi de mes lignes de fond, et j'ai complètement réussi !

— Quels poissons délicats ! s'exclamait Cascarillo. De ceux qu'on ne prend jamais. Si j'osais...

— Osez, capitaine !

— Je suis gourmand de ces mets, et je vous demanderais de m'inviter à votre dîner.

— Accepté, capitaine !

— Signor, vous m'honorez plus que je ne saurais dire, et je vous sais gré de nous inviter.

— Vous êtes bien bon, signor !

— Ce sera pour ce soir, à quelle heure !

— Quand vous voudrez.

— Six heures, alors.
— Six heures, soit !
— Nous ferons cette petite fête dans le *buen retiro* du Fulminante. Il me permet ces licences !
— C'est parfait !
— Je vous ferai goûter d'un certain vin...
— Vous êtes bien bon, capitaine !
— Est-ce que monsieur sera des nôtres ?
— Pourquoi pas ! dit Armand.
Cascarillo était loin de lui déplaire.
— Alors, à ce soir ! dit le bandit. Comptez sur moi pour le menu.
— Nous nous en rapportons complètement à vous.
Et M. Lenoël abandonna sa pêche à Cascarillo.
— Mon enfant, dit celui-ci à la comtesse, c'est une affaire faite, le jeune homme est à vous. Ce soir, je vous laisserai seule avec lui dans le *buen retiro* du capitaine.
— Et son compagnon !
— Il dormira après boire.
— Est-ce donc sa coutume !
— Oh ! quatre grains d'opium le coucheront sur son fauteuil et je le ferai enlever. Quant au jeune homme, nous avons toujours de quoi le rendre amoureux. A ce soir.
Et Cascarillo s'en alla donner ses ordres !

## XX

### LE VAMPIRE.

Cependant le Fulminante était arrivé à Naples.
Comme toujours, sous le nom de Madejo, il logea à la pension suisse; nul n'aurait soupçonné dans ce sculpteur hongrois, le terrible bandit qui s'était taillé un royaume dans les montagnes de l'État de Naples.
A première vue, comme l'avait si bien dit la Zinzinetta, Madejo le sculpteur n'attirait pas l'attention ; en lui, rien d'extraordinaire. De petite taille, il se confon-

dait facilement dans la foule ; mais s'il était isolé, on remarquait l'harmonie de ses proportions, la finesse de ses mains, la petitesse de ses pieds et une souplesse incomparable de mouvements. Sa figure brune, anguleuse, maigre, eût paru sinon vulgaire, du moins peu faite pour attirer l'attention, si deux yeux immenses, deux grands yeux bleus, n'eussent semé la lumière, l'éclat, le resplendissement sur cette physionomie. Lorsque voilant son regard, de sa paupière, le Fulminante était au repos, poursuivant un rêve intérieur ou s'abandonnant aux somnolences de la sieste, sa tête ne disait rien ; mais quand il discutait, quand il s'animait, quand l'œil projetait ses éblouissantes clartés, chaque trait du visage prenait du caractère. Un brusque mouvement de la main, jetait en arrière les boucles de cheveux noirs qui dissimulaient la hauteur et la majesté du front ; les lèvres éloquentes soulignaient chaque phrase, tantôt par la grâce du sourire, tantôt par un pli menaçant, parfois en marquant le dédain avec une puissance d'expression inouïe, d'autres fois en aiguisant les pointes de l'ironie par leur grimace sarcastique. On devinait alors que l'on était en face d'une nature passionnée, élégante, raffinée, riche en facultés redoutables ; mais le Fulminante se dévoilait rarement ; jusqu'alors, jamais devant Fernande, il n'avait paru sous son vrai jour à sa valeur.

Elle ne l'avait pas remarqué. Toute à Armand, inquiète de lui, ne regardant que lui, ne s'occupant que de lui, elle s'était fort peu arrêtée à considérer si M. Madejo ou M. Carlo étaient de jolis garçons : pour elle, ce qui n'était pas Armand ne méritait pas un regard. Mais, M. Lenoël pris, Armand détenu dans cette grotte, seule, Fernande dut chercher des figures sympathiques, interroger les visages, se faire des amis.

Tout d'abord Carlo lui parut plein de pitié pour elle, et elle crut devoir le compter au nombre de ceux à qui elle pourrait demander conseil. Carlo se montra tout dévoué, mais il lui dit :

— Madejo n'est malheureusement pas ici ; c'est un garçon qui a plus d'expérience que moi et qui vous conseillera avec bien plus d'autorité que moi.

Et il ajouta :

— Je lui télégraphie de venir !

Fernande remercia avec effusion.

Ainsi Madejo se trouvait posé déjà dans l'esprit de Fernande. Il arriva enfin. Carlo vint demander à Fernande si elle voulait le recevoir et causer avec lui des mesures à prendre. Elle accepta. En lui, tout d'abord, aucun changement ; elle ne remarqua rien qui annonçât l'homme supérieur, lorsqu'il la salua en s'excusant d'avoir tardé.

— J'étais en tournée artistique, mademoiselle, dit-il, je n'ai trouvé le télégramme de Carlo que ce matin et me voici à vos ordres. Je crois cependant devoir vous dire tout d'abord que, j'en ai la conviction profonde, Armand ne court aucun danger.

— Cependant, monsieur, il est prisonnier.

— Mademoiselle, le Fulminante fera vérifier la position pécuniaire d'Armand, et tout se terminera par une question de rançon et d'argent.

Et il fit de si beaux raisonnements, que Fernande prit confiance ; confiance d'abord dans la délivrance de son fiancé, confiance ensuite dans Madejo. Elle subit peu à peu le charme de cette voix harmonieuse, la douceur du regard la frappa ; elle se crut en présence d'un homme bienveillant, dévoué, brave et fort. Tout cela était vrai, mais ce qu'elle ignorait, c'est que cet homme l'aimait. Elle avait pour lui une amitié naissante et déjà beaucoup de reconnaissance.

La baronne, de son côté, avait reçu des instructions ; elle manœuvra pour bien disposer Fernande. Ellora avait recommandé à sa sœur de tout faire pour que Madejo fît des progrès dans le cœur de Fernande ; il fallait de cette façon, l'empêcher de concevoir aucun soupçon. Le Fulminante, cependant, était inquiet de la santé de Fernande ; il la vit très pâle, en effet, et tous les indices de l'anémie s'accusaient en elle. Il y avait à Naples plusieurs médecins célèbres ; le Fulminante résolut de tenter d'obtenir de Fernande, par la baronne, que la jeune fille prît une consultation. La baronne sut l'y décider.

— Il ne faut pas, lui avait-elle dit, que votre Armand vous trouve laide ou mourante en sortant de prison.

Les docteurs consultés déclarèrent qu'il y avait

appauvrissement du sang. La pauvre Fernande fut mise au régime, alors que chaque nuit elle subissait l'horrible fascination du vampire; tous remèdes étaient inutiles. Le Fulminante, sous le nom de Madejo, se présenta ensuite aux docteurs comme ami de la famille, pour savoir la vérité vraie que l'on ne dit jamais aux malades :

— Au point où en sont les choses, dirent unanimement les docteurs, cette jeune fille est menacée de devenir phtisique à courte échéance. Toutefois, un régime sévère et une médication énergique la sauveraient. Il n'y a pas de granulations, pas de tubercules dans les poumons.

Le Fulminante prit bon espoir. Il fit habilement sa cour, ne perdant aucune occasion de plaire à Fernande; jamais celle-ci ne l'avait encore vu dans la pleine explosion de sa force.

Une scène fâcheuse, causée par un officier prussien en voyage, c'est-à-dire en mission, mit en lumière la valeur de Madejo aux yeux de Fernande. Le Prussien avait toute l'arrogance des vainqueurs et il comptait sur l'amitié des Italiens présents; l'officier daubait donc sur la France en pleine table d'hôte, et Fernande écoutait pâle d'indignation.

Le Fulminante dit à Carlo très haut :

— Si cet officier était mieux élevé, et s'il avait du tact il se tairait. Il devrait s'apercevoir qu'il parle devant une Française et il se montre peu poli.

L'officier s'aperçut en effet de l'attitude de Fernande.

— J'ignorais, fit-il, que mademoiselle fût Française, et si je l'avais su, je n'aurais rien dit. Mais, vous, monsieur, ajouta-t-il, vous voudrez bien retirer ce que vos paroles ont de désobligeant.

— Monsieur, dit Madejo, je ne retirerai pas un mot de ce que j'ai dit :

— Vous êtes donc Français?

— Non, monsieur.

— Alors, pourquoi défendez-vous une nation qui a bien mérité le sort qu'elle a subi. Elle nous a attaqués, nous nous sommes défendus et nous l'avons châtiée.

— Pas assez! dit en souriant amèrement le Fulminante.

— Pourquoi?

— Parce que la France vous rendra avant peu, au centuple, les défaites que vous lui avez infligées.

— Oh! oh! dit l'officier, nous sommes un peuple de quarante millions d'âmes!

— Monsieur, dit-il à l'Allemand, la France est un grand pays, mais c'est surtout une grande nation; elle a été écrasée, surprise dans une heure d'abandon et de fatigue morale; vous étiez prêts, elle ne l'était pas.

« Avec un million de soldats et des machines de guerre perfectionnées, vous avez remporté des victoires sanglantes sur une armée de trois cent mille hommes, trahis à Metz, mal commandés partout; après, vous n'avez eu devant vous que des conscrits sans chefs.

« Cependant, monsieur, la lutte a été longue, Paris a mangé son dernier morceau de pain avant de se rendre, vous avez été plusieurs fois inquiets; et si un Pélissier ou un Bosquet se fût trouvé à la tête des Parisiens, vous étiez culbutés.

« Enfin, monsieur, pour conclure, la France ayant eu ce malheur d'oublier sa mission et de s'endormir au lieu de marcher à l'avant-garde des nations, la loi providentielle l'a frappée et elle s'est réveillée sous votre talon.

« Mais la leçon a profité.

« Vous avez été l'instrument de la Providence, mais votre tâche sanglante terminée, votre influence s'affaisse, votre prestige tombe!

« Il ne vous reste plus de votre gloire que la honte d'avoir volé les pendules, de vous êtes montrés rapaces au delà de toute idée et d'avoir reculé devant une entrée effective à Paris.

Ce que nous ne pouvons rendre c'est l'effet produit par cette sortie du Fulminante; il nous est impossible de reproduire ce jet d'éloquence tel qu'il fut lancé sur ce malencontreux Allemand. Le Fulminante foudroyait son adversaire sous le feu de son regard et de sa verve; l'officier prussien, cependant, n'était pas un lâche, il maintint ses prémisses.

— Monsieur, dit-il, vous avez insulté mon pays.

— Et vous, monsieur, vous avez insulté la France.

— Alors, monsieur, vous me rendrez raison.

— Vous aussi ! Et tenez, c'est assez parlé. Continuons de dîner.

Il se fit un grand silence ; Carlo remarqua que Fernande était très émue. Peu à peu, la conversation se rétablit, et Fernande en profita pour dire à la baronne :

— Vont-ils donc se battre !

— Je le crois ! dit celle-ci. Le duel est inévitable !

— Suis-je malheureuse ! murmura la jeune fille ; c'est à cause de moi qu'aura lieu ce duel ?

— Mais ce monsieur était insupportable ! dit la baronne : si votre frère Armand eût été ici, il eût jeté cet officier par la fenêtre à coup sûr.

Et quand, à la fin du repas, Fernande s'approchant de Madejo, lui dit :

— Monsieur, vous devriez laisser vos amis arranger cette affaire sans vous battre !

Il répondit :

— Mademoiselle, j'aime la France. Du reste, je fais ce qu'Armand ferait s'il était ici.

Mêler le nom d'Armand à cette affaire était habile ; la baronne et Madejo semblaient s'être donné le mot dans certaines situations tout indiquées d'avance.

— Vais-je donc perdre tous ceux pour lesquels j'ai de l'amitié ! murmura-t-elle.

— Mademoiselle, dit Madejo, vous me porterez bonheur, j'en suis sûr.

Et en effet, le lendemain matin, dans l'enclos de Culumerlo, il allongeait deux coups d'épée à l'officier prussien ; le premier au sein, assez léger.

— C'est pour la France ! dit il.

Le coup ne fit qu'une blessure assez légère et l'officier voulut continuer le combat.

La seconde blessure coucha le Prussien sur le carreau.

— Celui-là, pour la jeune fille que vous avez offensée ! dit Madejo.

Et il laissa le Prussien aux mains des chirurgiens, et aux soins de Culumerlo.

Il revint à Naples.

Fernande, auprès de la baronne, l'attendait pour le remercier avec effusion.

Ce jour-là, le Fulminante espéra.

On peut prendre des villes, on peut être glorieux, puissant, habile et brave, et échouer auprès d'une jeune fille; mais une jeune fille si pure, si vaillante, si fidèle qu'elle soit, peut succomber. La femme est fille d'Ève; attaquez-la en face, faites tout au monde, offrez-lui toutes les séductions, elle résistera; soyez habile, préparez une occasion, masquez votre but surtout, et vous triompherez.

Après son duel, le Fulminante eut une entrevue avec la baronne; il avait hâte de savoir quel effet sa conduite chevaleresque avait produit.

— C'est très bien ! lui dit la baronne. Toutefois, si vous croyez avoir détruit le prestige d'Armand, l'avoir remplacé, vous vous trompez. Il faut attendre encore, attendre patiemment; votre heure viendra. Les femmes sont esclaves des habitudes. Insinuez-vous !

— Vous avez raison ! dit le Fulminante.

A peine était-il sorti qu'un sourire se dessinant sur les lèvres de la baronne:

— Tu ne seras jamais son mari ! Elle va mourir ! elle est morte ! Et elle sonna trois coups. Le prétendu père de la baronne entra.

— Il faut, lui dit-elle, activer les choses. Chaque nuit on laissera le chevalier une minute de plus en tête-à-tête avec qui vous savez.

— Bien ! dit-il froidement.

— Personne, n'est-ce pas, ne se doute de rien?

— Oh! personne!

— On ne voit aucune trace.

— Je varie les points d'attaques. Tantôt un bras, tantôt l'autre. La piqûre ressemble à celle d'un moustique.

— Allez et soyez prudent.

Pauvre Fernande ! Ses jours étaient comptés.

## XXI

### CASCARILLO

Pendant ce temps, dans la grotte, Armand devenait infidèle.

Il devait y avoir dîner, on s'en souvient; le repas eut lieu.

Cascarillo avait fait les choses en homme qui veut se faire bonne réputation d'amphitryon; rien n'était épargné; la chère était abondante et parfaite. Les vins étaient exquis. Bianca ou la comtesse, comme on voudra, s'était arrangé un costume qui la rendait adorable, sans trahir son incognito ; elle servait à table. Le *buen retiro* du chef était éclairé *à giorno*, M. Lenoël en fut ébloui. Armand paraissait tantôt sombre, tantôt animé d'une joie exubérante. M. Lenoël en fut frappé.

— Qu'avez-vous donc ? lui demanda-t-il à l'oreille.

— J'ai... qu'aujourd'hui je sais ce que je ne savais pas hier.

— Et quoi donc ?

— Si la comtesse n'est pas venue, elle ne viendra jamais ! dit le jeune homme.

— Mais elle n'a point paru.

— Qui sait! Ce soir, je saurai tout.

Puis, très-pâle :

— En conscience, monsieur, étant donné que je hais cette femme à la tuer, mais que, d'autre part, Fernande court de grands dangers, suis-je coupable de feindre l'amour, alors que c'est le seul moyen qui me reste de nous faire sortir de cette prison ?

— Non, vous n'êtes pas coupable !

— Alors, monsieur, je crois que nous verrons ou, plutôt, que je verrai la comtesse ce soir.

Et Armand serra fébrilement la main de M. Lenoël.

On se mit à table. Armand fit des frais et parut oublier sa tristesse; le vin était généreux; M. Lenoël se mit en verve; Cascarillo fut éblouissant; jamais on aurait cru qu'il y avait là deux prisonniers devant un geôlier. Cascarillo raconta des histoires désopilantes. M. Lenoël remarqua que son compagnon buvait beaucoup pour s'étourdir; cependant la comtesse ne paraissait pas; le dîner tirait à sa fin, Cascarillo fit remarquer à M. Lenoël qu'il avait plusieurs fois déjà fermé les yeux.

— J'avoue, dit le prisonnier, que je me sens la tête lourde et que j'ai sommeil.

— Vous vous fatiguez tant à la pêche ! dit Cascarillo. Puis ce vin est un peu capiteux.

M. Lenoël voulut se lever.

— Eh ! eh ! fit-il, j'ai les jambes d'une raideur extraordinaire, et je ne sais si je pourrai marcher.

— Prenez mon bras ! dit Cascarillo qui se levait.

Et il emmena M. Lenoël en disant à Armand :

— Je reviens, signor.

Et il ne revint point; Armand restait seul avec Bianca; celle-ci avait fait le service en fille amoureuse, c'est-à-dire, en se faisant valoir le plus possible; elle avait, en se penchant au-dessus d'Armand, étalé à ses yeux des trésors étincelants mal cachés par le tulle qui était censé couvrir le sein. Elle avait montré un bras superbe et en faisant voleter la jupe elle avait découvert un mollet tentateur; enfin plusieurs fois, comme par mégarde, sa main avait frôlé celle d'Armand ou s'était posée sur son épaule. Point du reste, n'était besoin de tant de coquetterie, Armand était extraordinairement animé; il avait du feu dans les veines. Il s'en étonnait.

— C'est singulier ! murmura-t-il. Cette comtesse qui ne paraît pas. J'aurais juré pourtant que ce dîner était une préparation à sa venue.

Il devina bien d'où lui venait cette ardeur dont il était dévoré.

— Ils m'ont pourtant mis dans un bel état, pensa-t-il, ce n'est pas sans cause.

Il se sentait une irrésistible envie d'embrasser Bianca qui lui versait du vin de la Jave; il résistait en vain. Son bras entoura la taille de la comtesse, ses lèvres cherchèrent ses lèvres ; elle fit une si légère défense qu'il passa outre et... le *buen-retiro* du Fulminante vit d'étranges amours. Elle avait cette nature de panthère qui mord dans un baiser; elle brisait ce beau colosse dans ses furieuses étreintes; c'était un déchaînement sauvage de caresses féroces; on eût dit que cette passion cruelle était faite d'autant de haine que d'amour. Il s'enivra de cette folie.

Quand, après de longues heures, il la quitta pour aller se jeter sur son lit dans sa chambre, il subit la réaction qui suit ces exaltations.

Il songea à Fernande.

— Pauvre petite! dit-il. Si elle savait!... Mais c'est pour la revoir et la sauver!

Interrogeant sa conscience, il s'affermit dans cette idée qu'il n'était pas coupable.

— Je n'aime point cette femme, se dit-il avec assurance; sans ce breuvage, je n'aurais pas succombé; mais pourquoi la comtesse n'est-elle pas venue? Voilà la question que va me poser M. Lenoël en s'éveillant.

Il sourit. Vers midi, il s'éveilla; Cascarillo se trouvait là.

— Eh, signor, dit-il, en lui faisant présenter une tasse de café par le valet de chambre, il paraît que nous avons eu besoin de repos.

Puis avec un rire bruyant :

— Vous songerez, n'est-ce pas, à la dot de cette chère enfant? Et si quelque bambin vient à naître, vous serez son parrain et vous donnerez de quoi l'élever.

— Je me conduirai comme il faut, capitaine! dit Armand en se levant.

— N'allez-vous pas faire comme M. Lenoël?

— Que fait-il?

— Il prend un bain.

Et Cascarillo conduisit Armand à l'une des baies ouvertes dans la muraille; il lui montra M. Lenoël nageant avec la grâce d'un marsouin. Armand ôta ses vêtements et piqua une tête d'une hauteur de trente pieds; Cascarillo l'admira bientôt.

— *Per Dio!* dit-il, quels nageurs!

M. Lenoël était très fort aussi; la comtesse cependant parut à la fenêtre, et Cascarillo lui montra son amant :

— C'est un demi-dieu! dit-il. Ne semble-t-il pas être un hercule adolescent!

Elle le regarda longtemps en soupirant.

— Ohimè! fit Cascarillo. Vous avez l'air chagrin : n'a-t-il donc pas été aimable.

— J'ai eu le corps! dit-elle. Aurai-je jamais l'âme? Je voudrais qu'il m'aimât!

— Eh! cela viendra! Laissez lui le temps. D'abord, il faut qu'il apprenne la mort de sa fiancée, et il sera tout à vous.

— Espérons-le! fit-elle.

Comme il allait sortir du bain, elle se retira.

M. Lenoël, en se faisant sécher au soleil, ne manqua pas de questionner Armand :

— Et la comtesse? demanda-t-il.

— Je ne l'ai point vue! dit Armand.

— Plus d'espoir du côté des femmes.

— Pardon! dit Armand. Nous avons Bianca. Cette petite m'aime. Fille du capitaine, elle pourra nous aider à fuir; le tout est d'arriver à la convaincre.

— Essayez! dit M. Lenoël. Si vous échouez, nous penserons à mon projet.

Ils rentrèrent dans la grotte où Cascarillo leur offrit pour les distraire de déjeûner avec Bianca en vue de la mer, ce qu'ils acceptèrent volontiers; pendant le repas, un navire passa en vue, non loin de la fenêtre.

— Voici, dit Armand, une espérance qui n'est pas à deux mille de nous.

— Et vous pensez, dit en souriant Cascarillo, que pour arriver à bord de ce navire, deux bons nageurs ne mettraient pas bien longtemps. En effet, il y a faible brise et le bâtiment fait si peu de chemin qu'on le gagnerait certainement. Mais...

— Mais? fit M. Lenoël.

— Mais s'il prenait jamais fantaisie à l'un de nos prisonniers de fuir à la nage, il serait bien attrapé, je vous assure, signor.

— Pourquoi donc?

— Parce que nous avons les chiens. N'avez-vous jamais entendu aboyer dans cette direction?

Et Cascarillo montrait un des coins de la grotte, dans l'obscurité.

— Nous avons là, dit-il, une meute de terre-neuve qui a fait ses preuves. Vous dire comment ces bêtes-là nagent est inutile; vous le savez comme moi. Vous dire comment leur instinct les pousse à tirer les gens de l'eau, c'est peine perdue; vous ne l'ignorez certes pas. Or chaque nuit nous établissons nos chiens sous les fenêtres, et ils veillent. Si quelque prisonnier saute à la mer, il a bientôt à ses trousses une dixaine de chiens qui font les plus violents efforts pour le sauver. Ils vont au besoin, jusqu'à l'étrangler s'il ne veut pas se laisser ramener. C'est ce qui est arrivé au capitaine américain Walkern, que nous avions capturé dans les environs de

Naples et qui a essayé de nous échapper. Quelle ingratitude ! On est si bien ici !

— Contez-nous donc cette histoire ? dit Armand.

— En quatre mots, la voici. Cet Américain, qui était propriétaire de son navire et du chargement, fut taxé à trente mille francs par le *Fulminante*, et c'était peu de chose. Navire et cargaison valaient bien cent mille francs ! On était donc raisonnable. Mon Américain demande du temps, on lui en donne, et il est assez déloyal pour chercher à nous fausser compagnie, étant parfait nageur. Une nuit, il se lance à la mer. Madejo entend les chiens aboyer et va voir ce que c'est; il comprend ce qui se passe. Il crie au fuyard de revenir et de laisser les chiens le ramener, mais l'Américain se met à jouer du couteau contre la meute qui le ramena mais en lambeaux. Je me souviendrai toujours que Thisbé, c'est une grande chienne, la mère de la meute, avait dans la gueule la main de l'homme qu'elle avait coupée au poignet. Nous avons jeté les membres de ce pauvre diable dans le volcan.

— Mais, dit Armand, est-ce qu'il y avait un navire en vue, quand ce malheureux a fait cette tentative d'évasion insensée ?

— Non.

— Qu'espérait-il donc ? J'ai pu observer que la montagne d'ici à cinq lieues est gardée par vous. On ne peut aborder la côte sans tomber entre vos mains.

— C'est vrai. Mais ces Américains sont des risque-tout, des cerveaux brûlés.

Armand tint bon compte de cet avis indirect donné par Cascarillo; M. Lenoël, de son côté, en fit son profit. Ce jour-là, du reste, Cascarillo se mit en grands frais pour être agréable à ses hôtes; il leur proposa de les faire sortir de la grotte les yeux bandés et de les faire dîner en forêt. Ils acceptèrent. Le soir venu, Cascarillo vint prendre ses prisonniers, leur fit couvrir le visage d'un foulard; il guida M. Lenoël et Madejo guida Armand; après être sortis de la grotte, ils marchèrent pendant un quart d'heure, puis le capitaine leur dit :

— Otez vos bandeaux !

La première chose qui frappa la vue d'Armand ce fut Bianca, un foulard à la main :

— Quoi, dit-il à Cascarillo, vous n'avez même pas confiance en votre fille.

— Le secret du Fulminante, dit Cascarillo, ne doit pas dépendre d'un caprice de femme.

— La belle forêt! s'écriait M. Lenoël.

— Vous voyez que quand j'ai affaire à des prisonniers sages comme vous l'êtes et auxquels je m'intéresse, dit Cascarillo, je puis les amener ici. C'est une douce chose que de venir de temps à autre respirer le grand air et le parfum des arbres. Votre vue est bornée, vous ne pouvez deviner où vous êtes ; et nous reviendrons quelquefois dresser notre table sous ces chênes qui ont vu les banquets des bandits romains au temps de Pompée et d'Auguste. A table, voulez-vous ?

L'on prit place. Ce fut une soirée charmante à la suite de laquelle on rentra dans la grotte, cette fois, Armand, de lui-même, conduisit Bianca au *buen retiro* du Fulminante. Comme il l'avait dit à M. Lenoël, il voulait fuir pour sauver Fernande, et, pour réussir, il fallait convaincre Bianca qu'il l'aimait ; les jours s'écoulèrent ainsi mêlés de surprises agréables, Cascarillo s'ingéniant à trouver des distractions pour ses hôtes et inventant des plaisirs.

Enfin la comtesse crut posséder assez déjà le cœur d'Armand pour frapper un grand coup.


## XXII

### LA MORTE

Un jour Cascarillo aborda M. Lenoël d'un air triste et lui dit:

— Je sais, signor, que vous n'êtes que le tuteur de la signora Fernande.

— C'est un fait connu maintenant et je ne cherche plus à passer pour son oncle! dit M. Lenoël.

— Néanmoins, dit Cascarillo, vous aimez beaucoup cette jeune fille.

— Oh, beaucoup! dit M. Lenoël.

— Hélas ! hélas !
— Qu'avez-vous. Lui est-il arrivé malheur !
— Lisez.

Il tendait un journal.

— Oh, mon Dieu ! s'écria M. Lenoël.

Et, il devint rouge, pourpre, violet à faire craindre l'apoplexie.

— Morte ! morte ! s'écria-t-il.

Il sanglota. Il venait de lire un petit article nécrologique consacré à la morte par un journal de Naples ; le Fulminante avait obtenu de ce journal de faire composer cet article qui avait remplacé un fait divers ; l'on n'avait tiré que dix exemplaires de ce numéro ainsi préparé ; puis on avait enlevé l'article et replacé le fait divers ; le tirage avait continué. Si bien, que dix exemplaires seulement contenaient l'annonce de cette mort.

Cascarillo, qui était un homme de bronze, ne comprenait rien à cette douleur profonde de M. Lenoël ; il finit par se figurer que Fernande était sa fille.

— Seriez-vous donc le père de l'enfant ? fit-il. Mille excuses, signor.

— Non, je ne suis pas son père ! dit en suffocant M. Lenoël ; je n'ai jamais même connu sa mère ; mais vous m'avez donné un coup de massue.

— Eh ! signor, vous autres, vous êtes faits autrement que nous, et je me suis trompé. Je n'aurais pas cru à un si terrible chagrin pour une personne qui n'est pas vôtre... Moi je verrais mourir toutes mes filles que ça ne me tirerait pas une larme. J'espérais que vous supporteriez cela mieux que le jeune homme, et je comptais sur vous pour lui annoncer ce malheur et lui remettre cette lettre.

— Il y a une lettre ?

— Oui ! dit Cascarillo. La jeune personne était aux soins d'une certaine baronne.

Il tendit la lettre qui annonçait faussement la mort de Fernande. M. Lenoël lut avidement et apprit en détail comment Fernande était morte d'une phtisie galopante dont rien n'avait pu arrêter les progrès effrayants. Il inonda cette lettre de larmes.

— Que va dire Armand ! murmura-t-il.

Enfin, il prit son courage à deux mains.

— Où est-il en ce moment ? demanda-t-il à Cascarillo.

— Il fait la sieste au bord de la mer, je crois ! dit le capitaine.

— J'y vais ! dit M. Lenoël.

Et il descendit sur la plage.

Armand y était nonchalamment étendu.

Cascarillo suivit du regard la scène qui allait se passer.

— Voyons, se disait-il, comment le jeune homme supportera ce coup.

Dix minutes plus tard, il entendait un rugissement terrible et il voyait Armand se livrer à un accès de désespoir effrayant.

— J'aime mieux ce chagrin-là que celui du vieux ! pensa Cascarillo.

Et comme il entendit derrière lui le pas de la comtesse, il dit à celle-ci en lui montrant Armand :

— Voyez si ce garçon n'a pas les allures d'un lion.

— Comme il l'aimait ! fit-elle.

Et elle se mit à pleurer de dépit :

Pendant deux jours Armand fut inabordable et la comtesse se demandait si elle n'avait pas eu tort, mais enfin, un soir, elle put s'approcher d'Armand et lui adresser des consolations hypocrites. Il l'écouta. Huit jours plus tard, il paraissait avoir reporté sur elle beaucoup de l'amitié qu'il éprouvait pour Fernande. Enfin, il finit, après une nuit où il s'était montré tendre pour entamer la question de la fuite.

— Je m'ennuie mortellement ici ! dit-il à Bianca. Coûte que coûte, je veux en sortir.

La comtesse éprouva une grande joie.

— Il y vient ! pensa-t-elle.

— Je me prêterais volontiers à te faire évader ! dit-elle ; mais ce serait te perdre.

— Tu me suivrais.

— M'aimes-tu donc assez pour que je puisse trahir mon père, le quitter et me donner à toi qui m'abandonneras quelque jour, pauvre et sans ressources.

Armand fit les plus belles protestations.

La comtesse savoura la joie de ces déclarations de fidélité et d'amour.

— Je vais, lui dit-elle, mûrir un plan.

Armand annonça cette bonne nouvelle à M. Lenoël et lui dit :

— Nous pourrons donc venger Fernande !

La comtesse demanda une entrevue au Fulminante ; celui-ci se rendit à son appel. Ils se virent dans cette forêt où Cascarillo avait fait dresser la table du dîner, certain soir ; la comtesse fut frappée de la tristesse du chef et de son air sombre.

— Madame ! dit-il à la comtesse en l'abordant, vos prévisions se réalisent. Avant peu, les journaux de Naples enregistreront le réel décès de Fernande.

— Pauvre fille ! dit la comtesse.

Et elle pensait :

— Je serai à jamais débarrassée d'elle.

Elle reprit :

— Je suis désolée que la chance ne vous favorise pas ; je vous souhaite le bonheur. En tous cas, je vous donnerai la puissance, car tous les Bohémiens d'Italie sont à vos ordres ; vous avez dû recevoir avis de leur roi qu'il se mettrait avec toutes les tribus à votre disposition.

Le Fulminante baisa la main de la comtesse :

— Je vous remercie ! dit-il. Vous entendrez parler de grandes choses ! Je guérirai mes chagrins d'amour par des triomphes éclatants ; mais veuillez me dire ce que je puis faire pour vous et pourquoi vous m'avez mandé.

— Je voudrais avoir l'air de fuir avec Armand ! dit-elle ; il consent à me suivre.

— Mais, s'il allait venir à Naples !

— Fernande va mourir, dites-vous ! Peu importe donc.

— Je ne voudrais pas qu'il vînt se placer entre cette mourante et moi.

Il réfléchit.

— J'ai un navire dont l'équipage m'est dévoué ! dit-il. Nous pouvons arranger cette fuite. Peu vous importe que le bâtiment vous emporte au loin, n'est-ce pas ?

— Plus j'irai loin avec lui, plus je me sentirai heureuse de le tenir entre ciel et mer, seule femme en face de lui. Mais voudra-t-il rester à bord ?

— Il le faudra bien ! Le navire sera monté par d'intrépides contrebandiers à mes ordres. Vous lui direz que vous avez fait marché avec ces contrebandiers pour qu'ils croisent en vue de la côte et vous fuirez à la nage avec lui jusqu'au navire. Une fois en mer, les contrebandiers déclareront qu'ils vont en Angleterre et c'est un long voyage; ils déclareront qu'étant suspects, ils ne veulent débarquer dans aucun port; votre Armand devra donc subir cette traversée. Moi, j'aurai avisé pour Fernande, qui peut-être sera morte, car elle est d'une faiblesse inouïe.

— Et les chiens? fit la comtesse.
— Vous direz que vous les avez endormis!
— Et les brigands!
— Vous leur aurez donné de l'opium.
— Mais, si Armand voulait les massacrer.
— Vous lui ferez jurer de n'en rien faire.
Elle fit une objection :
— Armand et moi, dit-elle, nous allons connaître la position de votre grotte.
— Ceci ne m'importe pas! dit-il. Depuis quelques jours, je ne tiens plus à cacher ce secret. J'ai des visées nouvelles.
— Tout est bien! dit-elle.
— Je vous écrirai toutes mes instructions détaillées! dit le Fulminante. Je vous laisse ayant pour vous bonheur et espoir; je pars désolé.
— La gloire vous consolera! dit-elle.
Et ils se quittèrent.

## XXIII

### LE DÉPART

La comtesse reçut du Fulminante, comme il l'avait promis, toutes les instructions nécessaires, il lui annonçait que le bâtiment promis serait à sa disposition pour le jour qu'elle fixerait. Elle fit donc à Armand ses propositions de fuite. Celui-ci avait parlé de prendre le chemin de la mer; elle savait qu'il rêvait l'évasion par ce moyen. Un soir, elle tint conseil avec lui.

— Signor, dit-elle, tout bien réfléchi, la mer est le seul chemin libre.

— Je le crois! dit Armand.

— Je l'ai toujours cru! dit M. Lenoël.

— Il n'y a qu'un malheur, dit Armand, c'est que de ce côté les chiens font bonne garde.

— Et, dit-elle en riant, on vient à bout des chiens en les endormant.

— Avec quoi?

— N'aviez-vous pas eu les jambes bien lourdes certain soir? demanda-t-elle à M. Lenoël.

— Oui! dit celui-ci.

— Aimant avec folie le signor Armand, dit-elle, le voulant, je vous ai versé de l'opium.

— Quelle idée! fit Armand.

— On pourrait endormir les cerbères, en effet.

— Et les malvivants! ajouta-t-elle. Mais, je veux de vous, le serment que pas un d'eux ne sera molesté.

— Soit! dit Armand.

— Je n'ai nulle haine contre eux! dit M. Lenoël.

— Jurez donc! dit-elle, de respecter leur vie.

Ils firent le serment demandé. Elle ne parla pas du navire, comment eût-elle expliqué que, pauvre, elle avait pu fréter ce bâtiment? Elle se contenta de fixer une nuit, et le bâtiment reçut ordre de croiser cette nuit-là devant la grotte pour recueillir la comtesse et ses amis; Armand et Lenoël devaient croire que le hasard leur faisait rencontrer ce bâtiment. M. Lenoël avait imaginé un moyen de se soutenir sur l'eau; il ne s'agissait que de confectionner des chapelets de liège avec ces larges bouchons couvrant les dames-jeannes. Les bandits endormis, rien ne serait plus facile que de fuir.

On attendit impatiemment la nuit et l'heure fixée par Bianca, celle-ci voyait tous ses rêves se réaliser; Armand paraissait l'aimer tendrement. Le moment fixé arriva. La comtesse s'était entendue avec Cascarillo qui lui aida à endormir hommes et chiens, et qui fit mine d'être plongé lui-même dans le plus profond sommeil. Vers onze heures du soir, les trois fugitifs descendirent sur la plage; M. Lenoël aperçut un navire.

— Voyez donc! dit-il.

— Quel bonheur! dit la comtesse. Un bâtiment! Tout nous favorise.

— Vite! s'écria Armand. A la mer!

Et ils se mirent à nager vers le bâtiment qui avait mis sous cape; en une demi-heure ils arrivèrent à portée de la voix. Armand héla l'équipage.

— Qui appelle? demanda une vigie.

— Des gens qui se noient! répondit Armand. A nous! venez à nous.

Et voyant que l'on mettait un canot à l'eau, il se débarrassa de ses lièges.

— Faites comme moi! dit-il.

On l'imita.

La comtesse nageait bien.

— Ne disons pas que nous nous échappons des mains du Fulminante! dit Armand.

— Pourquoi? demanda la comtesse.

— Qui sait? Nous ignorons à qui nous avons affaire. De plus, ces marins pourraient avoir peur du capitaine.

— C'est vrai! dit Lenoël.

— Je leur ferai un conte! dit Armand.

La comtesse admira la présence d'esprit et le sang-froid d'Armand.

Le canot cependant s'approchait et les recueillit tous les trois on les conduisit au navire où le capitaine les interrogea.

— Qui êtes-vous? demanda-t-il.

— De pauvres naufragés! dit Armand. Nous étions sur une barque de plaisance avec cette jeune fille qui est ma maîtresse et une autre qui était celle de mon ami. Le bâteau que nous montions a donné contre un rocher, et il s'est fendu. Il a sombré. La maîtresse de mon ami et l'équipage, composé de trois hommes ont coulé. Nous nous sommes soutenus sur l'eau.

— Soyez les bienvenus! dit le capitaine.

Et il donna ordre que l'on prit soin de ceux qu'il avait sauvés.

M. Lenoël et Armand furent conduits dans une cabine où ils reçurent des vêtements de matelots: en s'habillant, Armand dit à voix basse :

— Ce capitaine à mauvaise figure!

— Très mauvaise! dit M. Lenoël.

— L'équipage a l'air d'être composé de gredins !
— Je suis de votre avis.
— Pourvu qu'après avoir échappé aux brigands nous ne soyons pas tombés aux mains de pirates.
— Défions-nous.

La comtesse, habillée en matelot, vint les retrouver elle avait eu soin de faire mettre à bord tout ce qu'il fallait pour continuer à se teindre les cheveux et à se grimer.

— Ne pensez-vous pas, dit-elle, que le signor Armand a eu raison d'être prudent. Nous sommes avec de vilaines gens.

— Nous nous le disions ! dit Armand.

— Je crois, dit-elle, que nous avons affaire à des contrebandiers ! Pourvu qu'ils consentent à nous débarquer. Ces gens-là ne se dérangent pas volontiers de leur chemin.

Armand fronça le sourcil.

La comtesse continua à exprimer ses craintes.

Armand lui dit :

— Je vais interroger le capitaine.

La comtesse dissimula un sourire.

Armand vint trouver le capitaine.

— Monsieur, lui demanda-t-il, voudrez-vous nous mettre à terre ?

— Un de ces jours, ami ! dit le capitaine :

— Pourquoi pas demain ?

— Jeune homme, dit le capitaine, je suis un contrebandier, et je ne peux débarquer qu'en certains endroits et encore... Je vais en Angleterre. Je ne touche à aucun port d'ici là ; là je jette ma marchandise sur une plage et vous avec, mais vous me signerez auparavant une reconnaissance dont je fixerai le prix pour frais de transport et de nourriture. Nous en recauserons.

— Causons tout de suite. Je préfère payer plus, et débarquer plus tôt.

— Impossible !

— Cependant...

— Oh ! n'insistez pas.

Armand vit à l'air de l'homme, qu'il était déterminé sur ce point.

Il revint à la cabine.

— Eh bien ? demanda la comtesse.

— Vous ne vous étiez pas trompée! dit le jeune homme. Ce sont des contrebandiers.

— Où vont-ils ?

— En Angleterre.

— Nous débarquerons-ils ?

— Non, pas avant le terme du voyage.

— Quel ennui ! fit la comtesse.

— Que voulez-vous, il faut se résigner. Bonsoir, Bianca.

Il l'embrassa.

Elle s'en alla toute heureuse de coucher dans sa chambre, en se disant :

— Je le tiens pour longtemps.

Mais à peine était-elle partie, qu'Armand dit à M. Lenoël :

— Est-ce que ce navire tout prêt à nous recevoir, ne vous paraît pas suspect !

— Eh ! eh ! fit M. Lenoël.

— Il était à la cape ! dit Armand.

— C'est vrai.

— On aurait dit qu'il nous attendait.

— Ma foi, oui.

— Savez-vous comment s'appelle Bianca.

— Ma foi non.

— Cherchez une figure ressemblant à la sienne avec cheveux noirs.

— La comtesse ! fit M. Lenoël. Mais les cheveux blonds ?

— On se teint.

— Armand, nous sommes aussi bien pris ici que dans la grotte.

— Nous verrons bien ! Vous êtes brave, n'est-ce pas ?

— Je crois.

— Nous jetterons cet équipage à l'eau.

— Ils sont au moins sept hommes !

— C'est peu de chose ! dit Armand.

— Avons-nous le droit d'en agir ainsi. Si nous nous trompons !

— Comment douter ? La comtesse a tout préparé. Ces hommes sont, ou des Bohémiens à elle ou des affidés du Fulminante.

Et Armand fit si bien qu'il vainquit les scrupules de M. Lenoël.

## XXIV

### VENGEANCE

Armand, pour endormir les soupçons de l'équipage et de la comtesse, joua son rôle en homme habile ; il fut si adroit que tout le monde y fut pris.

Au bout de trois jours, le capitaine et la comtesse en causaient sur le pont.

— Eh ! signora, disait le marin, on m'avait représenté notre jeune homme comme un tigre, comme un lion déchaîné ; il est doux comme un mouton.

— Les choses pouvaient tourner autrement, capitaine! dit la comtesse. S'il s'était révolté, vous n'étiez pas trop de vous tous pour le contenir.

— Vous ne connaissez pas mes marins. Tous gens de courage, et très forts !

— Capitaine, si vous saviez ce que vaut Armand, vous béniriez le ciel de ce qu'il se résigne. En tout cas, rien à craindre jusqu'à nouvel ordre, il ne s'ennuie pas.

— Grâce à vous !

— Et puis il lui est devenu indifférent d'aller ici ou là.

Et tous deux s'ancrèrent dans cette idée, qu'Armand avait pris son parti de la traversée.

Une nuit, l'on passait justement en vue des côtes de Sicile, la mer était admirable ; une brise faible enflait les voiles sans soulever les vagues. Armand et M. Lenoel étaient restés sur le pont ; la comtesse dormait dans sa cabine. De l'équipage, il n'y avait sur le pont que le second qui était de quart et un homme à la barre ; tout le reste profitait de ce temps superbe pour se reposer dans ses hamacs.

— Voilà l'occasion ! dit Armand. Vous sentez-vous assez sûr de vous, pour tuer ce matelot, demanda Armand.

— Oui ! dit froidement M. Lenoël.

— Moi, je me charge du second. Votre couteau de table est-il bien affilé au moins ? Pointe-t-il bien ?

— Oui ! dit M. Lenoël.

— Allez ! Quand votre homme tombera, j'étranglerai le second et je le jetterai à l'eau.

— Allons ! fit M. Lenoël.

Armand monta près du second.

Ils se connaissaient déjà et s'étaient liés.

— Pepe ! lui dit Armand, gratifiez-moi donc d'un cigare, je vous prie.

— Volontiers, signor ! dit le second.

— Quelle nuit, mon cher.

— Superbe, signor !

Armand alluma son cigare à celui que fumait déjà le second.

Pendant ce temps, monsieur Lenoël s'avançait auprès du timonnier.

— Eh, garçon, lui disait-il, quelle ville apercevons-nous donc là-bas ?

— Signor, c'est Syracuse ?

— En sommes-nous loin ?

— A trois milles environ.

M. Lenoël eut l'air de regarder attentivement la ville et il indiqua un phare.

— Voyez donc ! fit-il. Voilà un feu rouge !

— Oui, signor, dit le matelot. C'est...

Il n'acheva pas et tomba foudroyé. Au même moment Armand étranglait le second qui tombait à son tour.

— Je me charge de l'équipage ! dit le jeune homme avançant près de Lenoël.

— Moi, du capitaine ! dit ce dernier.

Armand, muni d'une barre de cabestan, descendit dans la chambre d'avant où dormaient les matelots et il les surprit dans leur sommeil. Il frappa avec sa massue ; un affreux concert de plaintes retentit bientôt suivi d'un silence profond ; en un instant, le colosse avait assommé tous ces hommes Il revint sur le pont, M. Lenoël l'attendait tenant le bras de la comtesse épouvantée. Il lui disait :

— Si vous bougez, je vous tue !

— Le capitaine est-il mort ? demanda Armand.

— Oui ! dit M. Lenoël.

— Alors, pendons madame ! dit Armand avec une froide concision.

La comtesse se jeta à ses pieds.

— Inutile! dit Armand. A tous les crimes que vous avez commis, se joint celui de m'avoir forcé de vous aimer pour échapper à la captivité; vous allez mourir.

— Mourir, quand je porte votre enfant dans mon sein! dit-elle.

A cette révélation, Armand pâlit.

— Vous mentez! fit-il.

— Mon ami, dit M. Lenoël, cette femme vous trompe peut-être; mais nous devons l'épargner rien que sur un simple doute.

— Une si belle vengeance! dit Armand.

Puis, prenant sa décision :

— Conduisez-la dans sa chambre! dit-il.

Et il réfléchit. Que fallait-il faire?

M. Lenoël revint.

— Nous ne pouvons, dit-il, diriger ce navire à nous deux.

— Abandonnons-le! dit Armand.

— Oui! dit M. Lenoël, mettons le canot à la mer et gagnons Syracuse à l'aviron.

— Auparavant, pendons tous ces gens aux vergues cela fera bon effet.

Armand se mit à l'œuvre, aidé par M. Lenoël, qui était vindicatif, on le sait.

Quand tous les cadavres se balancèrent au-dessus du pont, ils mirent un canot à la mer, puis ils allèrent chercher la comtesse.

— Madame, lui dit Armand, vous allez rester avec ces gens-là, vos dignes compagnons. Vous serez rencontrée et recueillie, je vous laisse le soin d'inventer une fable pour justifier votre présence au milieu de ces pendus. Vous avez assez d'imagination pour vous tirer facilement d'affaire.

La comtesse était muette. Le désespoir et l'orgueil ui imposaient silence; elle egardait les cadavres d'un œil égaré; Armand lui dit encore :

— Dans un an, prenez garde à vous! Je vengerai Fernande.

Et il se laissa glisser dans le canot où M. Lenoël le suivit.

— Armand! s'écria alors la comtesse d'une voix déchirante.

Mais il fit force de rames pendant que M. Lenoël, à la barre, mettait le cap sur Syracuse; on se souvient de l'histoire singulière de ce navire abandonné à bord duquel des marins grecs trouvèrent des matelots italiens pendus et une femme. Celle-ci raconta que des pirates du Riff, de la côte marocaine, avaient attaqué le navire et avaient commis ces meurtres; que pour elle, en se cachant, elle avait évité la mort. On se rappelle sans doute, que cette femme disparut et que quand la justice voulut la mander pour éclaircir toute cette affaire, on ne la retrouva plus. C'était la comtesse Ellora...

Au jour, Armand et son compagnon entraient dans le port de Syracuse. Personne ne prit garde à cette petite barque qui arrivait du large si matin. Pourquoi s'en préoccuper? Elle ne portait aucune marchandise et les douaniers n'avaient pas à la visiter.

Armand avait heureusement sur lui conservé sa bourse, M. Lenoël aussi; tous deux s'informèrent du moyen le plus sûr et le plus rapide de gagner Naples.

Un train partait de Syracuse pour Messine, à huit heures; ils le prirent. Ils passèrent le détroit, s'embarquèrent dans un wagon à Reggio, arrivèrent à Bari, de là à Foggia et, enfin ils prirent un train pour Naples.

En vue de la ville, ils se serrèrent la main en pleurant silencieusement :

— Nous allons voir sa tombe! dit Armand

— Pauvre petite Fernande! dit M. Lenoël.

Il était plus de minuit!... Ils prirent une voiture et se firent conduire à la pension Suisse ne se doutant pas de l'effroyable spectacle qui les y attendait.

## XXV

### LE DÉNOUEMENT

Lorsqu'ils arrivèrent à la pension Suisse, ils furent surpris de voir la police remplir les corridors de l'hôtel.

Un sinistre pressentiment les saisit, et, le cœur serré, sans mot dire, ils se précipitèrent vers la chambre de Fernande.

Selon les habitudes de tous les agents du monde, les agents laissèrent passer les deux nouveaux venus : entre qui veut dans une souricière.

En pénétrant dans l'appartement de Fernande, Armand vit l'antichambre remplie de monde; on lui barrait la route.

Il ne douta pas qu'un malheur ne fût arrivé.

A coup d'épaules il se fit passage et pénétra dans la chambre à coucher de la jeune fille.

Une scène affreuse s'offrit à ses yeux.

Sur son lit, Fernande étendue, livide, morte, exsangue, ayant à la tempe une goutte de rosée pourpre...

Sur un fauteuil, Madejo ou plutôt le Fulminante, revolver au poing, mais les bras inertes et le front fracassé...

Autour d'une table, des magistrats dressant un procès-verbal...

Armand, fou de désespoir, se jeta sur le corps de Fernande et le couvrit de baisers.

Les agents voulurent l'arrêter, mais M. Lenoël dit un mot aux magistrats et ceux-ci firent signe à leurs subordonnés qui sortirent.

Le jeune homme, écrasé par l'émotion, laissa retomber la morte sur le lit funèbre et il alla rouler en chancelant sur une chaise, pleurant comme un enfant.

M. Lenoël alla déposer un baiser sur le front de Fernande, puis revenant vers les magistrats, il les questionna.

Ceux-ci lui montrèrent une lettre, suprême adieu du

Fulminante à la vie, à la gloire étrange des héros de la montagne, à l'amour qu'il avait rêvé.

M. Lenoël apprit alors l'épouvantable vérité.

Le Fulminante avait surpris le vampire hideux, penché sur le front de Fernande et suçant à la tempe la dernière goutte de sang de la jeune fille.

Le monstre glissant des mains du Fulminante avait bondi vers la fenêtre ouverte, avait gagné les toits par des prodiges d'adresse et de légèreté ; il avait disparu...

Alors le célèbre roi des montagnes avait écrit ce qui s'était passé en quelques lignes ; il terminait ainsi :

Placé, par ma volonté, au-dessus des lois, en dehors de la société, échappant à ses tribunaux, il me reste un juge, MOI !

« J'ai voulu cette femme, et je n'ai pas su la sauver des dangers qui la menaçaient ; elle a péri par ma faute ; je me condamne à mort. »

Et il s'était tué.

Les magistrats reçurent la déclaration de M. Lenoël et d'Armand attestant que c'était bien le Fulminante dont le cadavre était là, sous leurs yeux donnèrent l'ordre de l'enlever.

Le lendemain même une foule innombrable de lazaroni et de gens du peuple escortait un convoi très simple.

C'était celui du Fulminante qui, malgré ses crimes, restait l'idole de Naples.

Le peuple est ainsi fait, qu'il admire l'audace même chez les brigands.

Trois jours après le crime, un autre enterrement sillonnait les rues.

A celui-là cent mille personnes assistaient, et on y comptait plus de mille voitures, y compris celles du préfet, représentant l'autorité royale.

La cité entière voulait rendre un dernier hommage à cette jeune fille que tous les Napolitains avaient admirée, que cette ville artiste adorait, et que, vivante, on saluait reine par sa beauté incomparable.

Armand et M. Lenoël marchaient derrière le cercueil jonché de roses blanches ; sur le passage, des voix amies lançaient des paroles de pitié et de sympathie.

Lorsque la cérémonie fut terminée, quand une montagne de fleurs eut caché la tombe provisoire, quand Naples eut défilé en larmes devant la morte regrettée, Armand et M. Lenoël reprirent silencieux et désolés, le chemin du port.

Sur la route, un homme, un vieillard les arrêta demandant l'aumône.

Il avait le chapeau rabattu sur les yeux, un bandeau sous le menton et sur les oreilles, l'air misérable et il était déguenillé.

Armand lui fit l'aumône.

A peine avait-il repris sa marche qu'il entendait derrière lui, sur la route, le bruit d'un cheval.

Il se retourna.

Le mendiant sautait en selle sur un magnifique alezan qui venait de lui être amené d'une rue voisine par un enfant; Armand entendit alors le cavalier lui crier :

— Regardez dans votre poche, signor !

L'homme avait relevé son chapeau, arraché son bandeau.

C'était Cascarillo.

Il salua, piqua des deux et disparut.

Armand chercha ses poches et y trouva un écrin.

Il l'ouvrit.

Il contenait l'anneau du Fulminante.

Sur le velours une bande de papier était piquée et portait ces mots :

« Par mon ordre !
« Au plus digne !
« A mon rival Armand !

     « Le Fulminante ! »

Armand, rêveur, quelque profond que fût son chagrin, songea à cette étrange royauté de la Montagne qui venait de lui échoir.

— Que ferez-vous? demanda M. Lenoël.

Le jeune homme répondit par le proverbe italien :

*Chi lo sa?*

Qui le sait?

Le lendemain, il reprenait le chemin de Paris avec M. Lenoël et emmenait le cercueil contenant le corps embaumé de Fernande...

## LE DÉNOUEMENT

Deux ans se sont écoulés.

Tous les héritiers de l'immense fortune que madame de Burnorff convoitait avec tant d'acharnement sont morts, sauf deux : Armand et M. Lenoël.

La comtesse a cessé toute tentative contre eux.

Cependant ils ont vécu sans se cacher; ils ont repris possession de leur petit hôtel de Neuilly.

M. Lenoël s'est remis à pêcher comme jadis.

Armand travaille avec un acharnement sombre.

Chaque jour, il va déposer, avec M. Lenoël, une fleur sur la tombe de Fernande, dans le petit cimetière de la ville.

Rien ne l'a consolé.

Rien ne saurait l'émouvoir.

Il croit l'avenir à jamais fermé devant lui.

Il ne compte que sur une distraction possible : l'étude.

Il n'a plus d'ambition, n'ayant plus d'amour.

Cependant la nouvelle de la constatation officielle de la mort du duc enseveli dans une pyramide, est arrivée.

La succession est ouverte.

Avant peu, Armand et M. Lenoël la recueilleront, car un arrêt des tribunaux a exhérédé Jallisch et la comtesse comme coupables du meurtre de leur parent.

La possession prochaine des millions n'a pas ému ce jeune homme qui a devant lui de longues années, mais qui sent toute espérance bannie pour lui.

M. Lenoël trouve la somme si écrasante qu'il la regarde comme un lourd fardeau.

Telle est la situation, lorsqu'un soir, à neuf heures, Armand revint de Paris, M. Lenoël étant encore en train de pêcher des écrevisses à la balance. Le jeune homme fut étonné de ne trouver personne pour le recevoir.

Il monta dans sa chambre et fut stupéfait, en y apercevant un berceau et un enfant couché dedans.

Une carte de visite était piquée sur les rideaux; Armand y lut ces mots :

« Votre fils ! »

La carte était celle de madame de Burnorff.

Armand éprouva en quelques secondes le choc de sensations violentes et contradictoires.

Enfin, il se pencha pour voir son enfant :

Le père venait de triompher en lui.

Il poussa tout à coup un cri déchirant ; il tenait dans ses bras un charmant petit bébé, mais glacé, mais sans souffle, mort enfin.

A son cri désolé, un autre avait répondu.

La comtesse qui avait gagné les domestiques pour déposer là ce berceau ; la comtesse qui avait compté obtenir son pardon en se présentant mère devant son amant, la comtesse qui croyait son enfant vivant accourait...

Elle voyait au front de son fils la même tache de sang qu'Armand avait vue à la tempe de Fernande.

Armand fou de colère, superbe d'indignation vengeresse, saisit un poignard à sa panoplie et le plongeant dans le cœur de la comtesse dit :

— La Justice de Dieu a frappé ton fils parce que tu as tué Fernande ; et moi je venge mon enfant !

La comtesse tombait mortellement atteinte.

En cet instant même un bruit de voix retentissait dans l'escalier, et Armand entendit M. Lenoël qui criait :

— Je le tiens ! A moi Armand ! J'ai pris le vampire.

« A moi !

Armand se précipita dans l'escalier et vit M. Lenoël qui maintenait le monstre.

Voici ce qui était arrivé.

Le vampire avait suivi sans doute la comtesse à son insu ; celle-ci, à laquelle les domestiques avaient livré la maison, gagnés qu'ils étaient à prix d'or, celle-ci, disons-nous, avait fait déposer le berceau dans la chambre et congédié tout le monde.

Le vampire caché dans quelque coin obscur épiait cette scène.

Lorsque la comtesse s'était retirée dans une pièce voisine, attendant très émue, l'arrivée d'Armand et ce qui adviendrait de cette tentative, le vampire s'était glissé dans la chambre, avait suivi ses instincts sanguinaires et bu le sang de l'enfant.

Puis il s'était retiré dans une espèce de hangar où il s'était tapi derrière une pile de bois, cuvant son ivresse et pris de la torpeur qui le saisissait invinciblement quand il avait commis un de ces meurtres.

M. Lenoël, en rentrant de la pêche, avait précisément dirigé ses pas vers le hangar.

C'est là qu'il déposait ses ustensiles.

Entendant du bruit, sortant de son assoupissement, lourd et titubant comme s'il eût été aviné, le vampire avait cherché à s'enfuir ; mais M. Lenoël l'avait saisi et porté à Armand dans la chambre duquel il voyait une lumière.

On juge de l'horreur de M. Lenoël en voyant l'enfant mort et la comtesse râlant.

Il éprouva une commotion d'autant plus terrible qu'Armand donna le spectacle d'une démence épouvantable. Prenant le vampire par les pieds, il lui écrasa la tête contre les murs, faisant voler le crâne en éclats et jaillir la cervelle par tout l'appartement.

Il poussait en même temps des hurlements sauvages.

Puis il piétina le corps de la comtesse avec un acharnement féroce.

M. Lenoël ne résista pas à ce spectacle ; la même folie le saisit à son tour.

Une heure après, deux fiacres escortés par des agents emmenaient à Charenton deux fous furieux dont les douze sergents de ville de Neuilly et toute la brigade de gendarmerie avaient eu beaucoup de mal à s'emparer.

C'étaient Armand et M. Lenoël.

Telle fut la dernière scène du drame dont les péripéties ont été l'objet d'un long rapport au ministre de la justice du royaume d'Italie, qui voulait être édifié sur cette affaire en raison des faits dont Naples avait été le théâtre.

C'est dans ce rapport que nous avons puisé les éléments de ce récit.

FIN

# TABLE DES MATIÈRES

## PROLOGUE

| | |
|---|---|
| I. L'attaque à main armée | 1 |
| II. Les morts inexplicables | 3 |
| III. La chambre des morts | 23 |
| IV. Marché | 44 |

## PREMIÈRE PARTIE

### L'HÉRITAGE MORTEL

| | |
|---|---|
| I. La reine des Bohémiens | 50 |
| II. Le baron Jallisch | 57 |
| III. L'oncle de madame | 61 |
| IV. La provocation | 67 |
| V. Les héritiers | 75 |
| VI. La leçon d'escrime | 105 |
| VII. Le duel | 106 |
| VIII. Le charmeur de vipères | 118 |
| IX. En chasse | 123 |
| X. Séduction | 132 |
| XI. Le complot | 143 |
| XII. Blessures mortelles | 148 |
| XIII. Le crime | 155 |

XIV. Le doigt coupé................................. 157
XV. Ruses de Gédéon............................... 163
XVI. Vengeance de Lenoël........................... 166
XVII. Les champignons.............................. 168
XVIII. La piqûre................................... 170
XIX. Un naufrage en Seine.......................... 175
XX. Le crime...................................... 178
XXI. Sous l'eau.................................... 187
XXII. Mystère...................................... 189
XXIII. L'égout..................................... 191
XXIV. Sous terre................................... 195

# DEUXIÈME PARTIE

### LE FULMINANTE

I. Naples........................................ 201
II. Le sonnet..................................... 206
III. Le défi...................................... 208
IV. La provocation................................ 210
V. Deux artistes................................. 216
VI. Une auberge napolitaine....................... 218
VII. Ovation..................................... 221
VIII. En bonne fortune........................... 226
IX. Pris au piège................................ 230
X. Question d'argent............................ 238
XI. Une famille polonaise........................ 241
XII. Dans la montagne............................ 243
XIII. Confidences................................ 249
XIV. Coup de tête................................ 251
XV. Les brigands................................ 255
XVI. Tête à tête................................ 258
XVII. Bianca..................................... 261
XVIII. Entrevue................................. 265
XIX. Morte..................................... 276
XX. Le vampire................................. 281

## TABLE DES MATIÈRES

| | | |
|---|---|---|
| XXI. | Cascarillo............................................. | 287 |
| XXII. | La morte............................................. | 293 |
| XXIII. | Le départ............................................. | 297 |
| XXIV. | Vengeance............................................. | 302 |
| XXV. | Le dénouement..................................... | 306 |

CORBEIL. — IMP. CRÉTÉ DE L'ARBRE